基于智慧教育环境的教师教育改革丛书
周跃良　主编

数据驱动的学习分析与适应性干预

张家华　黄　森　缪佳佳　著

教育部人文社会科学研究青年基金项目“混合学习 RTI 适应性干预模型构建及其应用研究”（17YJC880125）成果

科学出版社
北　京

内 容 简 介

在信息技术支持的混合学习环境下，借助智能化学习平台和学习分析技术，收集学习数据，分析学习过程，实施精准教学，为探索个性化、适应性的学习干预提供了可能，也促使学习干预的研究和应用由特殊教育领域拓展到普通教育领域。

本书基于数据驱动的研究范式，在梳理国内外有关学习分析和学习干预研究成果的基础上，分别结合在线学习和混合学习的特征，构建了技术支持环境下的学习干预模型、方法和策略。采用教育设计研究的思路，通过真实情境中的教育实验多次迭代，对学习干预的方法策略进行改进和完善。本书在内容上兼顾理论、方法与应用等多个层面，为开展学习分析或学习干预的研究或教学人员提供理论指导和实践指南，具有较强的参考价值。

本书可供教育学、教育技术学或计算机教育应用相关专业的本科生、研究生阅读，也可供一线教师、教学研究或技术支持人员参考。

图书在版编目（CIP）数据

数据驱动的学习分析与适应性干预 / 张家华，黄森，缪佳佳著. —北京：科学出版社，2021.12

（基于智慧教育环境的教师教育改革丛书/周跃良主编）

ISBN 978-7-03-071177-9

Ⅰ. ①数… Ⅱ. ①张… ②黄… ③缪… Ⅲ. ①学习方法-研究 Ⅳ. ①G791

中国版本图书馆 CIP 数据核字（2021）第 274085 号

责任编辑：乔宇尚 姚培培 贾雪玲 / 责任校对：严 娜

责任印制：张 伟 / 封面设计：蓝正设计

科学出版社 出版

北京东黄城根北街 16 号

邮政编码：100717

http://www.sciencep.com

北京建宏印刷有限公司 印刷

科学出版社发行 各地新华书店经销

*

2021 年 12 月第 一 版 开本：720×1000 1/16

2021 年 12 月第一次印刷 印张：15 1/4

字数：299 000

定价：89.00 元

（如有印装质量问题，我社负责调换）

前言

学习分析作为教育领域的新兴技术，在“互联网+教育”和教育大数据的时代背景下逐渐成为教育研究的热点。Siemens 认为，学习分析需要经历先分析，后预测，最后进行自适应、个性化和干预的整个过程。[①]这表明学习干预是学习分析技术用于改善学习成效的重要环节，如何进行适时适当的干预成为学习分析领域的重要议题。

自 20 世纪 60 年代以来，学习干预作为一种介入手段，主要面向特殊教育领域的少数学习障碍者。作为学习干预的典型模式，干预反应（response to intervention，RTI）在传统教学实践中得到了有效的应用。然而，传统环境下的学习干预研究存在学习数据采集困难、干预手段有限以及干预过程复杂等多方面的限制。由于缺乏技术的充分支持，传统环境下的学习干预研究难以实现高效的学习进度监控和学习过程的跟踪记录，其规模效应严重受限，从而导致学习干预的研究虽然重要，却所受关注不足，相关理论和应用成果的影响有限。

信息技术的广泛应用促使在线学习和混合学习发展成为未来学习的重要方式。已有研究表明，信息技术环境下的学习障碍问题将更加突出。此外，随着特殊教育和普通教育的逐步融合，学习干预的服务对象更加广泛，涉及学校中的每个学生。因此基于在线学习和混合学习环境下的学习干预研究非常必要。随着数据驱动研究范式的兴起，借助智能化学习平台和教育数据挖掘技术，收集学习数据、分析学习过程、实施精准教学，为解决新型学习环境下的学习障碍问题并进行个性化、适应性的学习干预提供了可能，也有助于传统学习干预的研究成果应用并适应于更广泛和复杂的学习环境。

本书研究的主要目的在于改进传统教学环境中采用的学习干预模式，构建信

① Siemens G, Long P. Penetrating the fog: Analytics in learning and education. EDUCAUSE Review, 2011, (5): 30-32.

息技术支持的学习干预模型、方法和策略，并通过真实情境中的教育实践多次迭代对其进行修正和完善。同时，结合 RTI 模型和智能化学习平台，诊断和分析在线和混合学习环境中的学习过程，借助学习分析技术，实现基于数据驱动的个性化、适应性学习干预，进而提供精准教学指导和个性化学习支持。本书的理论意义在于：通过改造传统 RTI 模型，建立信息技术支持下的适应性干预模型，克服传统干预模式存在的局限；尝试把学习干预模型应用到混合学习环境中，进一步拓展学习干预的理论范畴。其实践意义在于：通过实证研究，验证学习干预模型的应用效果，总结有效的学习干预策略；实证研究结果，为现有学习平台的改进提供依据，从而进一步拓展学习干预的应用场景。

本书内容强调教育理论与教学实践的结合，共包括 6 章。第 1 章介绍了“互联网+教育”的内涵、大数据与智慧教育的关系，以及基于数据的教学、评价和研究范式。第 2 章剖析了学习分析和学习干预的内涵，介绍了典型的学习分析技术与应用，并梳理了学习分析和学习干预的研究案例。第 3 章介绍了学习干预的经典模型——RTI 模型，结合在线学习的特点，构建了在线学习干预模型，并通过教学实践，验证了该模型的有效性，分析了不同层次学习者的学习行为序列差异。第 4 章以混合学习环境下的适应性学习干预为主题，构建了适应性学习干预模型，并通过三轮的学习干预教学实践，分析了实验班和对照班在学习态度和动机、自我效能感、自主学习能力、学习行为及学业成绩之间的差异。第 5 章从元认知的视角提出了基于学习分析的元认知干预模型，通过设计三阶段元认知干预对比实验，探讨了不同元认知干预方式对学习者元认知能力、学习行为和学习成绩的影响差异。第 6 章分别对学习分析和学习干预研究当前面临的挑战、未来发展趋势进行了总结和展望，并提出了相应的研究建议。

本书由张家华、黄森、缪佳佳共同编写，浙江师范大学教师教育学院的邹琴、张烨星、邹柳聪、刘续、彭晓丽、李凌月等研究生参与了本书的资料整理和审校工作。本书还得到了周跃良教授、朱悦博士以及科学出版社编辑老师的指导和帮助，在此谨向他们表示衷心的感谢。由于作者能力、经验所限，书中难免有疏漏之处，恳请各位读者不吝指正。

张家华

2021 年 4 月 25 日

目录

第1章 数据驱动的教育变革

1.1 “互联网+”与教育变革

2015 年，国务院颁布《国务院关于积极推进“互联网+”行动的指导意见》，把“互联网+”行动上升为国家战略。利用互联网平台和信息通信技术，把互联网和传统各行业（包括教育、医疗、金融、交通等）结合起来，从而在新的领域创造新生态。作为“互联网+”行动计划中益民服务的重要内容，“互联网+教育”经过近几年的迅猛发展，目前已具备了丰富的内涵，并发展成为教育现代化实现和提升的重要指标。

1.1.1 “互联网+教育”的内涵和本质

1. “互联网+教育”的内涵

“互联网+”行动为信息社会新时代人才培养、教育服务和教育治理带来了新机遇，也带来了新挑战。陈丽等认为，“互联网+教育”是指运用云计算、学习分析（learning analytics，LA）、物联网、人工智能、网络安全等新技术，跨越学校和班级的界限，面向学习者个体，提供优质、灵活、个性化教育的新型服务模式。[①]余胜泉等认为，“互联网+教育”既可以实现传统教育所关注的规模，又

① 陈丽，李波，郭玉娟，等. “互联网+”时代我国基础教育信息化的新趋势和新方向. 电化教育研究，2017，38(5)：5-12，27.

可以实现优质教育所关注的个性化；既能实现每个人都应该享有的公平，又能够实现跟每个人能力相匹配的高质量的服务。[①]刘革平等认为，“互联网+教育”是为满足新时代对创新型人才培养的需求，将互联网的创新成果与教育事业深度融合，面向学与教的主体，重构教育教学体系、教育治理格局和教育服务模式，形成以互联网理论与技术为支撑的全新教育形态。[②]总体而言，目前有关“互联网+教育”的研究较为丰富，刘晓宁等从不同视角分析其内涵，归纳总结为以下四种主要观点。[③]

（1）“互联网+教育”被视为一种跨界融合。它是不同学科间壁垒日趋消解，走向深度融合，促使教育发生结构性变革的跨界融合产物，是“互联网+课程”“互联网+教学”“互联网+学习”“互联网+评价”等教学相关环节的组合，主要特征是跨界创新、开放生态、尊重个性、终身学习。

（2）“互联网+教育”被视为一种新型教育形态。它代表着在信息技术推动下进行转型升级的新型教育形态，是一场从质性到量态的大尺度变革，是亘古未有的教育革命。“互联网+教育”体现了教育新业态下的战略性与全局性，以及办学模式、教育理念的原创性，并从思想源泉、创新工具和变革途径三方面支撑起教育信息化 2.0 时代。

（3）“互联网+教育”代表着一种智慧化的教育。互联网与传统教育行业深度交融，形成了智慧教育形态，“互联网+教育”的核心特征是规模大、开放度高、生态性强、颠覆传统、强调人本。其中的智慧化是通过“互联网+教育体验”“互联网+教育管理”“互联网+教育评价”体现的。

（4）“互联网+教育”是一种生态化的教育。为了促进系统内部和谐，“互联网+教育”遵循生态学的原则与理念，建构互联网与教育结合的教育生态。在这一观点下的教育被认为更加平等、开放，被视为当代“博雅教育”的发展机遇。

2. “互联网+教育”的本质

“互联网+教育”是我国“互联网+”国家战略的重要组成部分，是加快教育现代化进程、推动教育现代化治理和提升教育公平的强大引擎。顺应时代潮流和发展趋势，推进“互联网+教育”的深入发展，必须准确把握其本质。近年来，随着相关研究的不断深入，人们对“互联网+教育”的本质形成了不同的观点，

---

① 余胜泉，王阿习. “互联网+教育”的变革路径. 中国电化教育，2016，(10)：1-9.

② 刘革平，余亮，龚朝花，等. 教育信息化 2.0 视域下的“互联网+教育”要素与功能研究. 电化教育研究，2018，39(9)：37-42，74.

③ 刘晓宁，赵蒙成. 我国“互联网+教育”研究的视域审视与发展取向——基于 2015—2018 年核心期刊文献的分析. 苏州大学学报(教育科学版)，2019，7(1)：89-98.

概括起来主要包括以下三种。

1）争议说

张忠华等认为，“互联网+教育”的实质是借助数据技术的在线化教育[①]；秦虹等认为，“互联网+教育”是一种新型教育形态[②]；陈丽等认为，“互联网+教育”本质上是一种教育思路的改革，是组织模式、服务模式、教学模式的创新，并非一种简单的教育形式的改变[③]；南旭光等进一步指出，“互联网+教育”是一种在数据时代背景下提供的优质、灵活、个性化的教育服务，是一个新型、开放的教育生态体系。[④]

2）人本说

潘懋元等指出，“互联网+教育”的推行必须有利于人的全面发展，这也正是其推行的价值所在。[⑤]“互联网+教育”变革的决定因素从来都不是技术本身，技术的使用也是为了学习者能够更好地学习。因此，教育改革的出发点一直都是“人”，也只能是“人”。教育变革应该从人本理念出发，推动传统学校育人制度的变革需要践行人本理念。

3）思维说

随着数字时代代替工业时代，学习者所处时代发生了变化，解决问题的思维方式也发生了变化。陈耀华等认为，“互联网+教育”是思维的转换，即用户思维、简约思维、社会化思维以及平台思维。[⑥]教育的先进性不是体现在技术的丰富度或强度上，而是能够使学习者适应并引领时代的发展，唯有打破固有的思维方式，进行思维革新，才能实现现代教育的改造。

1.1.2 “互联网+教育”的要素和特征

1. “互联网+教育”的要素

黄荣怀等指出，教育研究的三个基本问题分别是“学什么”“怎么学”“在哪学”。其中，“学什么”关注人才培养目标和学习内容，“怎么学”关注教与学的方式，“在哪学”关注学习环境。[⑦]刘革平等结合教育信息化 2.0 的时代背景，

---

① 张忠华，周萍．“互联网+”背景下的教育变革．教育学术月刊，2015，(12)：39-43.

② 秦虹，张武升．“互联网+教育”的本质特点与发展趋向．教育研究，2016，(6)：8-10.

③ 陈丽，林世员，郑勤华．“互联网+”时代中国远程教育的机遇和挑战．现代远程教育研究，2016，(1)：3-10.

④ 南旭光，张培．“互联网+”教育：现实争论与实践逻辑．电化教育研究，2016，(9)：55-60.

⑤ 潘懋元，陈斌．“互联网+教育”是高校教学改革的必然趋势．重庆高教研究，2017，(1)：3-8.

⑥ 陈耀华，陈琳．“互联网+教育”智慧路向研究．中国电化教育，2016，(9)：80-84，135.

⑦ 黄荣怀，刘德建，刘晓琳，等．互联网促进教育变革的基本格局．中国电化教育，2017，(1)：7-16.

在此基础上提出了“互联网+教育”的五个核心要素，即学习资源、学习方式、师生关系、教学环境和管理模式，如图 1-1 所示。①

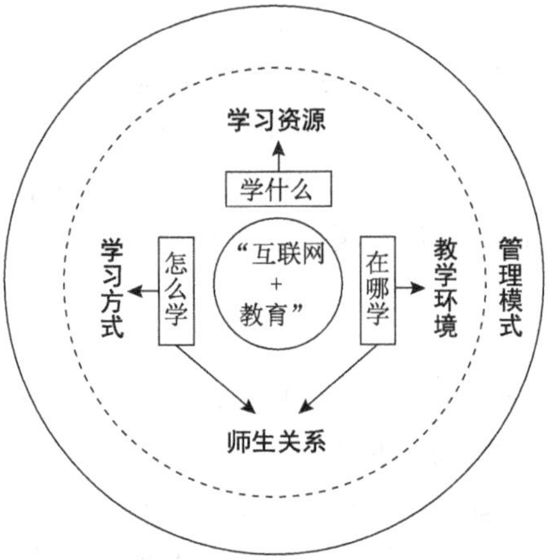

图 1-1 “互联网+教育”的五个核心要素模型

1）学习资源

“互联网+”对学习资源的影响主要体现在资源形态、资源平台和资源配置三个方面。“互联网+”使学习资源形态实现了优化整合，基于互联网思维构建的教育资源平台为学习资源的全方位开放共享提供了技术保障，“互联网+”背景下的学习资源配置可以使优质学习资源的价值和作用发挥到最大化。

2）学习方式

“互联网+”对学习方式的影响主要体现在技术支持和学习理念两方面：在虚拟现实/增强现实（VR/AR）、大数据、5G 技术的支持下，实现虚实结合的沉浸式情境学习、学习过程的全程监测与评价、正式学习与非正式学习结合的跨界学习；学习者的主体地位将被强化，自主型学习、探究式学习、个性化学习得以真正地实现。

3）师生关系

“互联网+教育”将解构学校、教师和学生的传统关系，从而催生新型的师生知识结构、师生关系和师生职责。在“互联网+”时代，师生掌握知识的能力和途径已经发生变化，学生将有更多机会参与信息共建、问题解决和知识分配的过程，教师也从知识的权威和传授者转变为学习的引导和服务者。

4）教学环境

“互联网+”对教学环境的影响主要体现在学习空间和教学平台两方面。在“互

① 刘革平，余亮，龚朝花，等. 教育信息化 2.0 视域下的“互联网+教育”要素与功能研究. 电化教育研究，2018，39(9)：37-42，74.

联网+”时代，学习空间将以互联网思维加以改造，学校的组织结构和服务模式更加人性化和个性化；在各类教学平台的支持下，虚实融合、线上线下混合式教学将成为主流。

5）管理模式

“互联网+”支持的新技术为教育管理方法和教育服务模式的变革提供了机会。大规模教育活动的社会化协同、基于大数据的过程化监测评估将推动教育管理模式走向智能化；物联网技术、云计算技术将有效联结学校的物理空间和虚拟空间，打通部门之间数据的交换与共享，为以人为本的教育服务模式奠定基础。

2. “互联网+教育”的特征

“互联网+教育”是互联网技术与教育的深度融合，是推动教育进步、效率提升和组织变革，增强教育创新力和生产力的具有战略性和全局性的教育变革。秦虹等认为，“互联网+教育”作为一种新型教育形态具有五个特征①：跨界连接、创新驱动、优化关系、扩大开放、生态性。李子运从高校教师发展的角度，提出“互联网+教育”的基本特征，包括：高密度互通性、高效率生成性、大规模涉猎性、大数据感知性、新事物熟悉性、新领域淡然性。②张海生等指出，“互联网+教育”背景下的学习形态不同于以教师、课堂和教材为中心的传统学习方式，呈现出混合式、泛在化、个性化、社群型、沉浸式和休闲性六大特性。因此，“互联网+教育”时代的学习新形态具有以下特征③。

（1）强调教育与技术的深度融合。使用新兴技术尤其是移动互联网、云计算、大数据等技术扩展教育内容、教育对象，提高教学效率。

（2）注重学习情境和学习体验。强调以学习者为中心，注重创设富媒体的学习情境，营造平等和谐的师生关系。

（3）构建交互合作学习共同体。强调开展混合、自主、协作学习的能力。

（4）创设多维化的学习时空。打破以往单一的课堂教学情境，学习者可以借助移动通信技术，通过移动终端或穿戴设备进行泛在学习。

（5）实现智能化教学。技术的改进将使学习平台的操作更加简单、便捷，使虚拟场景与现实场景的融合更加真实，基于数据驱动的智慧化学习生态环境将逐步完善。

---

① 秦虹，张武升. “互联网+教育”的本质特点与发展趋向. 教育研究，2016，(6)：8-10.

② 李子运. 高校教师发展视阈下“互联网+”教育的六大特征. 中国电化教育，2017，(1)：45-49.

③ 张海生，范颖. “互联网+教育”时代的学习新形态：主要类型、共性特征与有效实现. 中国远程教育，2018，(10)：24-34.

1.1.3 “互联网+教育”的实践案例：“互联网+新师范”背景下师范生教育实践改革的浙江探索

2016 年 3 月颁布的《教育部关于加强师范生教育实践的意见》指出：师范生教育实践是教师培养的薄弱环节，存在着“目标不够清晰，内容不够丰富，形式相对单一，指导力量不强，管理评价和组织保障相对薄弱”等问题。为增强师范生的教育实践能力，提升教师培养质量，高等师范院校亟待从三个方面解决以上问题：①师范生技能实训的过程性评价与规范化管理；②师范生实践学习行为的智能化统计分析；③师范生专业发展的个性化成长档案构建。

为了促进浙江省“互联网+新师范”建设平台升级，推进“互联网+”融入“新师范”教育过程，浙江师范大学结合教育部和浙江省对师范生教育实践改革的新要求，设计开发了浙师智慧教师教育平台，利用大数据和智能化技术转变师范生实践教学、管理与评价的方式，将传统师范教育实践的管理平台拓展为一个面向高校、地方管理部门和实践学校的个性化教学平台、协同化管理平台、智能化评价平台和数据化研究平台①。

1. 个性化教学平台

浙师智慧教师教育平台将师范生教育实践的各个主要环节如见习、微格实训、实习、研习等进行了一体化的设计和整合。针对教育实践相关课程的内容，精细化研发了分学科、分学段的教育实践实施细则，开发了教育实践的支撑性课程。平台通过单点登录（SSO）插件实现与 Moodle 课堂在线课程平台自动对接，师生可以方便地浏览与教育实践相关的课程资源，查看历史学习记录和学习成果。师范生也可以在前置理论学习和微格实训的基础上，开展线上远程见习和线下实地观摩，通过调研、听课、交流、反思等活动增强一线教育实践活动的体验。在教育实践活动中，师范生还可以随时参与线上交流互动，提交过程性学习材料，在线修改已提交的教学设计方案或演示文稿（PPT）课件；指导教师通过手机端或个人电脑（PC）端发布实践教学任务，采用文本、图片、语音等多种形式的信息录入，实现对学生提交成果的及时批改、评价与指导。在数字化平台的支持下，传统以线下分散形式开展的实践教学得以转变，逐步形成了“任务导向线上学习—案例载体线下实践—数据为基在线反思”的新型混合式教育实践模式。

2. 协同化管理平台

依据《浙江省高校师范生教育实践规程（试行）》及实施指南，浙师智慧教

---

① 张家华，邓倩，周跃良，等. 基于人机协同的师范教育实践改革与平台设计. 教育发展研究，2021，41(1)：35-40.

师教育平台为师范生的见习、实习和研习等内容建立了统一的规范，为师范生的教育实践建立了统一的质量标准，引领了全省师范生实践教学能力培养模式的变革，统一了浙江省师范生实践能力培养规格。对于高校而言，不同高校开展教育实践的过程可能存在差异，平台不仅支持教育实践任务与评价标准的个性化定制，还能够实现师范生教育实践全过程的管理和监测。特别是对于选择自主实习的师范生群体，通过这一平台能够起到有效的监管和督促作用。高校管理人员利用统一的数字化平台、多源信息实时采集技术实现师范生教育实践过程的规范管理和实时监控，从而实现师范生教育实践管理的标准化。此外，积极建设教师发展学校，将其作为师范生教育实践的共同体，高校、中小学和地方教育行政部门协同参与师范生培养工作，发挥多元主体在教育实践管理工作中的作用，打造多层次、多维度的"新师范"培养机制。该平台设计了高校-地方政府-实践学校、高校教务处-学院教务办、高校指导教师-实践学校指导教师"三重协同"下的"四阶段一闭环"教育实践课程的组织实施模式，从实践单位需求对接、课程规划与开发、课程组织与实施、课程评估与反馈四个方面实现课程动态发展的闭环机制。

3. 智能化评价平台

目前针对师范生的教学能力评估主要参考在职教师教学能力标准，多采用基于经验的定性评估。在智能时代，学生日常学习过程中的大量数据都可以通过各种途径被记录、存储，逐渐累积，形成教育大数据。在大数据支持下，教师可以践行教育评价改革中提倡的"多元化"评价取向，使得基于数据的定量评估成为可能，也使得评价结果更加趋于客观。对于高等师范院校而言，借鉴大数据的理念和技术来客观、全面地评价师范生的教学能力，对提升师范生培养质量具有重大的意义。该平台使用大数据技术，把师范生的日常学习、技能实训（含微格实训、见习、实习等），以及入职后专业发展的轨迹进行详细记录、分析和归档，实现了实践历程的数字化留痕、实践成果的可视化呈现、教学能力的综合评估，为师范生教学能力的发展提供了过程性、可视化、智能化的"数字画像"。平台通过开放数据接口与各个高校网络教学平台、省级教师发展学校管理平台对接，遴选反映师范生成长的数据项，构建师范生个性化的教学能力成长档案，构建大数据支撑的师范生教育质量监测制度，为师范生提供从职前到职后，从学习、实训到培训的多维度专业发展支撑，也可以为教师、高校、中小学以及教育行政部门提供参考依据。平台中各校师范生的教育实践过程性数据还将作为浙江省高校教师教育质量监测和绩效评估的依据之一。

4. 数据化研究平台

平台借助学习分析和教育数据挖掘技术，努力推动师范教育实践和师范生培养的研究方式从基于经验的定性研究走向基于数据的实证研究。当前师范生实践成效评价的数据来源多局限于见习、实习课程本身，师范生能力成长的全过程监测容易被忽视，而单一课程的评价结果难以全面反应师范生的教学能力。该平台使用学习分析技术实现对学习者参与教育实践活动的行为进行自动统计与可视化分析，通过数据挖掘技术揭示师范生的教学能力发展规律；结合当前师范生培养的需求和已有相关研究成果，构建师范生教学能力模型；结合不同学科、学段的教学特点和要求，研究面向不同类型师范生的教学能力评估指标，为师范类院校重构教师教育课程、完善师范生教学能力培养提供理论依据。此外，该平台还能以智慧教育平台积累的丰富的师范生教育实践数据为依据，深入挖掘师范生教育实践的过程性数据的价值，进一步拓展和延伸平台的社会服务能力，如面向基础教育管理部门和用人单位，创立一站式校园招聘服务模式，从而节省用人单位人才招聘的成本，促使科学研究反哺教学和管理。

1.2 大数据与智慧教育

1.2.1 教育大数据的 *N* 个关键词

随着数据挖掘技术的发展、成熟，用“数据说话”成为研究分析的依据。我国从国家层面提高了对数据的重视程度，并于 2015 年启动国家大数据战略，推动国家教育大数据的建设与发展成为一项优先发展的重要任务。许多学者认为，教育大数据是指教育领域的大数据，目前正处于逐渐被探索、被认识、被应用的初始阶段。对教育大数据的定义一直众说纷纭，尚未形成一个公认的定义。在教育大数据研究过程中，通过总结、分析教育领域所产生的热点问题，进而提炼出教育大数据的一些关键特征与优势，从而在一定程度上刻画、定义教育大数据。

1. “暴风袭入”的教育数据

大数据时代的革命带来了各个领域的庞大数据资源，教育领域也开始了量化的进程，教育领域的大数据正在迅速膨胀，随着时间的推移，人们对教育大数据所蕴藏的除结构化数据之外的非结构化和半结构化数据的关注度越来越高。[①]“互联网+”时代背景下，大数据不仅意味着数据的爆炸，也是数据的流动、不同领域数据间隙的弥合，最终形成了一个壮观、未知、神奇的世界。

---

① 吕乃基. 大数据与认识论. 中国软科学，2014，(9)：34-45.

1）激增

教育大数据直接产生于各种教育活动，包括教学活动、管理活动、科研活动和校园活动。每个利益相关者既是教育大数据的生产者，也是教育大数据的消费者。我国的教育规模庞大，教育领域持续不断地产生数据，大规模的教育产生教育大数据。随着全球教育信息化的稳步发展，教育大数据正以指数级的速度递增。与传统教育数据相比，教育大数据具有更强的实时性、连贯性、全面性和自然性等特征，分析处理更加复杂多样，应用更加多元和深入。

2）海量

美国麦肯锡咨询公司（McKinsey & Company）认为，大数据指数量庞大以至于传统软件不能对其进行处理与分析的数据集合。该公司并未明确指出多大的数据集才可以称为大数据，因此，通常大数据中的“大”是一种主观且动态的理解，但数据规模庞大仍被认为是教育大数据的最主要特征。方海光认为，教育大数据应有三个层次的理解：第一个层次，教育大数据是指全学习过程数据；第二个层次，教育大数据是指教育大数据系统；第三个层次，教育大数据是指共建共享思想。①以第一层次的学习过程为例，荷兰诺达思信息技术公司通过软件技术对课堂学习进行观测发现：在 40 分钟的教学过程中，一个学生个体学习情况数据量为 5～6 吉字节，这接近于利用传统软件五千年收集到的数据量。随着教育信息基础设施的不断完善，各种信息化软件工具、资源与系统渗透到教育业务的方方面面，使得数据的采集渠道日益丰富，教育数据规模与日俱增，数据量得以以指数级增长。

3）实时

在大数据时代，移动通信、云计算、传感器、普适计算等新技术将逐步融入教育的全过程，可以在不影响师生教学活动的情况下实时、持续地采集更多微观的教与学的过程性数据，使得收集的数据即时性更强、粒度更小，能够更快地收集到更全面细致的学习数据。在以往的研究中，一些学者借助在线学习平台，收集学生的学习轨迹，通过分析后台数据，掌握学习者的学习情况，比如访问资源情况、答题情况等，但总体而言，这样的采集方式存在一定的滞后性。随着更多数据收集设备的使用，拓宽了数据维度与粒度，使得数据体现出更高的个性化特征。比如，可佩戴设备的使用可以收集学习者的心跳、脑电波变化，面部识别仪器可以识别学习者的面部表情，及时推测学习者对教学内容的掌握程度，从而使得获取到的大数据具有很强的实时性。②教育行为会产生非常庞大的数据，随着高科技与信息技术的飞速发展，许多学校利用信息管理系统组织教学工作，通过

① 方海光. 教育大数据：迈向共建、共享、开放、个性的未来教育. 北京：机械工业出版社，2016：30.

② 唐斯斯，杨现民，单志广，等. 智慧教育与大数据. 北京：科学出版社，2015：143.

教学信息系统的推广和建立，实现了教育资源的有效利用和整合，随之也产生了海量的教育数据，带来了教育数据的“爆炸式”增长，原本隐藏在教育系统中的无形的海量数据以数字化的形式呈现在人们面前，又随时间持续产生、不断流动，进而扩散，形成庞大的数据资源，而这也正是教育领域最重要的信息资产。

2. “无形高值”的教育信息

随着教育大数据理念的传播，教育大数据的内涵也在不断地发展和演进，目前，学术界对教育大数据的概念尚未有明确的界定，各家说法不一。有的学者认为，所谓教育大数据特指教育领域的大数据，即整个教育活动过程中所产生的以及根据教育需要采集到的、一切用于教育发展并可创造巨大潜在价值的数据集合。有的学者认为，教育领域的大数据有广义和狭义之分，广义的教育大数据泛指所有来源于日常教育活动中的人类的行为数据，它具有层级性、时序性和情境性的特征；狭义的教育大数据是指学习者行为数据，它主要来源于学生管理系统、在线学习平台和课程管理平台等。①还有学者把教育大数据定义为服务教育主体和教育过程，具有强周期性和巨大教育价值的高复杂性数据集合。②

物联网、云计算、移动通信等新一代信息技术的发展，提供了量化和收集教育领域数据的新机会，教育信息系统可以存储不同格式和不同粒度的多个来源的大量潜在数据。每一个特定的教育问题都有相应的特点，需要挖掘潜在无形的数据，将其转换成可视化的形式，全面了解教育问题的产生、过程和结果，针对实际需求对问题采取不同的处理方式。教育大数据从潜在无形的形态逐步转化为可视化的形式，未来的数据应不再是冰冷的、机械的、无序的，而是可被有效利用的、深入的、真实的、有序的，能成为人类思考教育何去何从的重要出发点。数据本身的价值可以从分散无序、碎片化的形态转变为有价值的有竞争力的数据资产。

维克托·迈尔-舍恩伯格等从“价值型”的角度分析了大数据，认为在信息与大数据时代，从大数据中挖掘可利用的价值是最重要的事情。③教育大数据是一种无形的资产，是一座可无限开采的“金矿”，充分的挖掘与应用是实现数据“资产”增值的唯一途径。西方发达国家已开始展开相关研究，我国也应该加速部署教育大数据战略，强化教育大数据战略资产意识，让每个人都成为教育数据的缔造者和受惠者，并顺应数据开放趋势，通过教育大数据的适度公开，汇聚广

① 徐鹏，王以宁，刘艳华，等. 大数据视角分析学习变革：美国《通过教育数据挖掘和学习分析促进教与学》报告解读及启示. 远程教育杂志，2013，31(6)：11-17.

② 孙洪涛，郑勤华. 教育大数据的核心技术、应用现状与发展趋势. 远程教育杂志，2016，34(5)：41-49.

③ 维克托·迈尔-舍恩伯格，肯尼思·库克耶. 大数据时代：生活、工作与思维的大变革. 盛杨燕，周涛译. 杭州：浙江人民出版社，2013：157.

大民众、企业、政府等多方智慧，使教育数据资产实现源源不断的增值。[①]

3. “共建共享”的教育理念

大数据思维影响下的教育大数据的共建共享思想成为现代社会的核心素质。教育大数据不仅是建设教育大数据中心和分析学习全过程的数据，更多的是一种共享共建的生态思想。[②]

教育大数据要求共建、共享、开放，其应用应该是一个完整的循环系统，从教育出发，配以教学支持、数据采集设备、分析手段，制定反馈方式，最后作用于教学中的一个闭环。在技术产品之外，教育大数据的生态环境推广模式也十分重要，如何与教育信息化建设相对接，如何与智慧教育相融合，这些都是亟待考虑的问题。基于教育大数据的思想，可以产生一种不同于商业互联网的模式，一种能够平衡教育和技术使用、适应未来教育变革要求的数据分享、共建共享的模式。

共建共享是大数据时代教育变革的理念，将大数据和教育资源相结合，是大数据时代科技带给教育的新出路。根据国际数据公司（International Data Corporation，IDC）2008 年的一份名为《经济紧缩，“数字宇宙”膨胀》的报告，预计到 2020 年，全球数据使用量将会达到 35.2 泽字节。面对如此海量的数据，处理和提纯的效率将成为一种核心竞争力。教育资源的信息化共建共享，就是要通过互联网对教育资源进行数据整合和优化配置，让优质教育资源形成一种流动的良性循环，让分享和贡献资源的渠道越来越多、学习资源发挥的效用越来越大、受用地域和受用人群越来越广，最终形成一个互通有无、交流共享、共同提升的教育资源信息化共建共享群体。在这个群体中，学习者可以通过文字、图片、音频、视频等不同方式实现知识学习的目的，教学者可以通过多元数据库工具、远程教学平台、多媒体教学设备实现教学管理的目的，更加人性化、个性化的交互式网络课堂也将发挥关键作用。

1.2.2　教育大数据的应用前景

1. 认识教育改革的新方式

大数据技术的广泛应用极大地提升了教育服务供给能力，促进了教育生产力的升级，从而形成了教育变革的根本动力和根源。教育信息化 2.0 时代的到来推动了信息技术与大数据分析技术的应用，实现了计算机对人类数据化教育信息的存储与处理能力的全面提升，使得教育革新的基础条件已经具备，主要表现为三

① 杨现民，唐斯斯，李冀红. 发展教育大数据：内涵、价值和挑战. 现代远程教育研究，2016，(1)：50-61.
② 方海光. 教育大数据：迈向共建、共享、开放、个性的未来教育. 北京：机械工业出版社，2016：51-55.

个方面：①拥有充分的信息，包括学生的个人信息、个性化学习需求、个性化学习特征、个性化偏好等，以及教师的个人信息、教学特长、教学特征、个性化偏好等。②拥有充分的资源，如师资、场地和各类硬软件学习资源等。③具备充分的信息分析与处理能力，以实现教学过程控制与动态调整，如师生匹配、教学方案设计、效果评估、教学方案动态优化与调整等。[①]

中央电化教育馆原副馆长王晓芜曾说：教育正在走向大数据时代，谁能够发现数据，谁就能够赢得未来的生存；谁能够挖掘数据，谁就能够赢得未来的发展；谁能够利用数据，并利用数据提供个性化的服务，谁就能够赢得未来的竞争。[②]教育大数据不是停留在理论层面上的空谈，而应靶向到当前教育领域的具体教育问题，从而为教育领域带来革命性的变化。教育大数据改变原先传统教育的固有观念，帮助我们以前所未有的真实的视角去判断在解决教育问题时什么可行、什么不可行、什么有可能可行，以此确定最有效的解决方式。例如，给教师提供真实、个性化的学习过程数据，过程性的、即时性的行为与现象的记录，如学生作业的完成情况，师生和学生的互动过程，在课堂中的视线运动轨迹、面部表情变化、脑电波波动情况……[③]教师以这些数据为依据设计教学实现因材施教；在学生管理数据库中挖掘出有价值的数据，经过过程性和综合性的考量，找到学生各种行为之间的内在联系或逻辑关系，并做出恰当的教学决策等。然而这些仅是教育大数据起步阶段的一些简单的数据挖掘，研究者还应进一步开发利用教育数据的深层价值，整合解答数据的意义，发掘出教育的崭新方式。

2. 掀起教育改革的大浪潮

1）数据驱动科学决策

随着大数据收集、分析技术研究的深入，依托大数据制定更为科学有效的决策成为可能，国家教育政策的制定也是如此。数据在国家教育政策的制定方面起着关键性作用，大数据时代的到来，使数据的收集和分析更加方便、快捷、全面、准确，教育政策的制定将更加依靠数据。大数据技术支持下的教育政策制定将不再是简单的经验模仿，而是在大量教育数据挖掘出来的事实真相基础上的有针对性的措施[④]，优化教育决策的过程，由“用数据说话”制定的教育政策更加符合教育教学的发展需要，从而能更好地发挥教育政策的引导作用。大数据技术具有数据海量化、途径多元化、挖掘深度化等优势，能够发现多种教育数据之间以及与其他社会行业数据之间的内在联系，有助于构建更加系统化的教育发展模型，

---

① 赵晋，蔡冉冉，张建军. 新时代教育理论创新的动因与路向探究. 中国电化教育，2019，(10)：67-75.

② 佚名. “互联网+教育”助力百年名校“网上升”. 中国教育报，2016-03-23，(11).

③ 唐斯斯，杨现民，单志广，等. 智慧教育与大数据. 北京：科学出版社，2015：143.

④ 刘凤娟. 大数据的教育应用研究综述. 现代教育技术，2014，24(8)：13-19.

推动国家教育政策制定与调整的科学化。此外，基于数据的教育决策也能够增加广大民众对教育政策的理解和支持。①

在"用数据说话"理念的支持下，转向依靠多源多维数据制定现代教育治理模式。从大数据到科学决策，其间要经历一系列知识信息的转换，才有可能真正实现决策改进。陈霜叶等认为，从信息与数据到政策证据的转化有三个层次的理解：①证据提升数据的知识内涵。在大数据基础上，以证据逻辑提升数据知识内涵，可使之更好地服务于政策制定和调整。②以证据分类考虑数据。借由大数据基础，这些数据证据分类可以提升政策的评价性研究，数据通过归类与知识的转化，成为有意义的"声音"。③通过证据与民众沟通。现代政府决策强调以民为本，以说服和沟通为目的的政策证据更能发挥促进民众参与政策合作的作用，从而在决策科学化和决策民主化两个层面提升政府治理能力。②

2）数据推动教育治理

教育大数据是传统教育数据的发展和提升，利用技术对教育数据进行全面的采集和分析，对教育信息进行整合和管理。在数据处理的基础上建立的教育大数据体系包含了教育数据的产生、采集、加工、存储以及应用，良性发展的教育大数据生态能够汇聚整个数据资源，在规范和制度的保障下，更大限度地开放数据资产，促进数据关联应用，综合推进教育领域的科学治理。

在教育大数据支持下，教育领域的多元化发展与教育事务的日渐复杂，使得教育治理多元主体地位形成，进而稳步推进教育领域的科学治理。教育大数据能对整个教育工作和运行进行实时把控，在最短的时间内发现问题，并对问题进行提前预防或及时解决，进而将可能出现的风险控制在最低，保障平稳发展。陈良雨等认为，大数据在实际的运作中强化了对不同教育治理主体的依存关系，促进了教育治理主体地位的重塑。在教育治理现代化中，学校、社会组织等是重要的数据供给源，政府在搜集相关的教育治理数据过程中必然要与学校和社会组织产生联系，政府成为教育治理数据的需求者，学校与社会组织则是教育治理数据的主要供给者。学校和社会组织在一定程度上改变了以往在教育治理中依附者的角色，成为大数据背景下教育治理的重要参与者，彰显了其教育治理的主体地位。这一过程有利于学校与社会组织对政府的过度依赖转向政府、学校与社会组织之间适度的对称性依赖，这本身也是教育治理能力现代化对教育治理主体平等参与教育治理实践的基本要求。③

---

① 杨现民，王榴卉，唐斯斯. 教育大数据的应用模式与政策建议. 电化教育研究，2015，36(9)：54-61，69.

② 陈霜叶，孟浏今，张海燕. 大数据时代的教育政策证据：以证据为本理念对中国教育治理现代化与决策科学化的启示. 全球教育展望，2014，43(2)：121-128.

③ 陈良雨，陈建. 大数据背景下的教育治理能力现代化研究. 现代教育技术，2017，27(2)：26-32.

3）扩展多样教学模式

大数据技术在教育领域的逐步应用，已开始引发教育变革，新技术拓展和增强了人类学习的潜力，也为教育的发展带来润物细无声的改变。大数据技术在教学领域的应用有助于革新教育思维方式、颠覆传统教学模式、重构教学评价方式、实现个性化教育，教育大数据背景下教学的规训与教化开始撤退，对学习者的个性化支持和服务正在推进。

21 世纪以来，随着对教学模式的认识和实践的深入，人们越来越认识到单一的模式无法满足复杂教学的需要。在具体的实践中，应该自觉地从单一的模式建构走向多种模式的综合运用，吸取各种教学模式的精华，博采众长，在实践中优化模式组合，追求教学效果的最优化。[①]教育大数据记录了教学的过程，发现了新的知识，创造了更大的教育价值，促进和优化了教学策略和评价。在大数据时代，新兴的教育技术与资源使得教育更加以学习者为中心，使教育从批量到个性的实现成为一种可能；教师的教育思维也从宏观的群体教育向微观的个体教育方式转变，促进了以学习者为中心的个性化教育的实施，进一步使得因材施教成为可能。[②]

1.2.3 大数据支持下的智慧教育

智慧教育作为我国教育发展的新形态，为实现更加公平、高质量的教育提供了契机。近年来，我国学者就智慧教育环境、智慧学习环境、智慧课堂、智慧教育平台等方面进行了探讨研究，其成果为智慧教育的发展提供了理论和实践依据。

杨现民认为，智慧教育是依托物联网、云计算、无线通信等新一代信息技术所打造的物联化、智能化、感知化、泛在化的教育信息生态系统，是数字教育的高级发展阶段，是当代教育信息化发展的新境界和教育现代化追求的重要目标。与传统信息化教育相比，智慧教育呈现出不同的教育特征和技术特征。其教育特征主要表现为信息技术与学科教学的深度融合、全球教育资源的无缝整合共享、无处不在的开放按需学习、绿色高效的教育管理、基于大数据的科学分析与评价；其技术特征主要表现为情境感知、无缝连接、全向交互、智能管控、按需推送、可视化。[③]吴文峻指出，智慧教育的目的是以推进教育公平、促进教育资源共享、提高教育质量为指导，构建智慧学习环境，运用智慧的教学方法，因材施教，实现智慧和有针对性的教学。[④]教育大数据分析技术是支撑智慧教育的重要技术之

① 万伟. 三十年来教学模式研究的现状、问题与发展趋势. 中国教育学刊，2015，(1)：60-67.

② 胡水星. 大数据及其关键技术的教育应用实证分析. 远程教育杂志，2015，33(5)：46-53.

③ 杨现民. 信息时代智慧教育的内涵与特征. 中国电化教育，2014，(1)：29-34.

④ 吴文峻. 面向智慧教育的学习大数据分析技术. 电化教育研究，2017，38(6)：88-94.

一，通过采集和汇聚智慧学习环境中产生的大量学习数据，并对其进行深入分析和解释，以获取有关学习过程的隐性和显性行为，从而发现潜在问题、评估学业进展、预测未来表现、提供个性化建议。

在智慧教育背景下，学校的教学环境、教师的教学方式、学生的学习方式都发生了很大的变化，过去传统的以教为主的课堂教学模式已经不能够满足学生的学习需求。在智慧教育背景下，教育大数据是通过记录、储存日常学习过程中的大量数据逐渐积累形成的。如何获取、分析以及利用这些教育类大数据，实现对学习过程和学习结果的精准评估，从而为真正实现个性化的“因材施教”提供参考依据，已逐渐成为教育改革的热门话题。

1.3 基于数据的工作范式

在大数据应用领域，数据和信息是所有行动的基础。“数据驱动”用于指代数据激发的过程或活动，而不是仅仅由直觉或个人经验驱动。换言之，数据驱动意味着所有决策和流程均由数据决定，数据决定了执行事件或进程的人所采取的行动，而数据的收集和分析是其主要动力。[①]郑思思等认为，数据驱动是一个从数据采集、模型建立到决策生成的循环过程，通过采集海量的数据并对其进行清洗、加工、计算以建立数据模型，保持数据的动态更新，推动模型的迭代进化，并基于数据分析对模型进行训练，从而驱动决策的生成。数据驱动具有实时互动、埋点采集、深度分析和循证决策三大核心特征。[②]在数据驱动理念的指导下，教育实践和研究者所关注的教学、评价和研究的工作范式都将发生变革。

1.3.1 数据驱动教学

随着时代的发展和变革，教育的科学性和技术的智能性逐渐增强。作为体现某个时期或阶段教学综合特征的教学范式也随之经历了几次重大的变化。杨现民等认为，从农业时代开始，教学范式分别经历了经验模仿教学范式、计算机辅助教学范式和数据驱动教学范式三个阶段的发展历程[③]，如图 1-2 所示。

---

① Techopedia. Data Driven. https://www.techopedia.com/definition/18687/data-driven[2018-02-09].

② 郑思思，陈卫东，徐铷忆，等. 数智融合：数据驱动下教与学的演进与未来趋向——兼论图形化数据智能赋能教育的新形态. 远程教育杂志，2020，38(4)：27-37.

③ 杨现民，骆娇娇，刘雅馨，等. 数据驱动教学：大数据时代教学范式的新走向. 电化教育研究，2017，38(12)：13-20.

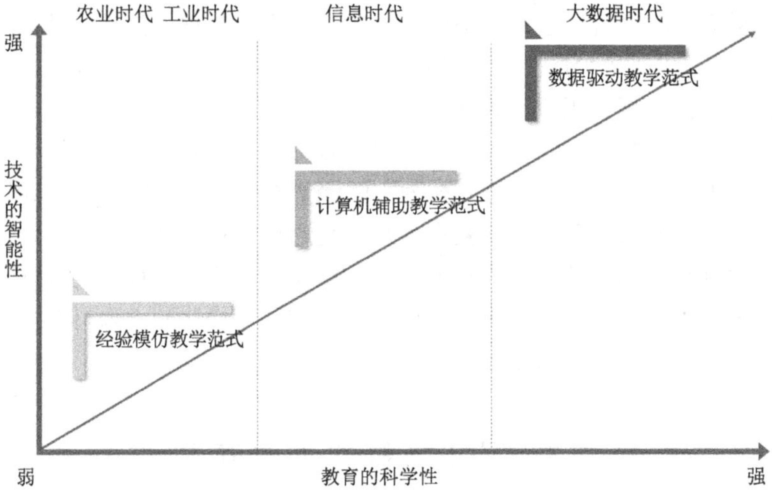

图 1-2 三代教学范式的发展

1. 经验模仿教学范式

在农业和工业时代，教育主要依据教学者的经验开展，教师在课堂中占据主导地位，学习者被动地接受来自书本的知识以及已有的理论经验，教学媒介也是一些传统的教学工具，如纸笔、书本、黑板等。经验模仿教学范式受行为主义学习理论的影响，在教学中容易忽视学习者的内部心理过程和主观能动性。该范式虽然存在着一些明显的弊端，但是为人类社会发展带来的贡献是不可否认的。在信息时代，这种教学范式仍然存在，但是其主导地位正在被逐步取代。

2. 计算辅助教学范式

随着信息技术的发展以及人类认知和生活方式的改变，人们意识到一味被动地接受知识不能满足社会及自身发展的需要，教育应当培养学习者发现问题、探索问题、解决问题的能力。计算机、互联网等技术和媒体进入教学中，丰富了教学内容的来源并且以音视频、图片等形态来呈现教学内容，教学媒体也正从传统的教学工具演变为多媒体设备。计算机辅助教学范式虽然没能改变以教师为中心的课堂教学结构以及学生在一定程度上被动接受知识的现状，但是在技术的支持下，该阶段也出现了一些培养学生知识探究能力及问题解决能力的教学模式。

3. 数据驱动教学范式

迈尔-舍恩伯格与库克耶合著的《大数据时代：生活、工作与思维的大变革》被认为是大数据研究的先河之作，真正把大数据推向了公众视野。随着大数据、云计算、虚拟现实以及人工智能等技术在教育领域的不断渗透，教师和学生的在线行为数据可以快捷地被获取并储存；教学内容除可以用音视频、图片等形式呈现外，还可以以虚拟场景的形式呈现；在教学媒介中既可以呈现教学内容，也可以收集教与学的过程和结果数据，进而通过数据挖掘技术和学习分析技术将数据背后的价值与意义呈现出来，以便辅助教师的教和学生的学，推进数据驱动的精准教学，如图 1-3 所示。①

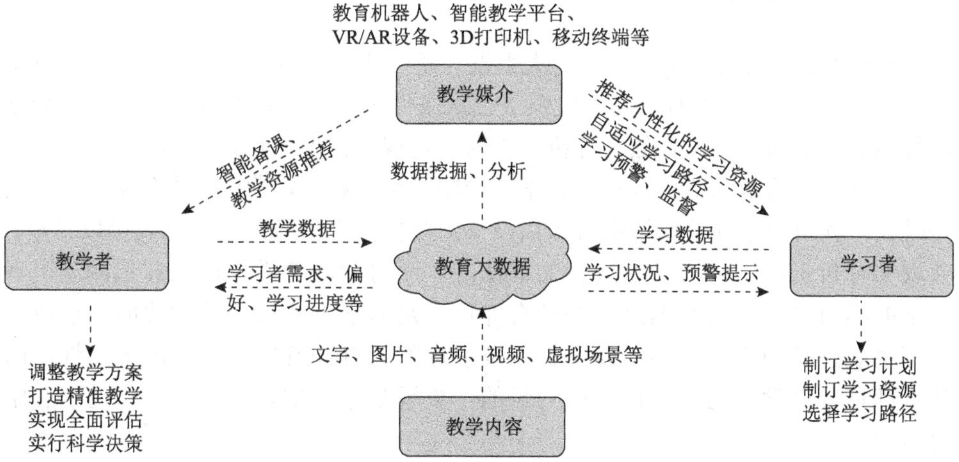

图 1-3　数据驱动教学范式框架

数据驱动教学有四大特征：科学化、精准化、智能化和个性化。数据驱动的教学革除了经验主导的教学的固有弊端，在教学设计、实施、评估等方面都以真实和实时的数据为依据，通过数据分析结果来帮助教育者做出科学化和现代化的教育决策。大数据时代，利用数据挖掘技术可以即时地获取一系列学习管理系统（learning management system，LMS）及平台中的学习行为、状态、结果等过程和结果数据，各种传感器、可穿戴设备等使得数据采集的范围越来越广、精度越来越高。通过对学生学习过程数据的全面挖掘及分析，教师和学生能够及时掌握学生的全面和真实的学习状态。人工智能技术正逐渐与教育教学相结合，自适应学习系统、自动评估工具正逐渐应用于学校教学中，网络学习（e-learning）平台可以获取和分析学生的学习路径、偏好等，进而为学习者推送符合其个人特征的学习资源。大数据环境下，利用数据挖掘技术可以采集、获取学习者群体和个人数据，主要是采集学生在学习过程中的各类状态数据。随后利用各种建模方法和数据处理技术对数据进行分析，预测学生未来的学习表现，从而为学生提供更有效的干预方法和措施，以促进学生的个性化发展。利用可视化技术，如学习仪表盘对学生学习过程的数据进行图形化、可视化呈现，如此可以帮助教师和学

① 杨现民，骆娇娇，刘雅馨，等. 数据驱动教学：大数据时代教学范式的新走向. 电化教育研究，2017，38（12）：13-20，26.

生直观地了解学生的学习情况与状态，也可以帮助教师和管理者跟踪和理解数据背后的成因，以便更好地优化教与学的全过程，更好地服务于教师的教和学生的学。①

1.3.2 数据驱动评价

物联网、云计算、移动通信、大数据等新一代信息技术的发展为教育评价从“经验主义”走向“数据主义”提供了技术条件，可以实现各种教育管理与教学过程数据的全面采集、存储与分析，并通过可视化技术进行直观的呈现。②

数据驱动的研究范式推动了教学评价向科学化和智能化的方向发展。在大数据时代，利用一系列数据挖掘技术以及学习分析技术，教师或研究者可以采集、获取并分析呈现学习者学习过程的数据，从而对学习者进行评价并预测学习者未来的学习趋势。大数据时代的教育评价不是对学生测试分数的片面追求或对教师主观感受的绝对主导，而是强调发展性的教育评价以及评价的多元性，即教育评价要以学生的主体性发展为目的，重视学生的学习需求、学习过程和学习体验。

教育评价的实施是教育决策的重要前提，有效的教育评价需要依据多维度、全面且可靠的评价数据。通过对多维度大容量的数据进行分析，可以探求数据背后隐藏的含义与价值，从而有助于给予有证据的全方位教育评价。③数据驱动的评价将评价嵌入教学活动中的各个环节，学生可以及时地获取阶段性的可视化的学习反馈。自适应学习平台等可以依据学生的学习数据，对学生的未来发展进行预测，并为学生提供个性化的学习路径，以便学生对其学习行为进行及时的调整，这有助于实现学生的主体性发展。

1. 案例 1：高中生“选课走班”用上“智能导师”④

高中学生“选课走班”与“生涯发展”智能多元测评系统是山东省青岛第一中学教育创新科研团队与来自美国、中国等多家国际教育机构的海归博士团队合作研发的一套以学科、潜能、专业及职业方向四位一体的教育大数据评测系统。该系统在引进国际专利“智能多元学科测评系统模型”的同时，实现了中国教育数据的本土化、实际操作上的科学规范化和便捷化。

---

① 杨现民，田雪松，等. 中国基础教育大数据 2016—2017：走向数据驱动的精准教学. 北京：科学出版社，2018：6-7.

② 杨现民. 信息时代智慧教育的内涵与特征. 中国电化教育，2014，(1)：29-34.

③ 郑燕林，柳海民. 大数据在美国教育评价中的应用路径分析. 中国电化教育，2015，(7)：25-31.

④ 中国教育报. 高中生选课走班用上“智能导师”. http://education.news.cn/2018-03/07/c_129824432.htm. [2018-03-07].

1）智能测评：解决了高中“选课走班”的难题

山东省青岛第一中学采用智能多元测评系统，结合国家教育部门学科体系，对学生学科、潜能、兴趣进行多维数据板块分析，在 2017 级 543 名学生中，首先完成了 6 选 3 的 20 门课程组合。在该系统“智能导师”的引导下，学生无论是对自身潜能、未来职业规划，还是对学科方向发展，都有了更加清晰的认识，对于课程选择也更加明确、更有主见。

2）专业规划：为全体学生终身发展精准定位

该智能系统通过对学生已有学科知识掌握情况数据的筛查，分析出与学生未来大学接轨的学科专业类体系，让每一位学生了解自己，在相关的学科专业区间内，寻找未来适合自己兴趣的专业发展方向。学校按照国家教育部门学科设置，开设以学科和兴趣为方向的专业课程：如“教育学”让学生了解教育学的教育目标及未来职业发展方向；“哲学”让学生掌握评判逻辑思维的技巧与应用，从而激发学生专业方向的兴趣潜能，为基于专业方向升学的教育改革做好充分准备。

3）潜能挖掘：多元评价为学生自主发展奠基

通过对 2017 级学生的多元教育数据进行综合测评，获得包含 12 项潜能、技能趋向的检测数据，数据显示有 43%的受测学生在图表分析、分析性思维应用、创意性思维应用等六项指标中表现突出，优势明显；有 57%的受测学生在外语应用、操作应用、数理应用等综合应用能力六项指标中表现不突出，弱势明显。以此为参考，并结合“选课走班”特点，按学生潜能、技能指标，制定出山东省青岛第一中学生涯发展课程。

2. 案例 2：教育大数据——质量监测与评价好帮手[①]

中国基础教育质量监测协同创新中心是一所对全国教育质量进行测量、分析、报告的重要的专业机构，经过十余年的探索，针对大数据的应用主要形成了三个方面的成果。

1）用于常态、大规模监测评价的教育评价云平台的建立

教育评价云平台包括数据的采集、数据的管理、数据结果的呈现、内含测量评价的标准以及采集过程的管理等内容，包括题库系统、监测实施进展管理系统、信息上报及抽样系统、电子化测试系统、报告自动化系统和标准划定系统 6 个系统，能将教育质量监测的所有环节和步骤信息化，实现功能和数据的整合，提高教育质量监测的质量和效益。如题库系统整合了题目命制、审核、管理的各个环节，实现了各环节过程性所有操作和所有数据的实时存储，在组卷环节，可以根

① 中国教育报. 教育大数据：质量监测与评价好帮手. 中国教育新闻网. https://www.edu.cn/xxh/ji_shu_ju_le_bu/dsj/201709/t20170928_1557466.shtml. [2017-09-27].

据过程性数据进行最终调整，并将成为未来网上测试的底层系统；监测实施进展管理系统面向教育质量监测的地方实施机构，实现对取样、数据报送、检查核对等工作进展的完全监控。

2）面向过程性、表现性的特色测试系统的建立

探索复杂的非结构化数据的分析是中国基础教育质量监测协同创新中心近年来重点突破的技术难点。目前已建立了包括演唱测试系统、文本自动标定系统、作文自动评分系统在内的特色测试系统，并开展了教学实时动态监测系统的小范围试点。如基于语音合成、语音评测等智能语音技术开发的演唱测试系统，实现了语音数据的采集、储存、结果评分的一体化和智能化，为低成本、大规模开展语音评测提供了强大的技术支撑，实现了我国首次大规模的计算机化演唱数据收集和评分。

3）决策可视化系统的建立

该系统利用多种信息系统及指数平台，采用科学、生动、可视化的形式对监测成果进行汇报与发布。其中的“中国义务教育质量地图系统”基于现有的全国基础教育质量数据库，涵盖了学校、校长、教师、学生等与教育相关的多个方面，并基于学生学习表现、学习时间、学习压力等多个指标，展现了全国、具体某省或某县的、在某年的教育质量状况，其数据会根据国家监测情况实时更新。该系统利用三维动态展示、交互式展示等大数据分析模型与方法，向教育决策部门更直观、更形象地反映我国基础教育质量与公平状况。教育管理者以此可以评估教育资源的空间布局，为合理配置教育资源提供决策参考服务。

1.3.3 数据驱动研究

Gray 从科学研究方法论的角度出发，将研究范式划分为理论式（理论推演）、实证式（实验科学）、计算式（计算机仿真）、数据密集型共四种研究范式。① 其中，数据密集型研究范式是指采用信息技术获取、处理、存储、统计分析大数据，从中获取知识。Chang 等也认为，大数据的出现为科学研究范式的转向提供了可能，但科学研究范式的转向是可计算社会科学而不是探索性科学。②与自然科学类似，社会科学研究领域推动变革的重要因素同样是每个研究领域都拥有的大量信息化的数据，这将促使大部分社会科学具有自然科学的特征。③

---

① Gray J. Jim Gray on eScience: A transformed scientific method. The Fourth Paradigm: Data-intensive Scientific Discovery, 2009.

② Chang R M, Kauffman R J, Kwon Y O, et al. Understanding the paradigm shift to computational social science in the presence of big data. Decision Support Systems, 2014, 63: 67-80.

③ King G. Restructuring the social sciences: Reflections from Harvard’s Institute for Quantitative Social Science. PS: Political Science & Politics, 2014, 47(1): 165-172.

全球化和科技的快速发展使得社会关系更加复杂化、含混化，促使社会科学研究在追求精确性的同时，需要面对更加复杂化、含混化，以及瞬息万变的研究环境。传感器网络、社会化网络、射频识别、通话记录、科研数据共享和复制性研究以及其他开放数据为社会科学提供了新的研究范式，进而较好地以真实世界为研究对象，运用数据挖掘工具进行统计和计算，对内容进行分析。[①]有学者指出，要使大数据技术真正纳入社会科学的系统性研究体系，目前尚需解决四个方面的问题：①建立数据科学评估体系，构建全域、多元、实时、非结构数据的有效性判定标准；②打通微观大数据到宏观社会现象的必由之路，科学系统地汇总微观、非结构性数据生成多层次的总量信息；③形成数据驱动解决方案，以多元数据为基础，对社会现象进行科学量化解析，提出量化治理机制和解决途径；④强调逻辑因果机制和机理发现，利用多元化实时性数据的关联优势，对社会现象的本质动因进行发掘。[②]

在教育领域，基于大数据支持的研究范式使得教育研究走向个体化、全样本的发现和预测研究。在数据驱动的研究范式框架下，教育研究将从“主观经验和理论思辨”为主，过渡到“小数据辅助”研究，最终走向对“大数据发现”研究。大数据的应用主要体现为学习分析和教育数据挖掘，这些技术促进教育研究走向个性化自适应学习研究。未来的研究者将以提供个性化学习服务为主旨，教师利用学习分析技术和教育数据挖掘技术，更好地了解学生，理解和观测学生的学习过程，选择合适的教学方法，及时发现问题并进行干预。

案例：大数据驱动的精准教研[③]

北京市房山区的智能教育公共服务平台汇聚了全区 20 000 多名学生的过程性学习数据，为教研员改进教师教学行为提供了全面客观的数据样本。经过不断的探索，该区基于大数据的教学研究改变了基于经验的传统教研理念，实现了资源的精准匹配，解决了教研无依据、教师教学经验化、学生学困根源不明的问题，提升了教学与教研的专业性和高效化；聚焦教师教学的共性问题，开展数据驱动下的教学研究，提升教学效率，培养教师的科研能力。

1）汇聚多维度数据，精准配置教学资源

面对区域教研需求不明确、教学经验化、学生疲于应对考试等问题，房山区充分利用智能教育公共服务平台，通过对多维度数据的分析，精准配置教学资源，以期提高区域教研质量。例如，分析该区历次物理考试成绩，发现学生的知识输

---

① 米加宁，章昌平，李大宇，等. 第四研究范式：大数据驱动的社会科学研究转型. 学海，2018，(2)：11-27.

② 万相昱. 数据驱动的社会科学研究. https://wenku.baidu.com/view/df6103955427072219 2e453610661ed9ad5155b7.html. [2019-02-13].

③ 李占起，王徜祥，魏淑珍. 大数据驱动精准教研. 中小学数字化教学，2020，(1)：82-84.

出能力明显低于知识输入能力，因此，教师要思考如何在教学过程中提高学生学科能力，落实学科核心素养。房山区物理学学科多次组织专家开展主题培训，改变教师教学理念，建立学生主体地位，加强对学科能力与核心素养的理解。同时，房山区 40 多所学校全面开展信息化教学，记录学生学习过程数据，生成个人学习地图，根据学生学习差异推荐适宜的学习资源，提升学生的学习效率。

2）数据驱动教学管理，精准开展区域教研

借助大数据改变传统教研内容以主观经验为主、教研对象不明确、教研活动流于形式、教研成果无保障等现象。房山区通过挖掘区域历次期中、期末考试数据，为教研活动提供实证范式，深挖区域教学根本问题，精准确定教研内容及目标。之后，通过数据分析获得研究报告以确定典型学校，对这些典型学校进行重点观察与跟踪，并精细制订研究方式与教研计划，将工作内容细化到每次活动中，进行教学评价，确保教研目标的落实。最后，预设研究成果，如教师教学技能提升，学生学习方法、能力和素养的培养，以及典型案例的收集整理、教研反思的撰写等。通过改变传统感性的教研设计，在数据驱动下合理规划教研重点，形成理性、有序的教研过程，为解决教育实践中的教学问题、打造学科特色奠定基础。

3）精细化教研行为，打造学科特色教学模式

面对区域各校师资差异较大、教学方法陈旧等问题，借助学科专家的力量，深入分析数据背后的教学行为，找准关键教学问题。以房山区物理学学科公开示范课活动的开展为例：首先，教师基于课前诊断，了解学生学科能力发展问题和优势，明确教学重难点，了解学生学习需求。教师借助微课资源，深度理解学科能力和问题解决思路，反思并改进教学，精准设计和完善教学设计。其次，学科专家、教研员和教师明晰教学目标，创设教学情境，梯度设计教学环节，探讨课后诊断评价试题，完善教学设计。再次，授课教师基于教学设计进行试讲，学科专家、教研员和教师将教学内容、教学方法、教学语言、教学活动、板书等展示效果与前期预设效果进行对比，并进行改进。最后，全区教师观摩，以点带面，树立引领示范课，并基于此节课进行课堂后测，评价课堂教学效果。学科专家与教研员、教师共建教研基地，集中力量进行研究和教学经验传播，使教学研究在实践中取得最佳效果，共同促进教育发展问题研究，创造性地开展教研工作。

4）依托教研评估，汇聚教学问题，开展小课题研究

借助大数据，突破教学中的重复、疑难问题，提升教师的教学研究能力。房山区将历次教研过程中的教学特色与亮点形成典型案例和成果，并对数据报告统计中显示耗时长、效率低的零散问题进行收集和分类整理，将一堂课拓展为一类课，基于数据研究形成课题，融入日常教学，从教学实践上升为教学研究，实现

以科研视角开展教学研究的目标。例如，在专题设计与开发的小课题研究中，教师发现：专题复习只是相关问题的简单拼凑，没有系统的整理和分析，没有顺畅的逻辑顺序和细节处理，造成课堂实效比较差；基于各种教辅材料设计的专题过大，且不能满足课堂师生的需要。在此基础上，教研组基于课程标准，要求开展微型专题设计与开发，阐述专题设计方法，解决专题设计问题。

第2章 学习分析与学习干预

2.1 学 习 分 析

2.1.1 学习分析的内涵

1. 学习分析的概念

对于学习分析或者学习分析技术的内涵，学术界尚未形成统一的定义。目前国内外相关研究中关于学习分析的代表性定义如下。

美国高等教育信息化协会最早给出了学习分析的定义，认为学习分析是根据数据来预测学生的行为同时进行学习干预。①

Siemens 认为学习分析是指使用学习者学习过程产生的数据来挖掘信息，从而对学习进行准确预测和合理建议。②

首届学习分析与知识国际会议（International Conference on Learning Analytics and Knowledge，LAK）给出了较为权威的定义，即学习分析是以理解和优化学习及其环境为目标，对学习者及其所处情境的数据进行测量、收集、分析和报告。③

美国新媒体联盟（New Media Consortium，NMC）对学习分析的定义为：学习分析松散地组合了一些数据收集工具和分析技术来研究学习者的学习参与、学习表

---

① 吴永和，陈丹，马晓玲，等. 学习分析：教育信息化的新浪潮. 远程教育杂志，2013，31(4)：11-19.

② 转引自：魏雪峰，宋灵青. 学习分析：更好地理解学生个性化学习过程——访谈学习分析研究专家 George Siemens 教授. 中国电化教育，2013，(9)：1-4.

③ Siemens G, Long P. Penetrating the fog: Analytics in learning and education. EDUCAUSE Review, 2011, (5): 30-32.

现及学习过程的相关数据，进而将研究结果用于对课程教学和评价的实时修正。①

胡艺龄等将学习分析定义为一种能够在海量数据中提取隐含、潜在应用价值信息的工具，可以对学习者、教师、管理部门等相关利益方进行干预支持，改善对教与学的理解，促进和优化学习效果和环境。②

Knewton 公司对学习分析技术的定义是测量、收集、分析和报告有关学生及其学习环境的数据，用以理解和优化学习及其产生的环境的技术。③

从上述国内外研究对学习分析所下的定义可以看出，学习分析技术大多被应用于教育教学过程中，进行学习者的过程性数据分析评价，以改善学习者的课堂学习表现等。国内外学者将学习分析作为一种技术和方法来使用；定义中的数据均指的是与学生各方面的学习表现、学习情境相关的数据；学习分析过程中涉及的参与主体主要有教师、学习者、管理者及情境；学习分析的最终目的都是改善学生的学习。

本书综合 Watson 关于“分析”的观点④（主要关注四点隐喻：在哪使用、谁来执行、需要的技巧和涉及的技术）与何克抗提出的“技术”三要素说⑤（使用了何种工具或本身属于哪种工具；该技术/工具有哪些作用；该技术/工具产生了哪几种效果），并参考李艳燕等设计的学习分析概念框架⑥（图 2-1）将学习分析

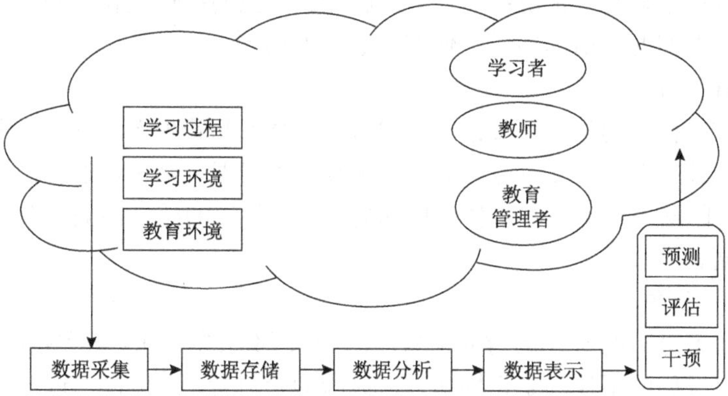

图 2-1　学习分析的概念框架

① Johnson L, Adams S, Witchey H. NMC Horizon Report: 2011 Museum Edition. https://www.learntechlib.org/p/182016/.[2020-07-22].

② 胡艺龄，顾小清，罗九同，等. 教育效益的追问：从学习分析技术的视角. 现代远程教育研究，2014，(6)：41-48.

③ 孟玲玲，顾小清，李泽. 学习分析工具比较研究. 开放教育研究，2014，20(4)：66-75.

④ Watson H J. Business analytics insight: Hype or here to stay? . Business Intelligence Journal, 2015, (1): 33-37.

⑤ 何克抗. “学习分析技术”在我国的新发展. 电化教育研究，2016，37(7)：5-13.

⑥ 李艳燕，马韶茜，黄荣怀，等. 学习分析技术：服务学习过程设计和优化. 开放教育研究，2012，18(5)：18-24.

的内涵表述为，学习分析是利用多种技术和工具采集学习者在学习过程中留下的数据，并结合多种学习分析工具预测学习者的表现，实施学习干预，提供个性化的学习支持和服务。

2. 学习分析的要素

学习分析的要素主要包括以下几点①。

1）数据收集

需要使用程序、脚本和其他方法来收集数据。数据来源可能是单一来源或多种来源；数据存储可能需要大量甚至巨大的空间，数据类型可以是结构化的（如服务器日志）或非结构化的（如论坛帖子）。收集活动的具体设计由学习分析项目的目标决定。

2）数据分析

对收集到的数据进行适当的定性和定量分析，分析结果使用可视化的形式，比如图表或其他类型的信息形式来显示。

3）学习过程

学习分析与其他类型的分析不同的地方在于，学习分析试图告诉我们关于学生个人或群体学习时的情况：学习者在做什么，他们在哪里花时间，他们在访问什么内容，他们的话语的性质，他们的进展如何等。

4）目标受众

学习分析得到的信息可反馈给学习者、教学者和管理者，以便于进行适当的干预。教学者和学习者支持课程级别的干预，而管理者则可以进行部门、机构级别的干预。因此不同的参与主体（目标受众）所使用的数据的类型及分析方法也会有所不同。

5）学习干预

进行学习分析的原因是为了在个人、课程、部门或机构层面实施适当的干预。学习分析可以做的不仅仅是识别那些有风险的学习者，还可以通过对学习者参与课程学习时产生的各个方面数据进行分析，了解到学习者在特定的学习阶段或者学习活动中的进度。学习分析技术的潜在能力在于比以往任何时候都更能揭示哪些工作是有效的、哪些是无效的。

3. 学习分析的特征

从上述分析中，我们会发现学习分析整个过程是围绕学习者进行的，以学习者为核心，通过各种分析技术和数据挖掘技术等获得的数据，作用于该过程中的

① Brown M. Learning analytics: The coming third wave. Educause Learning Initiative Brief, 2011, 1(4): 1-4.

三大参与主体，从而更好地服务于教学。因此学习分析的主要特征有如下几点。

1）面向教师、学生和管理者

学习分析的直接服务对象是教师和学生。对学生学习过程中产生的各种数据进行的分析，可以为教师的教和学生的学提供反馈和建议；教师和学生可以及时地了解到学生的学习情况，教师可以依据学习情况的反馈来改善自己的教学、学习设计，从而提高自己的教学质量并帮助学生提高学习效率。

2）多模态的数据来源

用于分析的数据要尽可能全面地反映学生的各方面特征，因此数据可以来自多个参与主体，比如教师、家长、社区、管理者；数据也可以是来自学生学习过程中多途径产生的数据，比如学习管理系统、学生档案库等数据库，正式和非正式的在线学习空间①，以及学生在传统环境下的数字化学习资料、作业、作品等。对收集到的数据进行标准化处理，划分不同的维度，以便后期教师、学生、管理者等对该数据进行应用。

3）采用多种工具和方法

学习分析借鉴信息科学、统计学、心理学等不同领域的成果，借助各领域使用的不同分析工具和方法来对学习者学习过程和学习结果的数据进行加工、挖掘和分析，比如学习内容分析工具、学习行为分析工具等。

4）完整的分析过程

学习分析具有周期性，是始于学生又终于学生的“学生→数据→分析→干预→学生”的循环过程。②完整的学习分析过程包括数据的收集、整合、分析、应用和调整优化。数据收集包括学习过程中产生的多源数据，包括学习管理系统、学生档案数据库、正式和非正式的在线学习空间，以及传统环境下的学习资料、作业、作品等数据；对所需的数据进行整合以便对数据进行统计分析；根据分析结果，揭示现有学习存在的问题并预测学生未来可能的学习表现，辅助教师和管理者及时对学生采取干预措施；最后依据干预结果及时调整和优化学习。

5）呈现可视化的分析结果

学习分析的最终目的是改善教学、提高学生的学习质量，因此分析结果反馈的内容应该指向明确，这对学生、教师和管理者来说是极其重要的。这里的可视化既指数据分析的结果以图表等人们能直观感受的形式呈现，又指分析的结果能

---

① Dawson S, Mirriahi N, Gasevic D, et al. Importance of theory in learning analytics in formal and workplace settings. Journal of Learning Analytics, 2015, 2(2): 1-4.

② 潘青青，杨现民，陈世超，等. 国际学习分析技术研究进展与趋势分析：基于 2014 年至 2016 年 *Journal of Learning Analytics* 论文分析. 中国远程教育，2019，(3)：14-22，92.

够通过投影、电脑、手机等呈现，以便教师和学生能够直观地了解学生的学习情况。例如，给学生呈现的在线学习报告包括学生登录平台的次数、课程资源的学习情况、发帖子参与讨论的情况等。

4. 学习分析的作用

学习分析中涉及三大利益相关者，即学习者、教学者、管理者，因此对学习分析产生的报告，学习者、教学者、管理者三方都有着直接利益关系。①学习分析产生的报告有助于学习者及时了解自己的学习情况，也可以为教学者提供实时的反馈以不断地优化学习设计、改善教学质量。在高等教育领域，学习分析可用于有针对性的课程设置、课程开发、学习行为、学习过程等方面，从而提供个性化学习、提高教师绩效或促进学生就业等。②学习分析的作用可以总结为以下几点。

1）发现学习问题并进行学习评估

学习分析的直接对象是学习者，从对学习者的外显和内隐数据，比如线上课程的观看次数、学习活动的参与度、学生的情绪状态等一系列的分析中，可以及时得到关于学生的实时行为和内容活动的反馈，从而帮助学习者及时发现学习过程中存在的问题、判断自己是否可以进入下一个主题的学习。③

学习分析技术不仅可以满足学习者对自己学习情况的实时监控，而且可以为教师提供实时反馈的教学评价，以服务学习过程、优化学习设计。学习分析技术帮助教学者对学习者做出客观、全面、真实的评价——通过对数据挖掘技术所获得的信息进行分析与推理，就可以对学习者的学习行为与学习效果等做出客观、真实的阶段性评估。

2）学习风险预测

预测不是为了说明未来，而是为了改变未来。对学习风险的预测是为了更好地引导和改进学习。④在学习过程中难免存在学习者无法达成既定学习目标的现象，因此要对学习过程和学习结果可能出现的风险进行及时的预测。国内外不少的学者应用学习风险预测模型或趋势分析技术对学习者进行风险预测，从而预测进度落后、偏离学习目标、存在学习障碍等可能出现的学业风险，以便于教学者

---

① Brown M. Learning analytics: The coming third wave. Educause Learning Initiative Brief, 2011, 1(4): 1-4.

② Nunn S, Avella J T, Kanai T, et al. Learning analytics methods, benefits, and challenges in higher education: A systematic literature review. Online Learning, 2016, 20(2): 1-17.

③ U. S. Department of Education. Enhancing Teaching and Learning Through Educational Data Mining and Learning Analytics: An Issue Brief. https://tech.ed.gov/wp-content/uploads/2014/03/edm-la-brief.pdf. [2020-08-03].

④ 吴永和，李若晨，王浩楠. 学习分析研究的现状与未来发展：2017 年学习分析与知识国际会议评析. 开放教育研究，2017，23(5)：42-56.

及时对学习者进行干预。①

3）学习干预

学习分析的最终目的是改善学生的学习，教学者结合学习者外显或内隐的分析数据以及风险预测模型或趋势分析技术得到的预测数据，对存在学习风险的学习者进行干预，并提出相应的措施。这种干预不仅包括来自教学者的干预，也包括学习系统根据学生的学习路径等智能推送的干预措施，以及学习者的自我调节干预。国内外的教学者均在学习技术及工具、教学策略等方面来实现对学习者的干预。

在信息技术支持的学习环境下，借助在线学习平台和学习分析，能够收集学习数据、分析学习过程、实施精准教学。个性化与自适应学习强调关注学习者的个体差异，为不同学习者提供匹配的个性化学习路径和精准的学习资源服务，因此学习分析为探索个性化、适应性的学习干预提供了可能。②

学习分析也能满足管理者的需求。信息技术已广泛融入教育教学的过程，促使教育领域产生的信息量呈爆炸式增长。校园在信息化建设过程中会产生大量涉及管理的数据，比如教学、人事、资产、科研、财务等数据，以及管理者、学习者和教师的网络行为数据等。运用学习分析技术，管理者可以充分利用这些数据，使其为管理部门的决策、教师的教和学生的学服务。③

2.1.2　学习分析的研究现状

学习分析作为教育技术领域的新兴技术，因《2011 地平线报告：教育学习领域的新型技术》的引介逐渐进入教育领域，受到了教育工作者的空前关注。学习分析利用各种分析技术和工具采集学习者行为轨迹的数据，研究学习者学习过程中的行为表现，从而为优化教学和学习服务。虽然在传统的教学中，教师也会对学习过程中学习者的成绩和教学过程进行评估、评价，但是由于采集到的数据和分析技术的有限性，其结果往往是不尽如人意的。随着教育信息化浪潮的兴起，网络学习的方式逐渐普及，能运用更简单的技术采集到更多与学习者学习过程相关的数据，这就为学习分析的研究奠定了物质基础。学习分析起源于商业智能分析，详细的发展时间线如图 2-2 所示。

① 牟智佳，俞显. 知识图谱分析视角下学习分析的学术群体与热点追踪：对历年“学习分析与知识国际会议”的元分析. 远程教育杂志，2016，35(2)：54-63.

② 吴永和，李若晨，王浩楠. 学习分析研究的现状与未来发展：2017 年学习分析与知识国际会议评析. 开放教育研究，2017，23(5)：42-56.

③ 何克抗. “学习分析技术”在我国的新发展. 电化教育研究，2016，37(7)：5-13.

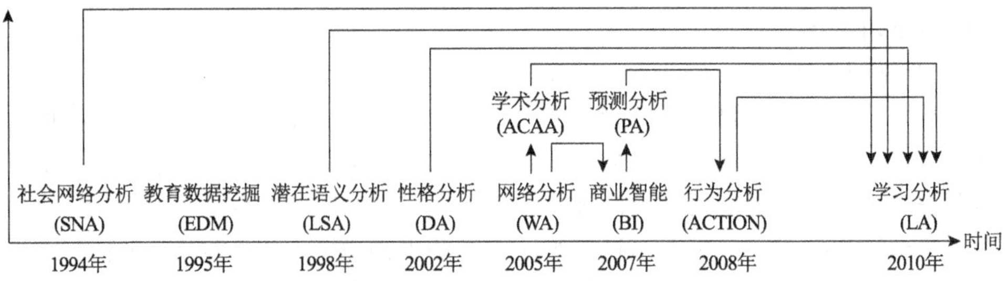

图 2-2 学习分析的发展脉络

1. 国内外研究概况

从 2011 年开始，美国新媒体联盟和美国高等教育信息化协会合作发布的地平线报告连续三年将学习分析列为之后 2～3 年的关键技术，并表明将在 4～5 年普及，自 2016 年起认为学习分析是之后 1～2 年的研究热点并将在教育领域逐步得到普及。①

目前，国外在学习分析领域的研究与实践正处于快速发展阶段，关于学习分析的理论、方法和工具等都已经有了较深入的研究。在高等教育中，教师通过分析学生在线学习的数据，找到导致学习成绩下滑的警示性信息，采取学习干预的策略，以确保学生提高学习成绩，改进教学。②Romero 等利用 Weka、Keel 以及 Gismo 等多种工具对 Moodle 学习平台的日志进行挖掘和分析，综合应用了多种方法，展示了学习分析的一般过程③；Palonen 等利用社会网络分析工具对学生在线交互情况进行分析，并研究学生学习过程与成绩之间的关系④；Piech 等结合机器学习与概率模型，构建了一个图形化模型，准确预测了学生可能遇到的学习困难，并给出了合理的学习建议⑤；斯坦福大学的 Lytics 实验室运用学习分析技术对慕课（MOOC）学习过程进行深入的分析，如利用学习分析仪表盘来监控学习过程等。⑥

国内学者对学习分析也开展了一系列探究。其中，关于学习分析的系统框架

① EDUCAUSE. 2016 Horizon Report. https://library.educause.edu/resources/2016/2/2016-horizon-report. [2016-02-04].

② Picciano A G. The evolution of big data and learning analytics in American higher education. Journal of Asynchronous Learning Network, 2012, 16(3): 9-20.

③ Romero C, Ventura S, García E, et al. Data mining in course management systems: Moodle case study and tutorial. Computers & Education, 2008, 51(1): 368-384.

④ Palonen T, Hakkarainen K, Fishman B, et al. Patterns of interaction in computer-supported learning: A social network analysis//Fourth International Conference of the Learning Sciences. Mahwah: Lawrence Erlbaum Associates, 2000: 334-339.

⑤ Piech C, Sahami M, Koller D, et al. Modeling how students learn to program//Proceedings of the 43rd ACM Technical Symposium on Computer Science Education, 2012: 153-158.

⑥ Mackay R F. Learning Analytics at Stanford Takes Huge Leap forward with MOOCs. https://news.stanford.edu/news/2013/april/online-learning-analytics-041113.html. [2013-04-11].

以及模型的构建一直是比较受关注的热点问题。郁晓华和顾小清提出了学习活动流，增加了学习行为数据的来源和学习活动的持续性[①]；胡艺龄等把在线学习行为分析模型自下向上地分为数据、机制、结果三部分[②]；花燕锋和张龙革基于慕课的学习数据挖掘、受益者等多个视角，提出了多元同心学习分析模型[③]；姜强等构建了个性化自适应在线学习分析模型，该模型包括数据与环境、利益相关者、方法和目标等多个维度。[④]

随着学习分析的相关理论不断发展，统计分析、可视化、聚类、预测、关系挖掘、文本挖掘等[⑤]方法开始在学习分析研究实践中得到广泛的应用。如王全旺和赵兵川介绍了统计、聚类、可视化等多种技术在学习分析中的应用[⑥]；顾晓为实现个性化教学，基于在线教学平台中的学习分析功能构建了信息技术教学新环境[⑦]；陈春燕利用 Gephi 工具将 Moodle 平台上网络话题讨论与参与者网络进行可视化分析，清晰地呈现出学生积极讨论的热门话题、学生参与讨论的活跃程度以及与彼此之间的社会网络关系[⑧]；李曼丽等有效利用 SPSS 工具分析了影响学习者课程参与和课程完成的因素，以及产生的原因[⑨]；魏顺平等应用学习分析技术详细记录学习过程，以 Moodle 平台在线课程为例，研究在线教学反思，开创了一种全新的教学反思形式。[⑩]

目前用于学习分析的工具也比较多样，研究者可以根据自己的实际需要选择合适的分析工具来确保分析结果的可靠性。例如：魏顺平使用了语义分析工具如 Nvivo 和 Atlasti[⑪]；孙洪涛对用于社会网络分析的开源工具 NodeXL 进行了详细的介绍，并通过案例说明了其使用过程[⑫]；孟玲玲等从多个角度对学习分析工具进行分类，并详细比较了 24 种学习分析工具的特点。[⑬]一些分析工具的功能比较强

---

① 郁晓华，顾小清. 学习活动流：一个学习分析的行为模型. 远程教育杂志，2013，(4)：20-28.

② 胡艺龄，顾小清，罗九同，等. 教育效益的追问：从学习分析技术的视角. 现代远程教育研究，2014，(6)：41-48.

③ 花燕锋，张龙革. 基于 MOOCs 的多元同心学习分析模型构建. 远程教育杂志，2014，(5)：104-112.

④ 姜强，赵蔚，王朋娇，等. 基于大数据的个性化自适应在线学习分析模型及实现. 中国电化教育，2015，(1)：85-92.

⑤ 顾小清，胡艺龄，蔡慧英. MOOCs 的本土化诉求及其应对. 远程教育杂志，2013，(5)：3-11.

⑥ 王全旺，赵兵川. 数据挖掘技术在 Moodle 课程管理系统中的应用研究. 电化教育研究，2011，(11)：69-74.

⑦ 顾晓. 学习分析技术在高中信息技术的应用实践研究. 上海：上海师范大学，2012.

⑧ 陈春燕. 学习分析在 Moodle 网络课程中的应用研究. 上海：上海师范大学，2014.

⑨ 李曼丽，徐舜平，孙梦嫽. MOOC 学习者课程学习行为分析：以“电路原理”课程为例. 开放教育研究，2015，(2)：63-69.

⑩ 魏顺平，韩艳辉，王丽娜. 基于学习过程数据挖掘与分析的在线教学反思研究. 现代教育技术，2015，(6)：89-95.

⑪ 魏顺平. 学习分析技术：挖掘大数据时代下教育数据的价值. 现代教育技术，2013，23(2)：5-11.

⑫ 孙洪涛. 开源工具支持下的社会网络分析：NodeXL 介绍与案例研究. 中国远程教育，2013，(3)：14-20.

⑬ 孟玲玲，顾小清，李泽. 学习分析工具比较研究. 开放教育研究，2014，(4)：66-75.

大，但是操作比较复杂，对于普通的教学实践者来说使用存在困难，因此开发一些适合于普通教学实践者使用的通用工具很有必要。

尽管目前关于学习分析的实践正在如火如荼地开展，但很多学习分析案例中所采集的数据还不够完整，并难以对学生的学习过程实现持续动态的数据采集，无法全面反映真实的学习过程；另外学习分析的研究深度和广度还不够，相应的预测和干预机制有待深入研究。[①]不少研究都是在学期结束后展开的终结性评价，而在日常学习过程中并未采取相应的预测和干预的措施，未能充分发挥学习分析的积极作用，因此需要有效的预测和干预机制为改善教与学提供保障。

2. 2000～2020 年的典型综述性研究

20 多年来，不同领域的研究者尝试利用学习分析方法或技术去研究自主学习、STEM（科学、技术、工程和数学）教育、教育游戏中的学习参与度评估、学习效果测量、学习成功因素分析以及学习支持设计等问题，涉及的对象不仅包括高校的大学生，也包括基础教育（含职业教育）的中小学生乃至学龄前儿童。通过文献分析可以发现，学习分析相关的研究领域和关注的问题十分广泛，研究者使用的方法和发现的结论也不尽一致。本节列出了其中 16 篇有关学习分析的综述性研究，分别从研究样本范围、研究问题或目的、研究结论与建议方面进行了简要的梳理总结，如表 2-1 所示。

表 2-1　学习分析 20 多年来的典型综述性研究

作者	研究样本范围	研究问题或目的	研究结论与建议
O. Viberg、M. Khalil、M. Baars[②]	2011～2019 年 54 篇文献	（1)用什么样的 LA 方法来测量学生的 SRL（self-regulated learning，自主学习）？ （2)有哪些形式的 SRL 支持？ （3）应用 LA 来支持学生的 SRL 能提高他们的学习效果吗？ （4）LA 支持学生 SRL 能提高学习支持和教学效果吗？ （5）SRL 的 LA 是否已被广泛使用并符合伦理道德？ （6）在线学习环境中怎样应用 LA 以支持 SRL	（1）已有的大多数研究只是追踪测量与学生的自我调节学习相关的数据，没有将重点放在为学习者提供相关的 SRL 支持上。 （2）在测量或支持 SRL 方面，大多数研究都集中在计划和监控阶段的 SRL 活动上，而反思阶段的 SRL 活动较少。 （3）现有对 SRL 的支持研究主要是以学习仪表盘的形式呈现，且主要是在高等教育中进行。 建议：对 LA 如何衡量和支持在线学习环境中的学生反思活动进行更多的研究；将学生 SRL 作为一个动态发展的过程并进一步地开发工具和方法来衡量和支持学习者的 SRL；学生自我调节能力的培养应该在 K-12 阶段进行

① 张家华，邹琴，祝智庭. 国内近五年学习分析研究现状的可视化综述. 浙江师范大学学报(社会科学版)，2017，(1)：117-124.

② Viberg O, Khalil M, Baars M. Self-regulated learning and learning analytics in online learning environments: A review of empirical research//Proceedings of the tenth nternational Conference on Learning Analytics & Knowledge. Frankfurt: ACM, 2020: 524-533.

续表

作者	研究样本范围	研究问题或目的	研究结论与建议
K. C. Li、B. T. M. Wong①	2013～2018年34篇文献	（1）在STE（A）M教育中学习分析实践的目的。 （2）STE（A）M学习实践的类型。 （3）学习分析实践中使用的数据。 （4）学习分析实践的结果和局限性	（1）目的：加强对STEM的理解，更多的实践侧重于提供量身定制的反馈和支持、跟踪学习过程、降低留级率和开发更复杂的学习方法。 （2）STE（A）M学习实践的类型多样化，主要是在线学习平台的使用，技术增强功能（如游戏化、模拟）越来越多。 （3）学习分析使用的数据有一般数据（如学业成绩和人口统计信息）、与学习过程相关的数据（如学习活动和行为以及面部和手部跟踪数据）。 （4）学习分析可以监测学生的个人学习进度、提供个性化的反馈和支持、实现更真实的科学实践、预测学生的学习成绩；局限性主要与数据收集和分析有关，如变量之间的相关性未知、样本量小和数据类型有限。 （5）学习分析已经在STE（A）M教育中得到实践，但主要是在欧美国家，未来应促进学习分析在其他地区的应用
T. Phillips、G. Ozogul②	2011～2018年90篇文献	（1）哪些出版物（明确为学习分析研究设计的出版物除外）出版学习分析研究？ （2）哪些作者最积极地在非学习分析出版物上发表文章？ （3）在跨学科学习分析出版物中是否有共同的主题	（1）已有的研究大都是在高等教育、成人教育或非正式学习环境进行的，对K-12阶段教育的研究很少。 （2）在不同的学科领域进行个别的研究且进行的大多数实证研究都不是实验性的或大规模的。 建议：加强教育技术研究人员与教育实践者的进一步合作以帮助教育工作者更好地进行教学设计和实施干预；推动学习分析技术在K-12环境中的应用
Z. K. Papamitsiou、A. A. Economides③	2008～2013年40个实证研究	（1）迄今为止，LA/EDM（educational data mining，教育数据挖掘）的基本研究目标是什么？为了达到这些目标，研究人员采用哪些方法？ （2）应该通过LA/EDM观点探索哪些新兴的研究技术	（1）研究目标：学生行为建模、绩效预测、增强自我反思和自我意识、预测辍学率和保留率、改进反馈和评估服务、学习资源推荐。 （2）大多研究在虚拟学习环境或学习管理系统中进行。 （3）数据挖掘方法有统计与可视化、聚类、模型发现、文本挖掘、关联规则挖掘等。 （4）教育研究者已开始将复杂的算法应用于收集的数据中以发现数据之间的关系和意义，进而理解学习机制。 建议：将LA/EDM与新兴研究技术结合，学习过程报告和可视化；在移动学习中提供个性化的学习服务；将LA/EDM与感觉运动学习或神经科学结合；将LA/EDM应用于创新的智能教学系统或全自动教育推荐系统等

① Li K C, Wong B T M. Trends of learning analytics in STE(A)M education: A review of case studies. Interactive Technology and Smart Education, 2020, 17(3):323-335.

② Phillips T, Ozogul G. Learning analytics research in relation to educational technology: Capturing learning analytics contributions with bibliometric analysis. TechTrends, 2020, 64: 878-886.

③ Papamitsiou Z K, Economides A A. Learning analytics and educational data mining in practice: A systematic literature review of empirical evidence. Educational Technology & Society, 2014, 17(4): 49-64.

续表

作者	研究样本范围	研究问题或目的	研究结论与建议
E. Gedrimiene、A. Silvola、J. Pursiainen 等[①]	2012～2017 年 60 篇文献	（1）LA 文献集中在哪个层次和阶段？ （2）LA 在不同的层面上是如何使用的？ （3）LA 在不同的职业教育环境中是如何使用的？ （4）在职业教育中使用 LA 引起了哪些伦理问题	（1）研究描述了 LA 在教育系统中不同层面的应用以及 LA 在职业教育培训中可能的应用。 （2）未来 LA 在职业教育培训中使用和发展的三个建议：为职业教育培训开发学习分析工具、了解职业教育培训当前的学习分析限制、对利益相关者进行道德数据处理和学习分析使用方面的培训和教育
C. Vieira、P. Parsons、V. Byrd[②]	2000～2017 年 52 篇文章	（1）可视化学习分析的现有方法、受众、目的、背景和数据来源是什么？ （2）现有文献如何将教育理论和可视化原则整合到可视化学习分析策略中	（1）很少有研究是在课堂环境下进行的，而且大多数研究只使用了一个数据源，没有整合多个数据源的优势。 （2）很少有研究考虑学生在开放性任务中的学习过程。大多数研究将重点放在学生在线讨论和向教师提供进度信息的表现和贡献上。 （3）信息可视化专家和教育研究者之间缺乏可视化技术与教育理论的交流。 （4）可视化学习分析未来的发展方向：对学生元认知发展和自我调节的影响以及如何提供个性化的形成性反馈；将异构数据集成到交互式可视化学习分析中；可视化技术与教育理论的融合
S. Nunn、J. T. Avella、T. Kanai 等[③]	2000～2015 年 112 篇文献	（1）在教育中进行学习分析的方法是什么？ （2）在教育中使用学习分析有什么好处？ （3）在教育中使用学习分析有哪些挑战	（1）学习分析使用了多种方法，包括可视化数据分析技术、社会网络分析、语义和教育数据挖掘，还包括预测、聚类、关系挖掘、模型发现和数据分离等。 （2）学习分析的好处有：有针对性地设置课程、开发课程；提高学生学习成果、行为和过程；提供个性化学习；提高教师绩效、教育后就业机会以及加强教育领域的研究。 （3）学习分析在教育中的挑战主要有数据跟踪、收集、评估、分析相关的问题；与学习科学缺乏联系；优化学习环境，以及道德和隐私问题

① Gedrimiene E, Silvola A, Pursiainen J, et al. Learning analytics in education: Literature review and case examples from vocational education. Scandinavian Journal of Educational Research, 2020, 64(7): 1105-1119.

② Vieira C, Parsons P, Byrd V. Visual learning analytics of educational data: A systematic literature review and research agenda. Computers & Education, 2018, 122: 119-135.

③ Nunn S, Avella J T, Kanai T, et al. Learning analytics methods, benefits, and challenges in higher education: A systematic literature review. Online Learning, 2016, 20(2): 1-17.

续表

作者	研究样本范围	研究问题或目的	研究结论与建议
D. Ifenthaler、Y. K. Yau①	2013～2018年 46篇文献	（1）学习分析如何成功促进学习的继续和完成？ （2）哪些学习成功因素与学习分析相关？ （3）学习分析系统的哪些因素有助于学习成功？ （4）是否有支持研究成功的具体学习分析干预措施	（1）学习分析系统中的预测和可视化有助于学习成功。 （2）支持学习成功的学习分析干预措施：学习仪表盘、教师的提醒、促进同伴之间的交流互动等。 （3）可能面临的挑战：高等教育机构缺乏学习分析领导力，所有利益相关者之间缺乏平等参与的机会，缺乏基于教育学的方法来指导学习分析实践，缺乏足够的专业人才，缺乏验证学习分析影响的严格的实证研究，缺乏专门针对学习分析的政策。 建议：学习分析应该为学习者提供个性化的机会，随时调整所提供的信息和支持；为了使研究结果可推广和可转移，未来的学习分析研究需要在方法学上更加注重大规模、纵向的实证研究
H. Aldowah、H. Al-Samarraie、W. M. Fauzy②	2000～2017年 402篇文献	（1）如何使用EDM和LA来解决教育中的实际挑战？ （2）哪些数据挖掘技术最适合这些问题	（1）EDM和LA的使用对改善学生的学习体验和学习成果，以及发现学生的行为和成绩、领域知识内容、表现和评估的模式和预测具有重要作用。 （2）EDM和LA通常用于为与计算机支持的学习分析、预测分析、行为分析、可视化分析相关的各种学习问题提供机会和解决方案。 （3）数据挖掘技术中的聚类、关联规则、可视化数据挖掘、统计和回归的跨维度使用。 （4）EDM和LA在高等教育的应用有助于开发更多以学生为中心的课程，并提供数据和工具以用于实时预测
R. Bodily、K. Verbert③	2005～2016年 93篇文献	（1）基于系统的目的、功能和收集的数据类型，面向学生的学习分析报告系统文献中存在哪些类型的系统？ （2）在面向学生的学习分析报告系统文献中，使用了哪些方法来提高研究的严谨性？ （3）访问面向学生的学习分析报告系统，对学生行为、学生成绩和学生技能有何影响	（1）面向学生的学习分析报告系统文献中的系统按功能划分，主要有增强的可视化和数据挖掘推荐系统等；按数据源划分，主要有社交互动系统、资源使用系统、评估数据系统等。 （2）开发学习分析报告系统的考虑因素：预期目标、系统的可用性及有效性、学生使用报告工具等。 建议：增加学生对学习分析报告工具的使用；考虑研究学习分析报告工具对学生反思和意识的影响；进行更多的研究来检验学生对这些系统的感知和看法；系统应告知学生推荐其做什么以及其对文本反馈或可视化信息采取行动的原因；对学习分析报告系统进行严格的可用性测试；增强系统的交互性和探索性

① Ifenthaler D, Yau Y K. Utilising learning analytics to support study success in higher education: A systematic review. Educational Technology Research and Development, 2020, 68(4): 1961-1990.

② Aldowah H, Al-Samarraie H, Fauzy W M. Educational data mining and learning analytics for 21st century higher education: A review and synthesis. Telematics and Informatics, 2019, 37: 13-49.

③ Bodily R, Verbert K. Review of research on student-facing learning analytics dashboards and educational recommender systems. IEEE Transactions on Learning Technologies, 2017, 10(4): 405-418.

续表

作者	研究样本范围	研究问题或目的	研究结论与建议
C. Alonso-Fernandez、A. Calvo-Morata、M. Freire 等①	2007～2018 年 87 篇文献	（1）数据科学应用于游戏分析数据和/或从严肃游戏中学习分析数据的目的是什么？ （2）哪些数据科学算法或技术应用于游戏分析数据和/或从严肃游戏中学习分析数据？ （3）哪些利益相关者是分析结果的预期接收者？ （4）从这些应用中得出了什么结果和结论	（1）数据科学应用于学习评估、游戏行为研究、游戏设计或评估、学生特征分析和干预，大多数研究都集中在评价学习者行为上。 （2）使用的算法和技术有监督算法、无监督算法、可视化技术，应用最广泛的是线性模型、关联和聚类技术。 （3）主要利益相关者是游戏设计者和研究人员，其次是教育者。 （4）使用游戏学习分析数据可以准确预测游戏影响，并创建学生档案以帮助其改善学习，游戏学习分析数据可以用来验证游戏设计和评估。 建议：考虑足够大的样本量，以确保得出有意义的结论；将经典技术与新的更复杂的技术进行比较以确定最优算法；标准格式创建开放数据集
S. K. Banihashem、K. Aliabadi、S. P. Ardakani 等②	2011～2017 年 36 篇文献	（1）学习分析可以为教育带来什么好处？ （2）学习分析在教育中的挑战有哪些	（1）学习分析可以为教育带来显著的效益，如增加学生的参与度、改善学习成果、识别有风险的学生、提供实时反馈，以及设计个性化学习。 （2）学习分析有技术和教育两个领域的挑战，技术领域的挑战包括如何跟踪数据、如何收集数据以及如何评估数据；教育领域的挑战包括伦理和隐私、数据的范围和质量、理论和教育基础
A. L. Sonderlund、E. Hughes、J. R. Smith③	2000～2018 年 11 篇文献	研究的目的是对高等教育中使用学习分析法的研究进行系统回顾和质量评估，特别侧重于干预研究	（1）目前的证据总体上表明，学习分析干预措施在防止辍学和确保学业完成方面存在潜在有效性，但个别研究与此不符。 （2）部分研究中表明的接受干预的学生辍学的可能性增加这种现象还有待进一步研究。 （3）告知学生风险评估结果、改进建议和提供学业咨询和支持相结合的干预设计的有效性还有待评估。 建议：需要对科学驱动学习分析的实施和评估进行更多的研究，以便为此类干预措施的可行性、有效性和普遍性建立坚实的证据基础

① Alonso-Fernandez C, Calvo-Morata A, Freire M, et al. Applications of data science to game learning analytics data: A systematic literature review. Computers & Education, 2019, 141: 103612.

② Banihashem S K, Aliabadi K, Ardakani S P, et al. Learning analytics: A systematic literature review. Interdisciplinary Journal of Virtual Learning in Medical Sciences, 2018, 9(2): 1-10.

③ Sonderlund A L, Hughes E, Smith J R. The efficacy of learning analytics interventions in higher education: A systematic review. British Journal of Educational Technology, 2019, 50(5): 2594-2618.

续表

作者	研究样本范围	研究问题或目的	研究结论与建议
K. Mangaroska、M. N. Giannakos①	2010～2017年 43篇文献	（1）从教育背景（即用户合理使用）、教学实践和方法（即所用数据类型和数据分析技术）的角度来看，学习设计研究的学习分析的现状如何？ （2）哪些学习分析被用来为学习设计决策提供信息，学习分析在多大程度上能够支持动态和数据驱动的学习设计决策	（1）研究集中在利用学习分析工具提取分析数据并用于进一步开发工具，以提供更好的实际支持和明智的决策；开发框架，确定分析指标，并创建指导方针和建议，以指导学习活动的设计。 （2）定量研究仍然优先于混合方法和定性研究；技术的使用增加了数据收集的范围；大多数研究是在虚拟学习环境或学习管理系统中进行的。 建议：未来的研究应说明如何收集和系统化学习设计数据，并跟踪学习设计决策对后续学习活动和表现的影响；利用学习分析设计个性化学习和反馈以引导学生的个性化体验；教育者需要重新思考自身的角色，他们是知识的提供者，又是学习的设计者和促进者
G. Pishtari、M. J. Rodríguez-Triana、E. M. Sarmiento-Márquez等②	2008～2019年 54篇文献	（1）在哪些环境中学习设计（learning design，LD）和LA支持移动学习/泛在学习（mobile learning/u-learning，m/u）？ （2）LD和LA对m/u的贡献有哪些特点？ （3）在m/u中，LD和LA论文的共同点、区别和协同作用是什么	（1）在高等教育领域，LA可以帮助解决多个利益相关者由缺乏面对面的互动而造成的意识缺失问题；整合以教学为基础的分析，以帮助解决利益相关者缺乏学习背景的问题。 （2）学习分析为支持m/u提供技术工具——可视化仪表盘，学习设计制定了更多的指导原则和理论框架；学习分析可以很好地对m/u中的数据进行收集、分析和处理，教学设计支持分析的情境化。 （3）通过将分析与设计的不同活动结合起来，以实现情境化，但两者协同作用的实例还需要进一步的研究
L. Crescenzi-Lanna③	2014～2019年 38篇文章	旨在描述最近的多模式学习分析和学习分析研究文献中的实践，以确定有助于评估6岁以下儿童学习进度和行为的工具和策略。目的是为6岁以下儿童的多模式学习分析研究提供指导，以评估他们对任务的参与程度，以及他们的情绪、注意力、理解和目标的实现情况	（1）面部和语音识别系统、眼睛跟踪、Kinect体感分析和腕带等多模态学习分析在一定程度上可用于儿童，但使用非侵入性方法收集6岁以下儿童的数据相对较复杂。 （2）伦理问题：参与研究的儿童应以适合的方式了解或被告知研究目标和方法，并应有机会表示是否同意。 （3）从在非自然环境中进行的受控活动中采集到的多模态学习分析数据的质量，有待进一步考量。 （4）未来的研究将进一步增加对幼儿学习方式的理解，开发有意义的基于数据的学习体验

① Mangaroska K, Giannakos M N. Learning analytics for learning design: A systematic literature review of analytics-driven design to enhance learning. IEEE Transactions on Learning Technologies, 2018, 12(4): 516-534.

② Pishtari G, Rodríguez-Triana M J, Sarmiento-Márquez E M, et al. Learning design and learning analytics in mobile and ubiquitous learning: A systematic review. British Journal of Educational Technology, 2020, 51(4): 1078-1100.

③ Crescenzi-Lanna L. Multimodal learning analytics research with young children: A systematic review. British Journal of Educational Technology, 2020, 51(5): 1485-1504.

2.1.3 学习分析技术和工具

1. 学习分析的关键技术

学习分析使用的一些技术手段源于教育数据挖掘，如统计分析与可视化、聚类、预测、关系挖掘、文本挖掘等。随着学习分析研究和应用的不断深入，一些原本用于社会科学领域的技术方法也被引入学习分析领域，如内容分析、话语分析、社会网络分析等。

1）教育数据挖掘

教育数据挖掘是指运用教育学、统计学、计算机科学等学科的理论和技术来研究由学习者和教师产生的教育数据，分析学生在特定的教学环境中的学习过程和行为模式。Romero 等对教育数据挖掘研究进行分析，归纳出五类教育数据挖掘方法，具体包括统计分析与可视化、聚类、预测、关系挖掘、文本挖掘。[①]

2）社会网络分析

社会网络分析是行为科学研究者经常采用的方法，在教育领域应用得比较广泛，主要用来探究信息技术环境下学习者所构成的网络（如在线论坛进行互动的学生网络）特点，从而分析学习者个体和群体之间的相互作用。社会网络分析可以用来解释学习者协作活动中的结构和关系以及学习者和交流工具间的交互。

3）话语分析

话语分析主要是对网络在线学习过程中的交流过程进行分析的方法。其分析的对象包括网络学习过程中面对面的对话内容、过程产生的文本内容以及异步交流内容等。运用话语分析技术，可以发现学习者的知识建构过程，帮助研究者更加清晰地认识学习发生的过程。

4）内容分析

内容分析是一种对传播内容进行客观、系统和定量的描述的研究方法。运用内容分析对学习者的学习过程数据进行定量和定性的分析，从而探索学习者的行为模式并对学习者的行为进行预测。内容分析既要对一些文本内容进行分析，也要对学习过程中的多媒体数据进行分析。

2. 学习分析的典型工具

随着学习分析技术的快速发展，用于学习分析的工具也越来越多。孟玲玲等根据学习工具对分析对象与类型的不同侧重，将学习分析工具分为五类：学习网络分析工具、学习内容分析工具、学习能力分析工具、学习行为分析工具、其他

---

① Romero C, Ventura S. Educational data mining: A survey from 1995 to 2005. Expert Systems with Applications, 2007, 33(1): 135-146.

综合分析工具[①]，如表 2-2 所示。

表 2-2　学习分析的典型工具

工具类别	工具名称
学习网络分析工具	SNAPP、Gephi、NetMiner、UCINET、Pajek、JUNG、NodeXL、Cohere
学习内容分析工具	WMatrix、CATPAC、LIWC、Nvivo、Atlas.ti、Wordle、Loco-Analyst
学习能力分析工具	ELLIment、Enquiry Blogger、Socrato
学习行为分析工具	Google Analytics、Mixpanel
其他综合分析工具	SPSS、WEKA、SASS

1）学习网络分析工具

这类工具用于对学习者的网络数据分析：以学习者个体为研究对象时，分析学习者个体在学习平台中的活跃程度以及与同伴互动的程度、判断学习者从哪些同伴那里得到启示、找出导致认知困难的内容以及影响学习者学习过程的因素等；当以整个在线学习网络为研究对象时，则主要关注的是网络学习中学习者之间所建立的联系、信息的分布以及学习的进展情况。常见的学习网络分析工具主要有 SNAPP、Gephi、UCINET 等。

2）学习内容分析工具

这类工具分析的对象包括面对面的对话内容、网络课程与会议中产生的文本内容、网上异步交流内容、学习者个人所学习的文本内容以及多媒体内容的分析。常见的学习内容分析工具主要有 CATPAC、LIWC、Nvivo、Loco-Analyst 等。

3）学习能力分析工具

这类工具以学习者的学习能力和学习水平作为分析对象，通过测验、量表、访谈等形式对学生的学习能力和学习水平进行测试，并将结果以可视化形式反馈给学习者及教师。这样，学习者就可以了解自己的学习状况，教师也可以对学习者提供适当的帮助，以提高学习者的学习能力。常见的学习能力分析工具主要有 ELLIment、Enquiry Blogger、Socrato。

4）学习行为分析工具

这类工具主要以人机交互数据为研究对象，在本书中主要是指在学习管理系统中人与系统的交互。学习行为分析工具通过获取和分析学习者登录系统时间、学习时间分配、点击行为等一系列过程数据来了解学习者的学习路径、学习特征等，进而预测学习者可能的行为，以便对其进行个性化的服务和干预。常见的学习行为分析工具有 Google Analytics、Mixpanel。

① 孟玲玲，顾小清，李泽. 学习分析工具比较研究. 开放教育研究，2014，20(4)：66-75.

5）其他综合分析工具

这类工具通常具有多种数据处理和统计分析的功能，不仅被用于学习分析，而且在其他许多领域也得到了广泛应用。其常用的功能包括：数据统计、数据挖掘和预测分析等。通过机器学习算法，能够实现数据聚类、回归分析、关联规则以及数据处理结果的可视化呈现。这类工具主要包括 SPSS、WEKA 和 SASS 等。

2.1.4 学习分析的典型应用

1. 学习状态可视化

可视化就是利用计算机技术将数据转换成图形或图像的形式，以便直接获取和观察信息。学习状态的可视化就是用图形、图像、表格等方式来呈现学习者的学习状态。学习状态可视化以能够体现学习者学习状态的学习行为数据为基础，运用学习分析工具，将能够反映学习者学习表现的指标可视化并可获得关键性指标。例如，澳大利亚伍伦贡大学的 SNAPP 工具能从学习管理系统中收集获取数据，获得学习者参与讨论、发表帖子的频次数据，并且以可视化的社会网络关系图来呈现结果。学习者能够对自己的学习状态形成清晰的认知，教师也可以了解到所有学习者的情况，以便及时对存在学习风险的学习者进行干预。

2. 学习问题诊断

诊断原是指从医学的角度对人们的精神及体质状态做出判断。学习问题诊断一词则是将诊断应用于教育领域，用来判断学习者对知识和技能目标的掌握程度，以便为后续的个性化学习干预提供一定的依据。个性化学习诊断则是自适应学习系统中必不可少的功能和组成部分，例如美国一家公司开发的 Knewton 自适应学习系统是以项目反应原理为基础，对不同认知水平的学习者进行自适应、个性化的测验。个性化学习诊断的一般流程为：首先在自适应学习系统中构建与知识和技能目标相对应的知识体系；然后依据项目反应原理（item response theory，IRT），围绕知识内容构建题库；接下来系统根据学习者的学习能力自动选择测试题目，直到对学习者能力估计值的标准误差低于某一确定值后结束答题过程；最后系统对学习者的作答结果进行分析，得出诊断报告，以确定学习者的优缺点，进而后续为学习者提供个性化的课程安排。

3. 学习路径规划

学习路径是学习活动的路线与序列，是学习者在一定的学习策略指导下，根据学习目标和学习内容对所需完成的学习活动的排序。[①]随着“互联网+教育”以

① 赵呈领，陈智慧，黄志芳. 适应性学习路径推荐算法及应用研究. 中国电化教育，2015，(8)：85-91.

及大数据时代的到来，在线教学愈来愈受到关注。鉴于在线学习的灵活性以及学习者在认知水平和风格等方面的个体差异，为学习者提供满足个性化需求的学习资源和活动是必不可少的，因此需要构建符合学习者个性化需求的学习路径。学习路径可由人工方式和机器方式构建，为了适应海量的教育资源和数据环境，机器方式构建学习路径成为主流的方法。学习路径推荐算法是实现个性化学习路径推荐的关键，常见的学习路径推荐算法主要有蚁群优化算法、遗传算法、粒子群算法等。如 Chen 开发的个性化在线学习系统（personalized e-learning system，PELS）采用遗传算法来构建学习路径，并且在推荐路径时考虑了学习内容的难度和连续性以及学习者的能力。①

4. 学习资源推荐

针对学习者在学习过程中出现的信息过载（海量的学习资源）问题，需要对学习者进行个性化的学习推荐，以便学习者快速找到所需要的学习资源。常见的个性化学习推荐算法主要有基于协同过滤的推荐算法、基于内容的推荐算法和混合推荐算法等。例如美国犹他州立大学的 Altered Vista 系统利用协同过滤的算法来向学习者推荐学习资源：首先该系统收集学习者的个人和行为信息，以分析获取学习者的兴趣和需求；然后通过协同过滤的算法收集其他用户对该资源的排名数据，进而筛选出适合学习者的学习资源；最后将筛选出的一系列学习资源呈现给学习者，且学习者可对该学习资源进行排名。②

5. 学习行为干预

学习干预是为了帮助学习者克服学习困难，以学习过程的数据分析为基础，针对个体学习者的学习状态和行为而实施的各种支持性策略和指导性活动的综合③，本书此部分呈现的学习干预内容主要是指适应性的学习行为干预。利用自适应学习系统收集和分析处理学习者的学习过程数据和学习行为数据，对学习者的学业表现进行判断和预测，从而对存在风险的学习者进行干预。例如美国普渡大学的课程信号灯（course signals）系统收集学习者在学习管理系统中的数据以及学生的成绩分数数据，对这些数据分析处理，并用绿色、黄色和红色来分别表示学习者低、中、高风险状态的学业表现④；教师和学习者均可以看到风险级别，

① Chen C M. Intelligent web-based learning system with personalized learning path guidance. Computers & Education, 2008, 51(2): 787-814.

② Recker M M, Walker A, Lawless K, et al. What do you recommend? Implementation and analyses of collaborative information filtering of web resources for education. Instructional Science, 2003, 31(4): 299-316.

③ 李彤彤，黄洛颖，邹蕊，等. 基于教育大数据的学习干预模型构建. 中国电化教育，2016，(6)：16-20.

④ Arnold K E, Pistilli M D. Course signals at purdue: Using learning analytics to increase student success// Proceedings of the 2nd International Conference on Learning Analytics and Knowledge. New York: ACM, 2012: 267-270.

系统根据预设的操作向不同风险的学习者发送干预措施，当然教师也可以对学习者进行人工干预。

6. 学习风险预测

对学生学习行为及学习风险的预测是学习分析领域的热点话题，有效利用学习分析可以跟踪和预测学习者的表现，以及识别潜在的问题和面临风险的学生[①]，评估预测影响学生成功的因素。[②]目前学习风险预测主要应用于高校 MOOC 学习中的学习者辍学率或保持率的研究中，常用的学习预测算法主要有逻辑回归、决策树、贝叶斯分类算法和关联规则算法等。如王雪宇等采集了 MOOC 学习中的课程因素、学习者自身因素和其他人员因素三个指标方面的数据，并利用建立的神经网络预测和多元线性回归模型对收集到的数据进行分析预测，以预测学生是否能通过 MOOC 课程的学习。[③]李建伟等设计了在线学习风险预测框架，并使用真实学生数据训练得到了学习风险预测模型，并将其应用于教学实践。[④]Ifenthaler 等提出可以结合学习者的在线学习行为数据（主要是日志文件和跟踪数据等）、学生的背景信息（主要是学生的基本信息及学业自我概念等）以及对学生调查收集的数据（主要是调查学生对预期成绩的自我报告、动机或学术和技术准备等方面的数据）并运用一定的算法来对学生进行预测。[⑤]

2.2 学习干预

美国高校教育信息化协会对学习分析的定义表明，学习分析不仅需要对学习行为进行诊断分析，还应依据分析结果进行适当的干预，从而为学习者提供个性化的指导和有针对性的建议。因此，学习干预是学习分析改善学习成效的重要环节，如何进行适时适当的干预成为学习分析领域的重要议题。

---

① Nunn S G, Avella J T, Kanai T, et al. Learning analytics methods, benefits, and challenges in higher education: A systematic literature review. Online Learning, 2016, 20(2): 1-17.

② Johnson L, Liu D, Huang R, et al. 2016 NMC Technology Outlook for Chinese K-12 Education: A horizon Project Regional Report. Austin: The New Media Consortium, 2016.

③ 王雪宇，邹刚，李骁. 基于 MOOC 数据的学习者辍课预测研究. 现代教育技术，2017，27(6)：94-100.

④ 李建伟，苏占玖，黄赟茹. 基于大数据学习分析的在线学习风险预测研究. 现代教育技术，2018，28(8)：78-84.

⑤ Ifenthaler D, Yau J Y K. Utilising learning analytics to support study success in higher education: A systematic review. Educational Technology Research and Development, 2020, 68(4): 1961-1990.

2.2.1　学习干预的内涵

干预作为普遍存在的现象，具体到现实生活中的方方面面。关于干预的相关研究已有很多，研究的领域涉及经济、医学、心理学以及教育学等不同领域。其中，教育学领域的干预主要指的是教学干预或者学习干预。

1. 干预的概念

“干预”在不同的语种中有不同的解释，在中文里，干预亦作“干与”，指关涉、过问或参与别人的事。在英文中，表示参与别人的事，译为 intervene；表示关涉、关系，译为 correlate；表示从中阻挠或调停与自己无关的行为，译为 meddle。

从已有研究来看，更多的取干预的第一层含义，即参与别人的事。此外，干预的情境和作用不同，使得不同的领域对干预也有不同的解释。从经济学的角度看，最开始西方经济学坚持的是经济自由主义，但是经济危机的出现使得国家干预的理论上升到了新的高度。因此，在经济学中，干预是政府调节经济的一种手段，通过干预来缓解和改善经济失衡带来的问题。在心理学界，干预主要指心理干预，在理论指导下对干预对象的心理施加干预，使其行为发生变化。[①]在医学上主要指医疗干预，在医学理论指导下由医护人员在治疗的过程中对病人采取某种行为，以达到治疗效果。在教育领域则主要指教育干预或学习干预，由教师或管理人员对学习者施加影响，以促进学习的过程。

2. 学习干预及其类型

在传统教学领域，学习干预包括一切对学习者学习产生影响的介入手段。由于教育环境本身的复杂性和多样性，不同情境和研究视角下学习干预的称谓也有所差异，如教育干预、教学干预等。Cenkner 认为，学习干预是帮助学习者发展特定的学习态度、技能与知识的所有行动。[②]Lee 指出，学习干预意味着一种特定的项目或者一系列的步骤用于改善学生的某个方面特定的需求，它具有一些特征，如：学习干预一般是针对学习者的某些薄弱点特意设计的，时间通常会持续数周甚至数月并在其中穿插定期评估活动，通过学习干预可以让学校和家长来监督学习过程。[③]相比而言，国内研究者大多从“教”的角度来展开研究，将其称为教育干预。如杜红梅认为，教育干预就是在教育与心理学理论的

---

① 孔燕，李敏. 心理干预相关研究进展. 重庆医学，2013，(29)：3567-3569.

② Cenkner M. A model for analyzing and evaluating instructional interventions. Educational Technology, 2006, 46(5): 42-45.

③ Lee A M I. What is instructional intervention? https://www.understood.org/articles/en/instructional-intervention-what-you-need-to-know[2020-10-14].

指导下，对群体或个体的行为施加针对性的影响，使其行为发生改变。①张文兰等从教育技术学研究范式的角度提出，教育干预是设计开发的模式、环境、工具等人造系统，包含实体层面（硬干预）和方法层面（软干预），目的是优化教与学。②

根据不同的视角，学习干预的方式也有所区别。Marques 等学者根据干预者的身份不同，将在线学习干预分为：管理干预、教学干预、技术干预③。李艳燕等从干预的性质分为教学干预和社会干预；从干预的规模分为个别干预和班级干预；从干预的主体分为人工干预和自动干预④。张超根据干预对象的不同，将学习干预分为全体、群体定向和个体干预；根据时间的先后，分为预备性、形成性和后摄性干预。⑤

3. 学习分析与学习干预

学习分析作为教育领域的新兴技术，已经逐渐成为教育研究的热点。Siemens 等认为，学习分析是指收集学习者产生的数据并建立分析模型来发掘信息和内部联系，以对学习者进行预测和建议。⑥Brown 提出，学习分析的要素包含五个方面：收集数据、分析数据、学生学习、听众反馈和干预。⑦Dyckhoff 等利用 eLAT 工具对学习者的数据集进行挖掘和分析，以帮助教师对其教学进行反思并对学生进行干预。⑧诸多学者的研究观点强调了学习分析既要关注学习过程的诊断分析，还应依据分析结果采取相应的干预措施，从而提供有针对性的学习建议和个性化的学习指导。因此，学习干预成为学习分析过程的重要环节，如何实现适时适当的干预成为学习分析领域的重点问题。国内研究者近年来在探讨智慧教育、精准教学等问题时也开始尝试在学习分析技术的支持下研究学习干预。⑨⑩⑪其中，祝

---

① 杜红梅. 移情与后果认知训练对儿童欺负行为影响的实验研究. 重庆：西南师范大学，2004.

② 张文兰，刘俊生. 基于设计的研究：教育技术学研究的一种新范式. 电化教育研究，2007，(10)：13-16.

③ Marques B P, Villate J E, Vaz de Carvalho C, et al. A proposal to enhance the use of learning platforms in higher education. International Association for Development of the Information Society, 2015, (7): 173-177.

④ 李艳燕，马韶茜，黄荣怀，等. 学习分析技术：服务学习过程设计和优化. 开放教育研究，2012，(10)：18-22.

⑤ 张超. 教师远程培训的学习干预研究. 上海：华东师范大学，2010.

⑥ Siemens G, Long P. Penetrating the fog: Analytics in learning and education. EDUCAUSE Review, 2011, 46(5): 30-32, 34, 36, 40.

⑦ Brown M. Learning analytics: Moving from concept to practice. https://www.educause.edu/~/media/files/library/2012/7/elib1203-pdf.pdf. [2020-10-14].

⑧ Dyckhoff A L, Zielke D, Bültmann M, et al. Design and implementation of a learning analytics toolkit for teachers. Educational Technology & Society, 2012, 15(3): 58-76.

⑨ 祝智庭，彭红超. 信息技术支持的高效知识教学：激发精准教学的活力. 中国电化教育，2016，(1)：18-25.

⑩ 唐丽，王运武，陈琳. 智慧学习环境下基于学习分析的干预机制研究. 电化教育研究，2016，(2)：62-64.

⑪ 李彤彤，黄洛颖，邹蕊，等. 基于教育大数据的学习干预模型构建. 中国电化教育，2016，(6)：16-20.

智庭教授提出将RTI模型实施于精准教学，并设计了基于数据驱动的信息技术支持的精准教学模式和基于大数据的个性化学习适配处方模型，以期为信息技术环境下的学习者提供个性化的学习干预。①

2.2.2 学习干预的研究现状

自20世纪60年代以来，教育研究者开始日益重视学习障碍问题。学校需要科学有效的方法准确鉴定有学习困难的学生并帮他们克服学习困难和提高学业成绩。针对这一需求，学习干预的研究得以逐步发展和不断深入。

1. 国外研究现状

学习干预早期主要应用于特殊教育领域，对那些由环境等因素导致学习困难的学习者进行补救性教育，使其克服学习困难并提高学业成绩。②在传统环境下，主要通过智力-成就差距标准来确定学习者是否有学习困难。然而许多研究指出，利用智力-成就差距标准作为鉴定学习困难或预测学习者的学业成绩时，往往显得信度和效度不足③④⑤，且往往因消极地等待学生学业失败而违背了早期发现并进行学习干预的原则。有鉴于此，英国开放大学在2010年发布的《22%——我们还能做得更好些吗？》报告中提出，提供相应的学习支持等服务有助于降低学生的辍学率。⑥这从侧面反映出，提供相应的学习支持干预措施以帮助学习者选择适合的课程，可以有效降低其学习过程困难、提高学习效果。美国《残疾人教育法》在2004年修正案中将RTI模型列为鉴定学习者是否有学习困难的方法之一。至此，RTI模型被正式应用于实际教学中，并逐步得到推广应用。

在国外，对于学习困难的研究，除了使用一般性的干预手段外，还主要通过RTI模型进行学习干预。例如，Richards等针对在英语阅读课上有学习困难的学习者设计了干预活动，并实施了干预，最终结果表明，在学习干预下，被干预的

---

① 祝智庭，孙妍妍，彭红超. 解读教育大数据的文化意蕴. 中国电化教育，2017，(1)：28-36.

② Fletcher J M, Denton C, Francis D J. Validity of alternative approaches for the identification of learning disabilities operationalizing unexpected underachievement. Journal of Learning Disabilities, 2005, 38(6): 545-552.

③ Siegel L S. Why we do not need intelligence test scores in the definition and analyses of learning disabilities. Journal of Learning Disabilities, 1989, 22(8): 514-518.

④ Vellutino F R, Scanlon D M, Lyon G R. Differentiating between difficult-to-remediate and readily remediated poor readers: More evidence against the IQ-Achievement discrepancy definition of reading disability. Journal of Learning Disabilities, 2000, 33(3): 223-238.

⑤ Ysseldyke J. Assessment and decision making for students with learning disabilities: What if this is as good as it gets? Learning Disability Quarterly, 2005, 28(2): 125-128.

⑥ 转引自：刘永权，牛健，李莹. 透视国外远程教育降低辍学率的窗口：对英国开放大学扩大参与中心2010年报告的解读. 现代远程教育研究，2011，(6)：47-54.

学习者的英语词汇量以及理解力都得到了提高。[①]Hassinger-Das 等也对 107 名学生的数学学习中的注意力和执行力进行监控，最后通过回归分析表明，对学生的注意力和执行力进行适当干预，能提高数学的学习效果。[②]有研究表明，通过采用 RTI 模型，设计不同的实验方式，为有阅读风险的学生提供相对应的学习干预[③④]，结果都表明，学习干预可以有效支持阅读效果的提升。关于 RTI 模型的实证研究也较多。比如，Vaughn 等对学生的学习困难或者阅读困难进行了考察，并通过对 45 名学生实施了三个阶段共十周的补救学习干预，最后发现接受干预学生的阅读成绩有所提升。[⑤]Duhon 等探讨了不同干预强度对 35 名学生的数学运算能力影响，结果表明，大部分学生经过第一阶段的干预即可达到预期效果，剩余少数学生在增加干预力度后也能产生积极的反应。[⑥]同时，有研究者通过 RTI 模型对学生进行管理与监控，并为学生提供反馈，帮助他们解决在学校、课堂中的行为问题。研究发现，通过行为监控，学生在出勤率、学习投入度和学业完成率等方面均取得明显进步，并在总体上提高了交流互动能力。[⑦⑧]

从以上的实证研究可以看出，学习干预介入的作用还是值得肯定的。RTI 模型是先干预后鉴定的模式，普通教育中学习较落后的学生可以在该模式中获得较好的学习干预，体现了普通教育层面的干预是极具价值的。从国外的研究也可以看出，学习干预模型首先对全体学生的学业或特定学习能力进行评估，对没有达到预期评估效果或整体学业水平比较落后的班级学生需进行下一阶段的干预。就目前大多数研究实施的情况来看，RTI 模型不仅关注学习困难问题，也关注如何解决发生在校园、课堂教学中的各种学习和行为问题。它被认为是一种多级、具

① Richards T C, Baker D L, Gersten R M, et al. The effectiveness of reading interventions for English learners: A research synthesis. Exceptional Children, 2016, 82(2): 144-169.

② Hassinger-Das B, Jordan N C, Glutting J, et al. Domain-general mediators of the relation between kindergarten number sense and first-grade mathematics achievement. Journal of Experimental Child Psychology, 2014, 118: 78-92.

③ Manning T Y. Tools for Effective Implementation of Response to Intervention in the Elementary Classroom. Portland: Concordia University, 2016: 6.

④ Koutsoftas A D, Harmon M T, Gray S. The effect of tier 2 intervention for phonemic awareness in a response-to-intervention model in low-income preschool classrooms. Language Speech and Hearing Services in Schools, 2009, 40(2): 116-130.

⑤ Vaughn S, Linan-Thompson S, Hickman P. Response to instruction as a means of identifying students with reading/learning disabilities. Exceptional Children, 2003, 69(4): 391-409.

⑥ Duhon G J, Mesmer E M, Atkins M E, et al. Quantifying intervention intensity: A systematic approach to evaluating student response to increasing intervention frequency. Journal of Behavioral Education, 2009, 18(2): 101-118.

⑦ Lehr C A, Sincair M F, Christenson S L. Addressing student engagement and truancy prevention during the elementary school years: A replication study of the check & connect model. Journal of Education for Students Placed at Risk (JESPAR), 2009, 9(3): 279-301.

⑧ Sinclair M F, Christenson S L, Thurlow M L. Promoting school completion of urban secondary youth with emotional or behavioral disabilities. Exceptional Children, 2005, 71(4): 465-482.

备分层思想的方法，并为处于学习困境的学生提供持续深入的干预服务。RTI 模型中的多级层次干预思想为本书研究构建适应性学习干预模型、制定学习干预策略提供了重要的理论参考。

2. 国内研究现状

近些年，国内学者对学习干预也开展了一系列的研究。研究者基于传统课堂或者远程学习环境，提供干预措施来帮助有学习困难的学习者调整其认知特征、学习策略、学习动机、学习适应能力等，以期帮助学习者完成学习目标。例如，林国珍通过对照试验，对学习者的学习适应性、个性特征及心理状态进行分析，并通过认知干预、行为干预、学习方法、学习策略干预，帮助学习者克服学习困难，提高学习成绩。[①]亢芳芳、殷毓潇将学习干预手段和不同的干预策略分别应用于数学学习问题、英语学习问题中，也取得了良好的效果，结果表明学习干预可以提升学生的学习效率、学习态度和学习动机等。[②③]田澜从学生的听课方法、学习环境、学习态度、独立性和毅力、身心健康、家庭环境方面对小学四年级、五年级的学生进行了干预，并取得了显著效果。[④]陈珊提出教师可以建立一个问题解决的学习框架，通过提供相应的学科知识内容和活动来对学生实施干预措施，以有效提升学生解决问题的能力。[⑤]基于远程学习视角，邓慧在远程培训环境中设计了提醒、告知说明、方案介绍等干预的策略，分别从远程助学事件、在线的交流互动、在线的各种学习活动和在线的学习考核这四个方面来帮助学员顺利完成每个阶段的学习。[⑥]刘小霞在远程环境下通过逐级细化的具体干预策略作用于学习者，最后发现该干预策略对学习者的学习进度和考核成绩起到了一定的积极影响。[⑦]张超通过改进已有的 RTI 模型，构建远程培训干预反应模型和远程培训干预决策模型，对线上的远程教师培训进行干预，提高了培训的效果。[⑧]陈宗欣利用RTI模型对具有数学学习困难的学生在学习动机以及学习适应性等方面进行干预，结果表明在干预后学生的数学成绩有显著的提升。[⑨]

总体而言，国内外对学习干预研究正处于逐步深入的阶段，然而这些研究大多是基于传统课堂或远程学习的单一环境下的干预效果研究。基于智慧教育环境

---

① 林国珍. 学习困难学生心理特征及综合干预研究. 上海：华东师范大学，2006.

② 亢芳芳. 中小学生数学学习困难研究与干预. 上海：华东师范大学，2011.

③ 殷毓潇. 初中英语学困生词汇学习的心理探究及个案干预. 烟台：鲁东大学，2013.

④ 田澜. 小学生学习适应问题及其教育干预研究. 重庆：西南师范大学，2002.

⑤ 陈珊. 促进问题解决的学习干预设计与应用研究. 上海：华东师范大学，2013.

⑥ 邓慧. 教师远程培训的需求调查及干预设计. 芜湖：安徽师范大学，2012.

⑦ 刘小霞. 教师远程培训的助学策略研究. 上海：上海师范大学，2011.

⑧ 张超. 教师远程培训的学习干预研究. 上海：华北师范大学，2010.

⑨ 陈宗欣. 数学学习障碍儿童的 RTI 评估干预研究. 武汉：华中师范大学，2014.

或混合教学场景下学习干预的研究成果尚不多见，而结合 RTI 模型的相关研究也有待进一步探索。

2.2.3 基于学习分析的干预研究

长期以来，学习干预的研究主要局限于特殊教育或中小学低年级儿童的学习障碍鉴定和行为矫正。在高等教育领域，利用学习干预可以为存在学习风险或成绩不佳的学习者提供帮助。随着学习分析技术的发展，基于数据驱动的学习干预已得以实施和应用，用于识别学习过程中存在的问题，并为学习者提供及时和个性化的支持。需要指出的是，学习干预目前被认为是学习分析领域的最大挑战，尚未得到深入研究和广泛实施。本节内容将结合 Wong 和 Li、Sønderlund 等研究者的观点，针对有关学习分析的干预研究综述文献进行分析[①②]，总结相关研究中的干预目的、数据采集、干预方法和干预成效等问题。

1. 学习干预的目的、意图

学习干预最常见的目的是提高学习者的学习成绩，包括采取补救措施来帮助那些有学习风险或学习困难的学生，以及提供个性化的反馈。通过分析特定学生的档案资料对其进行分类，以提供适应其个别化需求的反馈。其他类型的目的包括：提高学生的保留率，帮助学生做出诸如选课等学业决策，增强他们的自我意识、自我反思和自我调节能力，促进合作学习和提高学生参与度。[③]此外，一些干预措施旨在跟踪学生的学习过程和表现，帮助教学管理人员及时做出决策。

2. 学习干预的理论基础

在学习分析干预研究中，不同研究者使用的理论基础存在很大不同。常用于学习分析干预设计的理论包括：Kolb 的学习分析圈理论、经验学习理论和期望值理论，以及 Felder-Silverman 学习风格模型、ARCS（注意、关联、信心、满意）动机模型等。一些学者在已有理论的基础上增加了新元素，一些学者将多个理论或模型进行整合，而另一部分研究者则提出了自己设计的学习干预框架或模型。[④]

---

① Wong B T, Li K C. A review of learning analytics intervention in higher education (2011-2018). Journal of Computers in Education, 2020, 7(2): 7-28.

② Sønderlund A L, Hughes E, Smith J. The efficacy of learning analytics interventions in higher education: A systematic review. British Journal of Educational Technology, 2019, 50(5): 2594-2618.

③ Na K S, Tasir Z. A systematic review of learning analytics intervention contributing to student success in online learning. 2017 International Conference on Learning and Teaching in Computing and Engineering (LaTICE), 2017: 62-68.

④ Wu F, Huang L, Zou R. The design of intervention model and strategy based on the behavior data of learners: A learning analytics perspective. International Conference on Hybrid Learning and Continuing Education, 2015.

例如，Clow 基于 Kolb 的学习圈理论、Schon 的单/双循环学习理论和 Diana Laurillard 的会话框架理论提出了学习分析干预的五步骤模型①；Wise 则提出了学习分析干预设计的四个原则和三个核心过程②；Harrer 和 Göhnert 则在 Wise 提出的四个原则的基础上增加了两个新的原则。③

3. 学习干预的数据采集

学习干预研究中最常用的数据是学习者的在线学习行为相关数据，一般包括学生在学习管理系统或包含了分析工具的学习平台上的行为数据，例如登录次数、资源浏览、参与讨论和协作活动等；其次是学生的学习成绩（如作业或考试成绩、课程成绩和平均学分绩点）、人口统计信息（如性别、年龄、种族和社会经济地位）以及选课信息；此外，还包括学生的学习历史（如先前学习经历和基础）、感知/情绪（如感知到的任务难度、对课程的兴趣和日常情绪）以及课堂反馈（如投票和质性反馈）。个别研究中使用的数据还包括学生的学习进度、学习目标和教师观察，这些数据一般需要人工标记和编码。

4. 学习干预的方法策略

学习干预中最常用的方法包括三种：①提供个性化建议，具体包括选课建议、在线或面对面服务、推荐学习资源或定制课程，这些建议可以通过电子邮件、短信、语音留言、社交媒体和面谈辅导等多种渠道来传递。②学习数据可视化，可以帮助学生更好地了解自己或同伴的学习表现，也便于教师快捷地了解学生的学习情况，确定补救措施。③个性化学习报告，通过学习仪表盘或邮件提供有关学习进度的个性化报告，便于学生调整学习策略或改善行为。在教学实践中，也可以综合采用多种干预方法。例如，根据学生的知识水平或特定技能的发展需要，提供个性化的作业或评估，并与学生进行非正式的互动联系，如电子邮件、电话、作业和测验提醒邮件。教师或助教可以列出学习建议供学生参考，鼓励学生保持良好的学习状态，详细了解他们的进步情况，让学生参与解决学习困难的过程，或将学生的课堂实时反馈进行可视化呈现，以便于教师评估学生的知识掌握情况并据此做出教学调整。

---

① Clow D. The learning analytics cycle: Closing the loop effectively//Proceedings of the 2nd International Conference on Learning Analytics and Knowledge, 2012: 134-138.

② Wise A F. Designing pedagogical interventions to support student use of learning analytics//Proceedings of the Fourth International Conference on Learning Analytics and Knowledge, 2014: 203-211.

③ Harrer A, Göhnert T. Integrated representations and small data: Towards contextualized and embedded analytics tools for learners//Proceedings of the Fifth International Conference on Learning Analytics and Knowledge, 2015: 406-407.

5. 学习干预的结果成效

学习干预的直接成效通常是学习成绩的提升（如课程成绩、考试及格率和知识掌握情况）。在 MOOC 或远程教育学习情境下，许多研究报告通过学习干预获得了更高的学生保持率、更好的学习表现、更高的学习或教学效率，这些都属于学习干预的成效。Na 和 Tasir 在研究学习分析干预对在线学习者影响的研究中指出，在学习过程的前期，主动使用一些干预措施来帮助有风险的学生，这对降低高等教育的辍学率非常重要。[①]此外，利用干预也可以协助学生选课[②]，帮助学生监督自身的学习过程、促进反思和参与在线讨论等学习活动，或者改善学生对应用学习分析技术的看法。[③]

根据文献分析结果，学习干预在协助教学人员帮助高危学生方面有较好效果，研究者运用各种学习理论和原则开发学习干预策略和措施，一些实证性研究已经显示出学习干预对学生成功的积极影响。然而，Sønderlund 等指出，虽然越来越多的教育机构正利用学习分析技术来识别和干预学生表现不佳或停课辍学的风险，但是在基于预测模型的干预措施的有效性方面还缺乏足够的研究证据。[④]他们通过对高等教育领域学习分析的相关研究文献进行评估分析后发现，目前关于学习成绩和保持率预测的研究数量较多，但是在检索到的 689 篇论文中，仅有 11 项研究评估了基于学习分析的干预措施的有效性。考虑到研究方法、样本选取、中介变量以及论文发表偏倚（publication bias）等因素，目前有关学习干预的有效性还需更多的实证研究结果的支持。

总体来看，目前基于学习分析开展的学习干预研究尚不够成熟，研究数量有限，研究结论也不尽一致，但同时呈现出一些共性：①大部分干预措施集中在提高学习者成绩、提供个性化反馈和提高学生的保留率方面；②最常用的学习分析内容包括学习者的在线学习行为、学习成绩、选课信息和人口统计学特征；③最常用的干预方法包括提供个性化建议和可视化学习数据；④几乎所有研究中的干预措施均取得了一定的成效，如提升了学习成绩、保留率和课程注册率，提高了教学效率和学习效果。

---

① Na K S, Tasir Z. A systematic review of learning analytics intervention contributing to student success in online learning. 2017 International Conference on Learning and Teaching in Computing and Engineering (LaTICE), 2017: 62-68.

② Bramucci R, Gaston J. Sherpa: Increasing student success with a recommendation engine//Proceedings of the 2nd International Conference on Learning Analytics and Knowledge, 2012: 82-83.

③ Arnold K E, Pistilli M D. Course signals at purdue: Using learning analytics to increase student success//Proceedings of the 2nd International Conference on Learning Analytics and Knowledge, 2012: 267-270.

④ Sønderlund A L, Hughes E, Smith J. The efficacy of learning analytics interventions in higher education: A systematic review. British Journal of Educational Technology, 2019, 50(5): 2594-2618.

2.3 在线学习分析研究案例[①]

Moodle 课堂作为一款优秀的开源在线学习平台，在国内外教学中得到了广泛的应用，但借助其开展深度学习分析的研究并不多见。本节以 Moodle 平台中一门混合式课程的在线学习活动为例，通过统计、可视化、聚类、社会网络分析等方法，从学习资源利用、学习任务参与、学习时间分布、师生互动模式、易错试题等方面展开了较为全面的分析，在此基础上总结了在线学习的若干特点和规律，并针对后续教学调整和优化提出了若干建议。

2.3.1 研究设计

本节以某师范大学“现代教育技术”公共课程作为研究对象，该课程采取线上与线下相结合的混合式教学模式。线下活动主要完成课堂操作实践和实验的任务，线上活动则以 Moodle 平台提供的学习资源为支撑，学习者自主完成作业、自测题、主题讨论等任务并开展师生互动交流。课程自 2015 年 3 月开课，到 2015 年 7 月结束，有来自全校不同院系的 995 名学生参加。考虑到研究条件所限，本书选取了同一教师授课、相同专业的 2 个班级共 97 名学生展开在线学习行为分析。利用 Moodle 平台自带的报表和第三方插件，综合运用统计、社会网络分析、可视化等方法，对研究样本的在线学习数据进行挖掘和分析，以期寻找在线学习活动的某些特点和规律，为后续优化在线教与学提供合理的建议，为后期在线学习干预机制研究、学习支持与服务及后续课程教学的优化提供依据。

2.3.2 数据分析

Moodle 平台中每个用户所访问的模块、各种操作的频次及发生的时间都记录在日志数据表中。利用这些数据表，可以对在线学习过程中的各类学习行为的情况进行统计分析，并将分析结果进行可视化表示。

1. 课程总体访问统计

Moodle 平台课程的内容包括学习资源和学习活动两大部分。其中资源主要包括课件和拓展资源，活动主要包括各类讨论区、作业和自测题。在整个学期中，两个班级师生访问课程的点击量达 54 214 次，其中各模块的访问频次如表 2-3 所示。可以看出，师生最常访问的模块是自测题，其次是作业和主题讨论区，而课

① 本节内容来自已发表的文章，因成书需要，略作修改。引自：张家华，邹琴，祝智庭. 基于 Moodle 平台的在线学习深度分析研究. 电化教育研究，2016，37(12)：46-51.

件和拓展资源的访问频次总体偏少。这表明学生能按要求参与各类活动，但是对学习资源的重视程度不够。

表 2-3　师生访问 Moodle 平台模块情况

模块名称	访问频次/次	比例/%	备注
课件	462	0.85	与教材各章内容对应的教学课件
拓展资源	838	1.55	作为拓展内容的阅读材料和视频资源
课程通知区	221	0.41	课程重要通知的发布
日常交流区	2 107	3.89	日常非正式的师生互动
主题讨论区	5 413	9.98	针对特定主题的正式讨论
作业	3 266	6.02	四次课程作业的提交
自测题	41 907	77.30	针对各主题相关知识点的练习题

2. 学习资源利用分析

“现代教育技术”课程的教学内容共包含 10 个主题（章节），两个班级访问学习资源的情况存在差异。作为课堂面授的辅助资源，学生个体对各个主题的重视和利用程度也体现出明显差异。其中 Topic 0 和 Topic 1 的学生参与度最高，而后续主题内容的参与度明显偏低。经过了解，出现这种现象的原因主要是：Topic 0 和 Topic 1 的学习资源与课堂面授或实验任务直接相关，而其他主题的大部分资源为要求学生课外自学的教学视频或阅读材料。由于教师并未针对学习资源的访问情况设置硬性要求，因此能够一直坚持课外自学的学生比例不到 20%。这说明，不同主题的教学内容受重视程度与学习任务和考核要求有密切联系。

从学习者访问资源的个别情况来看，不同学习者个体行为差异也很明显，积极者群体（访问频次≥25 次）与消极者群体（访问频次≤5 次）人均访问频次相差 5 倍。结合期末成绩展开分析，发现学习资源访问频次多的用户其成绩也好，访问频次排在前十的学习者，成绩均在 90～95 分。通过进一步对比，发现两个班级学生的资源利用率与平均成绩存在一定差异，学生对教学内容的重视程度与成绩呈现一定程度的正相关，如表 2-4 所示。这表明，学习资源是学习者掌握知识、提高学习效果的重要来源。但不少学生却对学习资源视而不见。因此，教师要及时提醒学生多关注学习资源，同时也应合理安排教学内容，优化学习资源的呈现方式，并在考核方法上做适当要求，以引导更多学生能够充分利用各种学习资源。

表 2-4　两个班级的资源利用与平均成绩情况对比

班级	人数/人	资源利用率/%	平均成绩/分	优秀人数/人（比例/%）	良好人数/人（比例/%）	一般人数/人（比例/%）
0427	53	14	83.94	19（35.85）	21（39.62）	13（24.53）
0428	44	18	86.12	17（38.64）	24（54.55）	3（6.82）

注：① 优秀为≥90 分；良好为≥80 分且<90 分；一般为<80 分。② 因四舍五入原因，计算所得数值有时与实际数值有些微出入，特此说明。

3. 学习活动参与分析

“现代教育技术”课程中设计的在线学习活动主要包括作业递交、自测题练习和主题（重点）讨论，学习者需要在规定时间内参与并完成任务。

1）作业递交

线上教学过程中任课教师一共布置了四次作业，两个班级的完成情况如图 2-3 所示。由图 2-3 可知，两个班级的作业完成情况基本一致，即第 1 次和第 3 次作业的完成率较高，第 2 次和第 4 次作业的完成率较低。经了解得知，第 2 次和第 4 次的作业属于选做任务，因此很多学生的积极性不是很高。

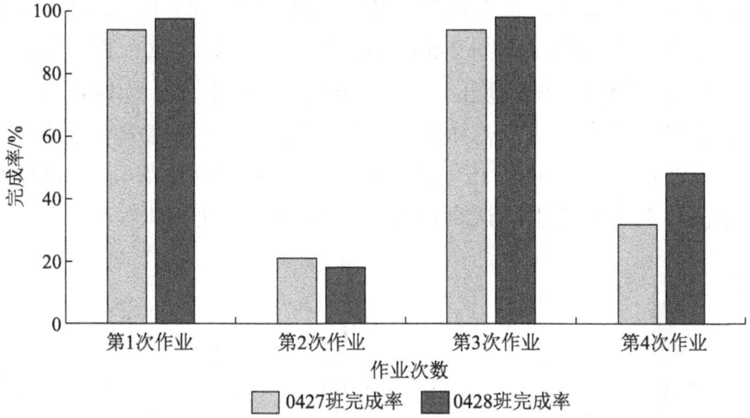

图 2-3　两个班级的作业完成情况对比

2）自测题练习

为了检测学习者对重要知识点的熟悉和掌握程度，“现代教育技术”课程针对每一主题（章节）均设计了若干自测题。通过预设答案和提示信息，方便学生随时开展自我检测和反复练习，及时获得反馈并查缺补漏。两个班级的自测题完成情况如图 2-4 所示。可以发现，由于该模块与期末考试密切相关，因此两个班级的完成率都比较高，且完成情况较好。相比而言，0428 班的总体完成率要高于 0427 班，结合两个班级的期末卷面成绩对比分析，发现前者的平均卷面分超出后者 2 分之多，表明自测题的完成率与期末卷面成绩呈现一定的相关性。

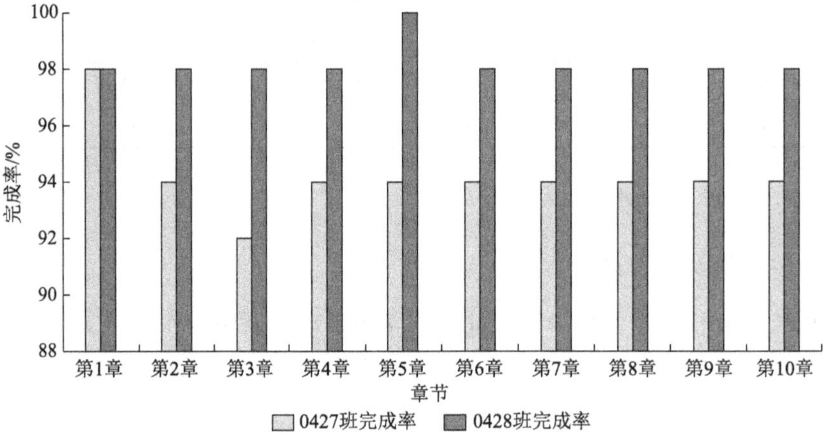

图 2-4　两个班级的各章自测题完成情况对比

3）主题（重点）讨论

为了加强学习者对教学内容的理解，活跃在线学习的氛围，课程针对不同主题设计了讨论区，并将 3 个重点章节设置为必做任务，将 4 个普通章节设置为选做任务。主题讨论完成情况如图 2-5 所示，第 1 章、第 4 章、第 9 章属于必做任务，学生的参与度很高，两个班的完成情况较好；4 个属于选做任务的章节，主要依靠学生的自觉性来完成。整体而言，选做的讨论任务完成率远小于必做任务完成率。值得注意的是，0428 班学生的选做任务完成率明显高于 0427 班，说明该班学生即使对选做任务也能认真对待，其学习主动性整体较高。

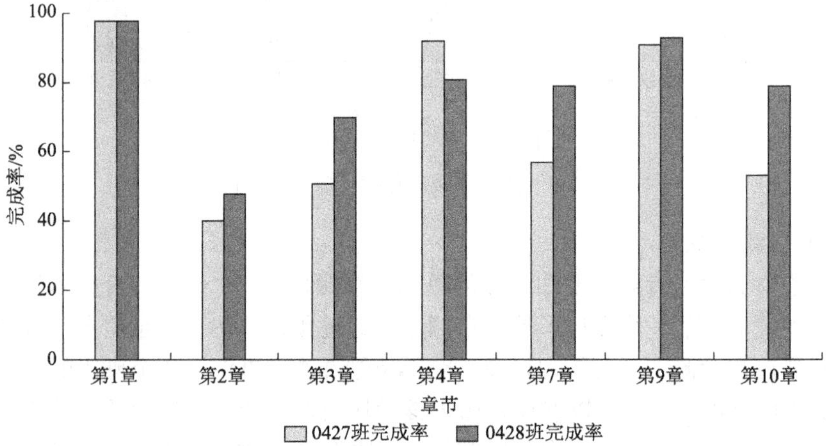

图 2-5　两个班级的主题讨论完成情况对比

此外，通过比较两个班级学生个体的学习活跃度（课程点击量、登录天数）、资源利用率（资源点击量）和综合成绩的关系，如图 2-6 所示，可以发现两个班级的学习情况呈现出大致相同的规律和趋势，即学习活跃度和资源利用率较高的学生，在期末取得的综合成绩也较好，反之，学习活跃度和资源利用率较低的学生其综合成绩也较差。

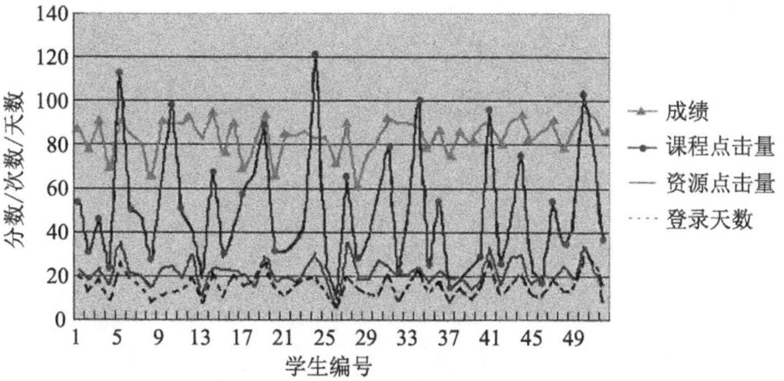

(a) 0427班

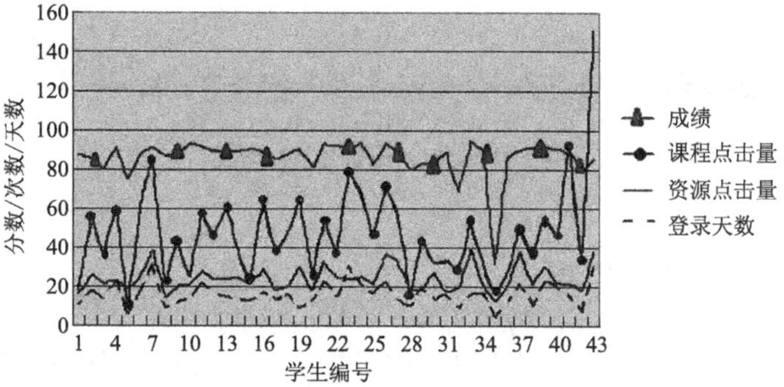

(b) 0428班

图 2-6　两个班级（0427 班和 0428 班）的学习活跃度与期末成绩的对比

4. 学习时间偏好分布

根据教学计划，该课程日常教学加期末考试共持续 17 周。通过提取 Moodle 平台中的用户登录和交互行为的日志，可得到学生参与在线学习的总体和个体学习时间的分布情况，如图 2-7 和图 2-8 所示。可以看出，学生的在线学习时间呈现一定的规律，即主要集中在开学初和期末的一个月。特别是临近期末，在线学习时间明显增加且集中，甚至达到了顶峰。不难解释，开学初访问频次比较集中的原因是学习者尚处于熟悉在线平台的阶段，对课程中的资源和活动还比较好奇；期末学习者面临考试的压力，此时通过平台来复习教学内容、强化练习自测、补齐课程作业和主题讨论等必做任务，为获得良好的期末考试和综合评价成绩做准备。其他学习时段由于学生大多被要求在课堂或实验室中当场完成相关学习任务，因此学习者在课外参与在线学习活动的意愿较弱。这种不均衡的时间分布表明，教师需要设计合理有效的学习活动，定期检查学生在线学习的参与度，提高在线学习活动在过程性评价中的比例，激发学习者参与在线学习的主动性。

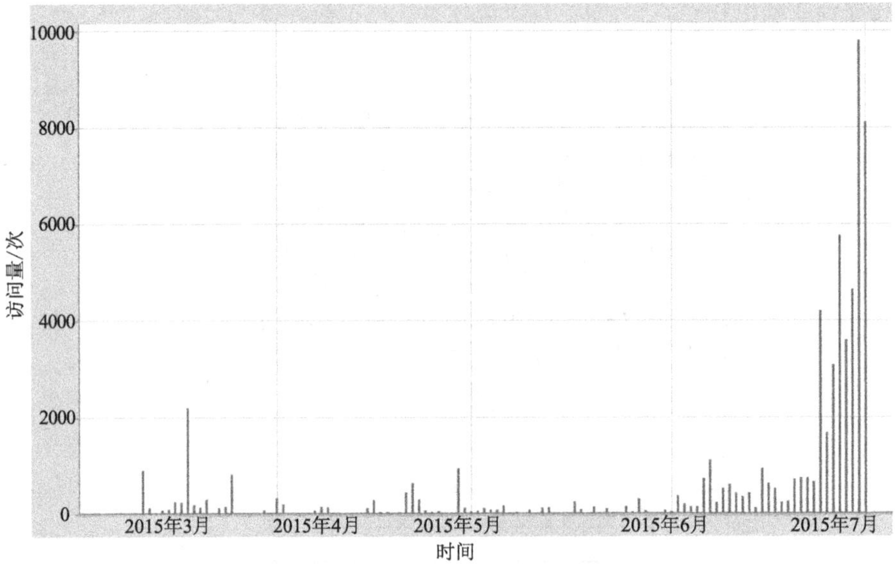

图 2-7　课程总体访问情况界面

学生学号	课程点击量	访问天数	每周课程点击量	访问资源数量	每周资源访问量
12650221	54	21		23	
12180137	30	13		18	
12180121	46	19		24	
12180329	22	9		15	
12180107	114	29		36	

图 2-8　学生每周访问情况界面

此外，在线平台中学习者的互动情况也呈现类似规律，即主要集中于学期的第一个月和最后一个月，而学期中段的访问频次极少，如图 2-9 和图 2-10 所示。出现两极分化现象的原因在于，学期初每个学生被要求参与“自我介绍”的讨论任务，而学期末学生须完成讨论区的必做任务，参与讨论的频次明显增加；从学生个体读帖、发帖/回帖统计情况可以发现，积极参与讨论特别是发帖/回帖频繁的学习者其成绩也高。发帖/回帖总量排名前十的学习者，成绩均在 90～96 分，这表明讨论区的参与度也是影响成绩的因素之一。不过，总体上两个班级的学生发帖/回帖数量偏少，约 60%的学生发帖/回帖数量少于 7 次，说明大多数学生参与讨论的积极性需要提升，特别是学期中的参与度还有待加强。因此，教师在教学中要及时提醒和鼓励学生多参与讨论，调动其学习积极性，营造良好的交流沟通氛围。

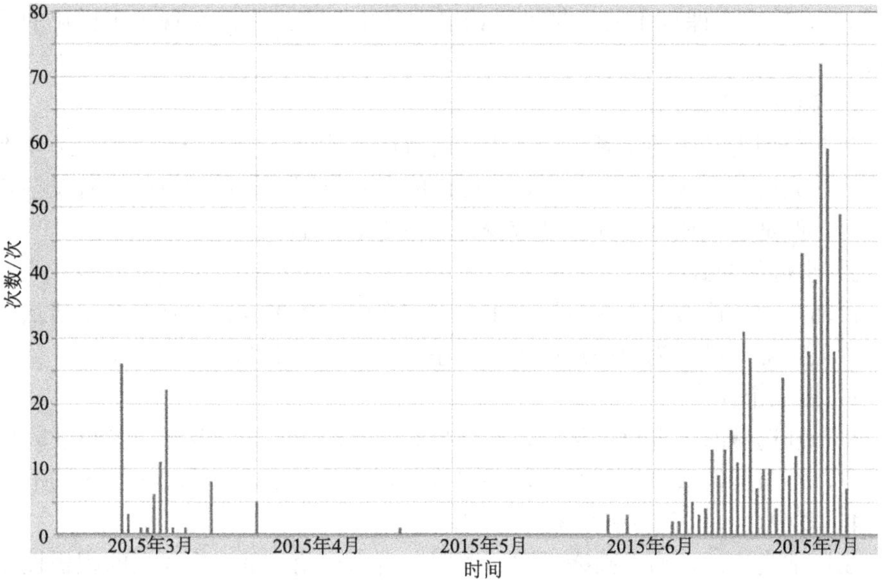

图 2-9 讨论活动总体时间分布界面

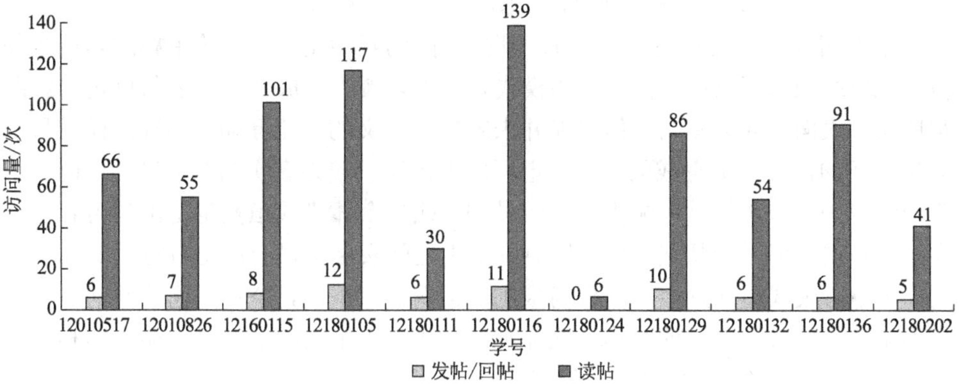

图 2-10 学生读帖、发帖/回帖统计界面

5. 互动模式分析

从前面的统计可知，讨论区是除自测题以外访问频次最高的模块，它是师生交流互动的主要场所。在讨论区模块，师生主要通过发帖、读帖和回帖来进行交流互动。其中，交互关系是通过回帖来建立的一种社会关系。社会网络指的是社会行动者（social actor）及其间的关系的集合。社会网络用结点代表信息的传递者和接受者，箭头表示信息传递的方向，连线的粗细表示信息传递的信息量大小和频率高低，而结点的大小代表回帖的多少。根据“现代教育技术”课程不同主题的讨论任务，可以反映不同情境下师生之间信息流动的特点。如图 2-11 所示，“现代教育技术”课程不同类型的讨论区中师生、生生之间呈现了多样化的互动模式。

1）独立中心模式

在 3 个列为必做的主题讨论区中，所有成员均处于同一个网络中，基本不存在孤立的成员。发帖者（教师）处于讨论的中心位置，其他学生围绕着发帖者进行回帖，但是学生相互之间互动较少，如图 2-11（a）所示。

2）小群体模式

在部分列为选做的主题讨论区中，有较多学习者参与，并且有个别活跃学生成为意见领袖，以其为中心形成了一个小群体，如图 2-11（b）所示。

3）孤立个体模式

在个别选做的主题讨论区中，只有少数的学习者参与，且学习者只发表自己的观点，不与其他成员进行交流，各自成了孤立的节点，如图 2-11（c）所示。

4）多中心（一主多副）模式

在日常交流区，师生围绕不同话题展开自由讨论，呈现出较高的积极性和参与度，相互之间有比较频繁的互动。其中，越活跃的学习者在图中对应的节点越大，与其他中心节点的连线越粗，如图 2-11（d）所示。

以上四种典型的互动模式表明，师生之间的互动交流受讨论主题的类型和任务要求影响较大。其中，独立中心模式表明学习者为完成任务而参与讨论的意图很明确，表面上人人参与，但可能并未发生有意义的交流互动；小群体模式是由学生之间的自发交流形成的，在一定程度上体现了较为真实的互动过程，但由于学习者参与面较小，其影响力还比较微弱；孤立个体模式虽然也是由学习者自发参与形成的，但受到特定主题的限制，学生之间实际上没有产生有意义的互动行为；多中心模式是在师生不受任何限制的情况下形成的，个体之间的互动最为自然而富有真实性。不同的互动模式体现出师生、生生之间不同的互动意图和互动过程，值得任课教师和研究者深入关注和思考。

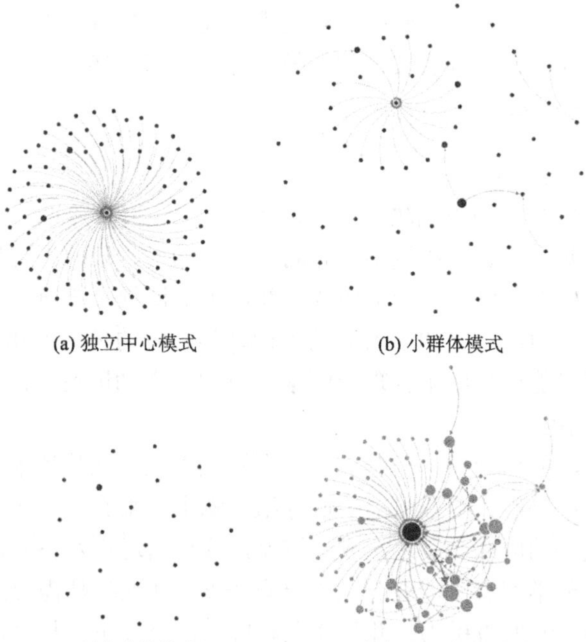

(a) 独立中心模式　(b) 小群体模式

(c) 孤立个体模式　(d) 多中心(一主多副)模式

图 2-11　不同类型的讨论区中师生社会网络关系图

6. 易错试题分析

“现代教育技术”课程的期末考试主要针对教学内容的理论知识点进行考核，结合平时作业、课程作品和实验考核结果，最终实现过程性评价和终结性评价相结合，对学生形成较为全面客观的综合评价。该课程采用计算机随机组卷的方式在线实施期末测验，考试系统从各章知识点对应试题库中按指定规则抽取试题，为不同学习者提供不同试题的考卷。

通过分析学生期末考试情况，发现大多数学生平时积极练习，总体成绩较好，但仍存在少数学生成绩不理想的情况。经对比答卷情况，找出错误率最高的 10 道题目，将试题进行分类，并对错误率高的试题从容易度指数、区分度指数、区分效率等方面展开分析。对任课教师而言，他们需要了解这些题目的易错原因，并将其作为今后教学内容的要点；对学生而言，学生在平时自测练习时也需要注意总结易错问题，及时温习并掌握对应的知识点。

2.3.3　研究结论

本节采用统计法、可视化、社会网络分析等方法，对 Moodle 平台中与学习者在线学习行为相关的主要模块进行研究，分析了“现代教育技术”课程混合式教学模式下的在线学习行为。通过挖掘在线课程中的学习日志，揭示了在线学习活动的一些特点和规律，为后续课程的教学提供相应可参考的建议。

1. 在线学习的若干特点和规律

1）在学习时间方面

学习者参与学习活动的频次是先快速上升，后下降，等课程快要结束的时候又快速上升。说明学习者的在线学习时间分布不均衡、分配不合理，学期中间学习者的积极性比较低，仅靠学期末快速弥补落下的课程是不符合学习规律的。任课教师需要在期中组织一定的学习活动来调动学习者的参与度和积极性，优化学习支持服务，尽可能地使学生合理分配学习时间，主动地投入课程学习中。

2）在资源利用方面

学习者对资源的访问频率与其成绩存在正相关性。就整体来看，高分组的学生访问频次高于中等组，中等组高于低分组；就个体来看，访问频次较多的学习者最后取得了较好的成绩，反之，成绩较差，甚至出现不及格的情况。这说明在线学习过程中部分学习者未能充分利用已有资源，任课教师需要改变资源的呈现方式，提高学习资源的吸引力，并且建立相应的监督和干预机制，在学期中督促学习者多访问资源模块。

3）在师生交互方面

任课教师在大多情况下处于交互网络的领导者位置，扮演了重要的中介角色，大多数学习者能够与教师开展交流与讨论。但是，相比而言，学生的作用体现得不够明显，主动发起讨论的学习者偏少，相互之间的交流也不多，特别是可选任务的交互程度太低，说明讨论主题的选择和话题的激发策略还需进一步改进。

4）在学习结果方面

学习者的综合成绩与资源点击量、课程点击量、登录天数等呈现正相关性。因此，在线平台中的学习资源和活动设计非常关键，应合理安排教学内容、设计有吸引力的活动并优化学习资源的形式，以引起学习者的关注并调动其学习积极性。

2. 后续教学决策和优化的建议

1）提供多样化、适切性的学习资源

在线学习环境中，学习资源是影响学习结果的重要因素。教师在设计和开发学习资源时，应充分考虑其质量和针对性。多样化高质量的学习资源可以满足学习者的个性化需求，使其更具适切性。

2）采取有效的在线学习干预策略

通过学习分析提供可视化的学习过程和结果，在数据驱动的基础上，为任课教师提供量化、客观和及时的教学反馈，预测可能会出现学业风险的学习者，并采取必要的学习干预措施，减少学业风险。

3）设计恰当的学习讨论主题

由于在线学习的学习时间相对自由，师生、生生之间的交互大部分是异步的。教师需要精心设计学习讨论主题或鼓励学习者发布讨论主题，吸引学习者积极参与讨论，良好的师生交互可以增进其相互了解。

4）发布及时、精确的在线学习反馈

学习反馈能够让学习者明确自己的学习状况和问题，是及时调整学习进度和方法的重要依据。教师可以基于学习分析的结果，以阶段化的学习报告单为学习者提供过程性、可视化的学习反馈，便于学习者查缺补漏和改进学习方法。

第3章 学习分析视角下的在线学习干预

3.1 学习干预经典模型分析

自20世纪60年代美国心理学家Kirk提出学习障碍的概念后，教师和研究者们开始重视这一问题的解决。传统的差异评估模式（discrepancy model）的有效性受到质疑，学校需要一套科学有效的体系和方法来积极应对学习障碍问题。RTI理论正是在这一背景下被研究者提出并逐步得到了推广应用。

3.1.1 RTI模型

RTI是一种提倡准确评估和干预学习障碍学生的方法，强调在教学中由教师或研究者实施多个层级的评估和干预。该理论自20世纪60年代提出以来，在中小学校尤其是特殊教育领域得到了较为广泛的应用。RTI通过三个层次的干预来确保每个学生都能获得适当的学习支持，在每个层次中可以有多种干预措施[①]，其干预模型如图3-1所示。

其中，第一层次是面向所有学生的常规教学和筛查，教师可将多次考试收集的数据与教学目标进行比较，找到“困难生”，或从数据中直接筛选出学习进度慢的学生；第二层次是帮助在第一层干预中没有对学习干预作出足够反应的学生；第三层次则是针对前两级干预中未展现出明显进步的学生提供强化的、个别

① Brownell M T, Sindelar P T, Kiely M T, et al. Special education teacher quality and preparation: Exposing foundations, constructing a new model. Exceptional Children, 2010, 76(3): 357-377.

干预。作为传统教学环境下的典型干预模型，RTI 的三级干预理念为在线学习干预模型的构建提供了重要的参考和借鉴。

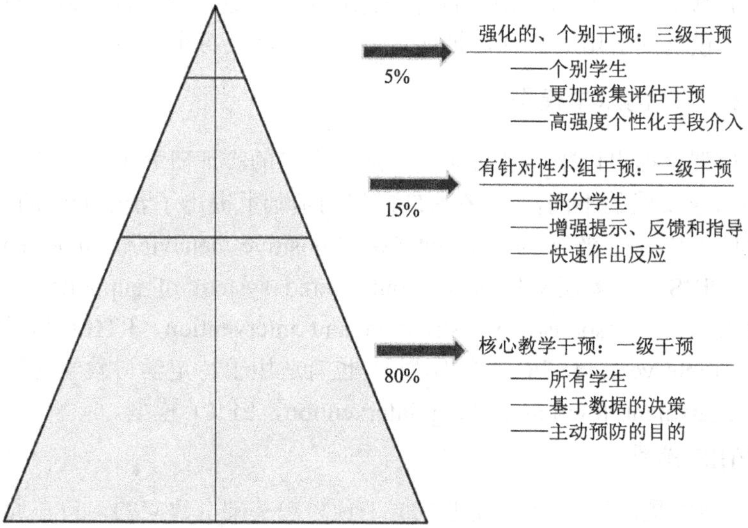

图 3-1　RTI 模型

文献分析结果表明，RTI 模型可以提供恰当的干预措施来改善处于低水平学生的学习情况①；Bianco 将 RTI 运用于识字课堂，提高了学习者的识字率，减少了需要特殊分组学习者的数量②；Ardoin 等在小学数学课堂实施 RTI，以鉴别需要学习干预的群体，证明了 RTI 使用的可能性和有效性。③使用 RTI 的优点还包括帮助满足学生的社会、情感行为需求④；Little 等证实了针对不同风险的学习者采取干预措施的有效性，并提醒教育工作者注意不同层次干预措施的差异性。⑤此外，官方调查报告显示，自 2007 年起，美国全面开展 RTI 或者部分尝试 RTI 的学区数量逐年上升，由 2007 年的 24%增加到了 2010 年的 61.2%，且有 76%的学

① Fletcher J M, Denton C, Francis D J. Validity of alternative approaches for the identification of learning disabilities: Operationalizing unexpected underachievement. Journal of Learning Disabilities, 2005, 38(6): 545-552.

② Bianco S D. Improving student outcomes: Data-driven instruction and fidelity of implementation in a response to intervention (RTI) model. Teaching Exceptional Children Plus, 2010, 6(5): 1-13.

③ Ardoin S P, Witt J C, Connell J E, et al. Application of a three-tiered response to intervention model for instructional planning, decision making, and the identification of children in need of services. Journal of Psychoeducational Assessment, 2005, 23(4): 362-380.

④ Saeki E, Jimerson S R, Earhart J, et al. Response to intervention (RtI) in the social, emotional, and behavioral domains: Current challenges and emerging possibilities. Contemporary School Psychology, 2011, 15(1): 43-52.

⑤ Little M E, Rawlinson D M, Simmons D C, et al. A comparison of responsive interventions on kindergarteners' early reading achievement. Learning Disabilities Research and Practice, 2012, 27(4): 189-202.

校认为 RTI 这一干预模式改善了教学效果①。

RTI 模型更倾向于一个简单的框架，原本用于鉴定学生是否学习困难和改善学生学业成绩，主要应用于特殊教育和普通学校，随着特殊教育和普通教育逐渐整合，RTI 模型的适用对象开始扩展，逐渐开始涉及每个学生。

3.1.2 RTI 的派生模型

RTI 模型自提出以来，教育研究者通过大量的实证研究来探索其应用。一些学者结合教学实践的不同需求，在 RTI 模型的基础上提出了若干派生的干预模型，例如包括通用的积极行为干预和支持（positive behavioral interventions and supports，PBIS）、多层支持系统（multi-tiered system of supports，MTSS）、指导和干预反应（response to instruction and intervention，RTII）和干预金字塔（pyramid of intervention，POI）等模型②，也有适用于特定学科教学的等值分数冰山干预（equivalent fraction iceberg intervention，EFII）模型。

1. PBIS 模型

PBIS 模型是在借鉴 RTI 模型三层干预思想基础上建立的，旨在通过教学加强适当的干预行为。此模型遵循核心一致的原则，基于学生的需要层次提供一系列的干预措施，它适用于行为问题的改进，PBIS 模型的具体内容如图 3-2 所示。

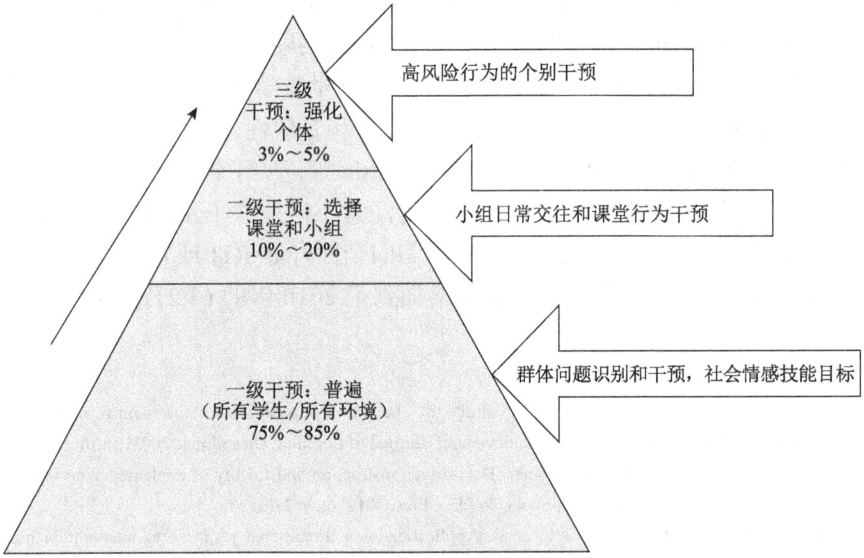

图 3-2 PBIS 模型

① American Association of School Administrators. Spectrum K12, NASDSE, CASE, and AASA Announce 2010 Response to Intervention Adoption Survey Report. http://www.aasa.org/content.aspx?id=13396. [2010-05-20].

② 卡拉·肖尔，等. 教学与行为干预(RTI). 王小庆，译. 上海：华东师范大学出版社，2016.

PBIS 模型为一个基于证据的三层框架，通过整合影响学生成绩的所有数据、系统和实践来改进学生的学习成绩。其主要特征包括使用基于研究的实践来支持所有的学校场景（学校内、课堂内和课堂外）；建立连续的行为支持实践和系统，包括普遍筛查、进展监测、基于团队的决策规则和程序，以及实施的精准度监测，并利用相关数据指导决策。[①]与 RTI 模型相比，PBIS 模型每个层次的干预比例更灵活，明确了每级干预的具体目标，但它仍只是一个简单的框架，未涉及具体的干预方法和策略。

2. MTSS 干预模型

MTSS 干预模型用于提供高质量的教学和符合学习者需求的干预，持续监控以做出改变教学或目标的决定，并将学生的反应数据应用于重要的教育决策。MTSS 干预模型以问题解决模式为基础，考虑可能导致个体学习困难的环境因素，并在学生显示有需要时提供服务或干预。MTSS 干预模型主要关注解决学习问题，它已成为一种对学习困难或反应迟钝的孩子的障碍识别和早期干预的有效方式。MTSS 和 RTI 有许多相似之处，例如都关注学生的发展和成功。但是两者也存在一定的差异，其中 RTI 是一种有针对性的、经过精心研究的方法，用于提高所有年级、所有高风险学生的学业成绩；MTSS 则是一个广泛全面的系统，可在学业、社交、情感和行为方面为学生提供支持[②]，如图 3-3 所示。

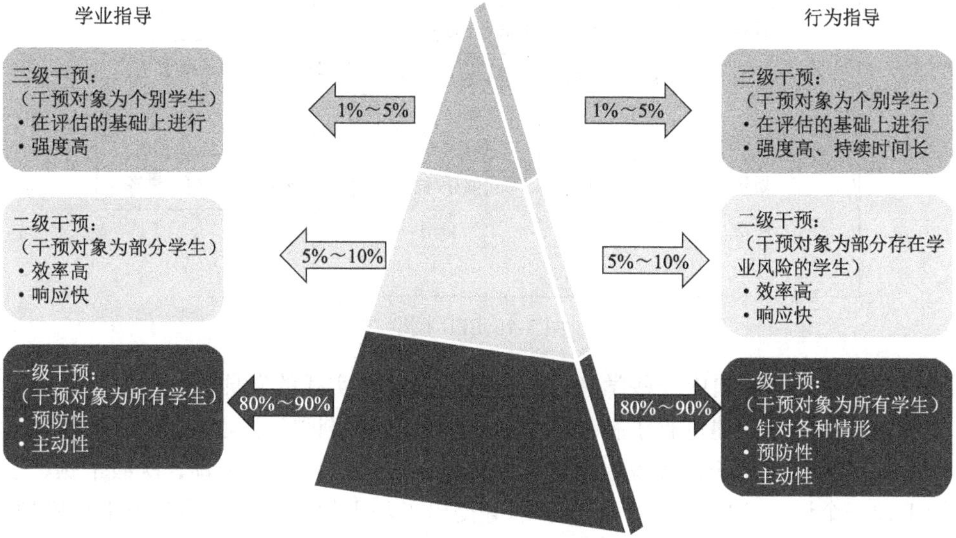

图 3-3　MTSS 干预模型

① McREL. RtI, PBIS, and MTSS: An evolution, a revolution, or roses by other names? . https://www.mcrel.org/rti-pbis-and-mtss-an-evolution-a-revolution-or-roses-by-other-names. [2015-10-06].

② Dean M. MTSS vs RTI: What's the Difference. https://info.classcraft.com/blog/mtss-vs-rti. [2020-07-10].

MTSS 和 PBIS 具有相同的原则，都以差异化教学为基础，二者的结合可以为学习者的行为和学业提供有效的教学策略。MTSS 的核心特征包括六个方面：①期望在常规课堂教育中提供高质量的研究性教学；②普遍的基于教室的筛选，以确定是否需要额外的支持；③采用协作和团队化的方式来开发、实施和评估替代性干预；④实施逐步加强、多轮次的系列干预，生成高质量、基于证据的教学来满足个性化需求；⑤持续监测学习过程，以确定干预措施的影响；⑥期望家长参与整个干预过程。

3. EFII 模型

Westenskow 等将 RTI 和冰山学习模型结合，设计了 EFII 模型，该模型将 RTI 模型的分层干预思想具体化，并应用于具体的学科。[①]EFII 模型在提供学习干预时，同级的学习者所采用的学习干预策略是一样的，如图 3-4 所示。研究者将 EFII 模型运用于小学数学的教学实践，探讨了在学生解决数学学习困难时如何有效运用同级分数概念进行学习干预指导。这项研究的结果表明，EFII 模型在数学教学中的干预是有效的。

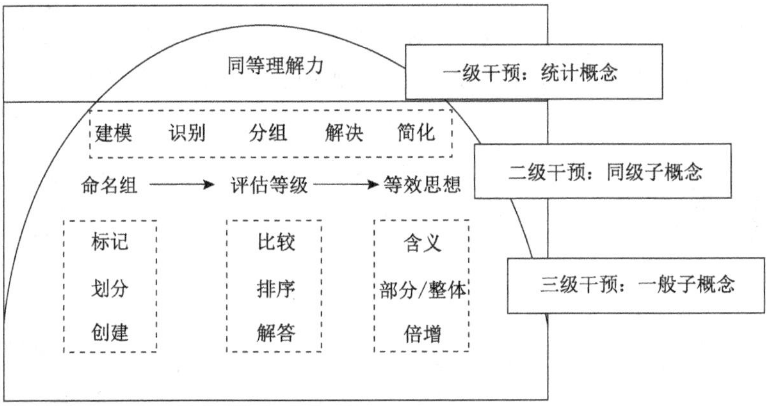

图 3-4 EFII 模型

此外，近年来国内一些学者也结合教育理论和实践的发展，针对技术环境下的学习干预模型构建进行了初步探讨。张超在远程培训的学习活动中，构建了学习干预反应模型和干预决策模型，其中干预反应模型由初级干预、次级干预、三级干预三个递进的层级构成。[②]李彤彤等提出了基于教育大数据的学习干预模型，

① Westenskow A, Moyer-Packenham P. Using an iceberg intervention model to understand equivalent fraction learning when students with mathematical learning difficulties use different manipulatives. International Journal for Technology in Mathematics Education, 2016, 23(2): 45-62.

② 张超. 教师远程培训的学习干预研究. 上海：华东师范大学，2010.

该模型包括学习状态的识别、干预策略的匹配、干预策略的实施、干预效果的分析四个主要环节，以干预引擎为中心。[①]

3.1.3　传统干预模型的局限性

尽管RTI模型在国外中小学中得到了较为深入的研究和应用，但仍存在一些局限和挑战。文献分析表明，超过一半的有关RTI模型的文章刊载在特殊教育期刊中，很多研究者提出，RTI模型应更多地在普通教育领域推行。此外，Hale等提出，RTI模型还存在一些缺陷，例如，RTI只关注学生的学业成绩，但仅依靠成绩不足以鉴定出学生是否有学习障碍；RTI研究者们采用的教学方法、测评工具、干预类型等仍未统一，RTI模型的有效性仍无法完全证实。[②]美国学校管理者协会在2010年的一项全国调查中指出，目前传统环境下RTI模型受到技术的限制，尚面临若干挑战，主要包括缺乏教师培训，缺乏干预资源，缺乏学习进度的有效监控，缺乏足够数据和技术对学习过程进行跟踪和记录，从而导致其应用规模受限。[③]

此外，由于学校教学环境的不断变化，传统RTI模型的教学应用也面临新的挑战。首先，由于RTI模型的应用环境通常是传统课堂，它对在线学习环境的适用性和有效性存疑；其次，传统RTI模型较少涉及技术工具的使用，主要依靠课堂观察和课后考试，数据来源较为单一；再次，传统RTI主要借助人工干预，工作量大且准确度难以保证，因此难以适应规模较大的课程；最后，RTI的干预效果较多地依赖质性的分析结果，较少结合量化结果进行精准的分析和干预。此外，传统的RTI模型更倾向于一个简单的框架，并没有涉及具体的学习干预技术和策略，因此其参考价值和实施效果也受到了一定的限制。

3.2　在线学习干预的模型构建

3.2.1　在线学习干预的提出

随着“互联网+教育”时代的兴起，很多学校为学习者提供了众多在线学习

① 李彤彤，黄洛颖，邹蕊，等. 基于教育大数据的学习干预模型构建. 中国电化教育，2016，(6)：16-20.

② Hale J B, Alfonso V, Berninger, et al. Critical issues in response-to-intervention, comprehensive evaluation, and specific learning disabilities identification and intervention: An expert white paper consensus. Learning Disability Quarterly, 2010, 33(3): 223-236.

③ American Association of School Administrators. Spectrum K12, NASDSE, CASE, and AASA Announce 2010 Response to Intervention Adoption Survey Report. http://www.aasa.org/content.aspx?id=13396. [2010-05-20].

管理系统，如 Moodle 和 Blackboard 等。目前 Moodle 拥有数以百万计的用户和数以千计的学校，因其开源和通用性深受广大用户喜爱。此类平台的教育功能日趋完善，提供了大量的数字化学习资源。研究表明，高质量的在线学习可以促进教育改革，并帮助个人改变他们在现实生活中的实践学习。①

然而，当在线教育如火如荼开展的时候，一些在线学习研究者开始怀疑在线学习的质量，认为影响在线学习效果的因素众多，在线学习对学习者的自我监控和调节能力要求很高，因此很容易导致学习者难以持续在线学习、学习效率低下。在线学习中学习者认为最主要的障碍之一是难以得到学习支持，这严重影响了学习效果。②在一定程度上，学习者对在线学习体验的看法是消极的，这可能会导致更差的学习效果。③Muilenburg 等通过因素分析研究，确定了在线学习的八大障碍因素④：管理问题、学习方法、社会交往、学习技能、学习动机、学习支持、访问互联网的成本和难易性及技术问题。

基于在线学习现存的诸多障碍和传统学习干预的现状，可以总结出基于学习分析的在线学习干预主要包含以下五个特点。

1. 过程性的干预

在学习分析视角下进行的在线学习干预，是一种在量化的基础上实施的干预。这种干预策略是在学习者的学习过程中进行的阶段性干预，而非事后干预，因此能够有效降低学习者的学业风险。

2. 个性化的干预

传统的学习干预很多是面向学习者群体的集体干预，很难在学习过程中做到个性化的干预。数据驱动的在线学习干预是根据个人阶段性的学习报告实施的，因此是有针对性的干预，相比而言更加个性化。

3. 持续性的干预

由于人力、物力或财力的限制，学习干预往往是偶然事件。然而学习过程本就是动态的、复杂的，因此在线学习干预的实施应该是连续的、持续的。⑤

---

① Chris D, Jass K D, Pamela W, et al. A research agenda for online teacher professional development. Journal of Teacher Education, 2009, 60(1): 8-19.

② 惠兆阳，梁玉，李淑娟. 学生进行网络在线学习的障碍：因子分析研究. 中国电化教育, 2013, (3)：49-55.

③ Carr S. As distance education comes of age, the challenge is keeping the students. Chronicle of Higher Education, 2000, 46(23): 39-41.

④ Muilenburg L Y, Berge Z L. Student barriers to online learning: A factor analytic study. Distance Education, 2005, 26(1): 29-48.

⑤ Raji M, Zualkernan I. A decision tool for selecting a sustainable learning technology intervention. Educational Technology & Society, 2016, 19(3): 306-320.

4. 自动和人工相结合的干预[1]

在线学习过程中，学习者获得的很多支持和服务都是来自系统的自动干预，课堂中的干预则是人为干预，如课堂上的提问、提醒等。人工干预可以弥补系统干预的不足，使学习干预更加全面。

5. 基于信息技术的干预

在信息技术的支持下实现的学习干预能够充分发挥计算机的优势，自动对学习过程进行记录和统计。技术平台和工具能为研究提供大量的数据来源，从而为过程性的学习干预提供比较完整和可靠的依据。

3.2.2　在线学习干预模型

随着智慧教育环境下精准教学研究的兴起，对学习干预的研究亦产生了新诉求。国外学者 Johnson 等提出，精准教学可以为学习干预所借鉴，前者的实践策略为 RTI 研究的深化提供了有益参考。[2]研究者可以尝试结合学习分析技术，赋予传统学习干预模型以新的技术支持，进一步深化和拓展 RTI 的相关研究。

本书在传统 RTI 模型研究成果的基础上，尝试构建信息技术支持下的在线学习干预模型，从学习分析的视角，进一步明确和细化学习干预的方式、流程和策略，并借助技术工具，实施易操作且有效的干预措施，克服传统 RTI 模型存在的部分局限。此外，通过实证研究的数据来完善该模型，把在线学习干预模型应用于在线学习环境中，以数据来验证模型的有效性。

结合在线学习的特点构建在线学习干预模型 SMIDA，如图 3-5 所示。它包括五个要素，分别为筛选（screening）、监控（monitoring）预测、多层次干预（intervening）、决策（decision-making）和学习分析（analysing），各要素之间交叉且相互关联。该模型是一个循环的干预模型，干预的层次包括群体干预、小组干预和个别干预。模型利用学习分析技术将在线学习行为数据加以筛选和分析，及时预测可能会出现学业风险的学习者，并为其提供适当的学习干预。

1. 筛选

在线学习干预模型 SMIDA 包含两层筛选。第一层是在干预实施之前，根据平台特点和课程性质筛选干预技术和工具；第二层是在干预过程中，根据数据量化结果筛选出有学业风险的学习者，其中数据源主要来自在线学习过程和结果。

---

① 唐丽，王运武，陈琳. 智慧学习环境下基于学习分析的干预机制研究. 电化教育研究，2016，(2)：62-67.

② Johnson K, Street E M. Response to Intervention and Precision Teaching：Creating Synergy in the Classroom. New York: Guilford Press, 2012.

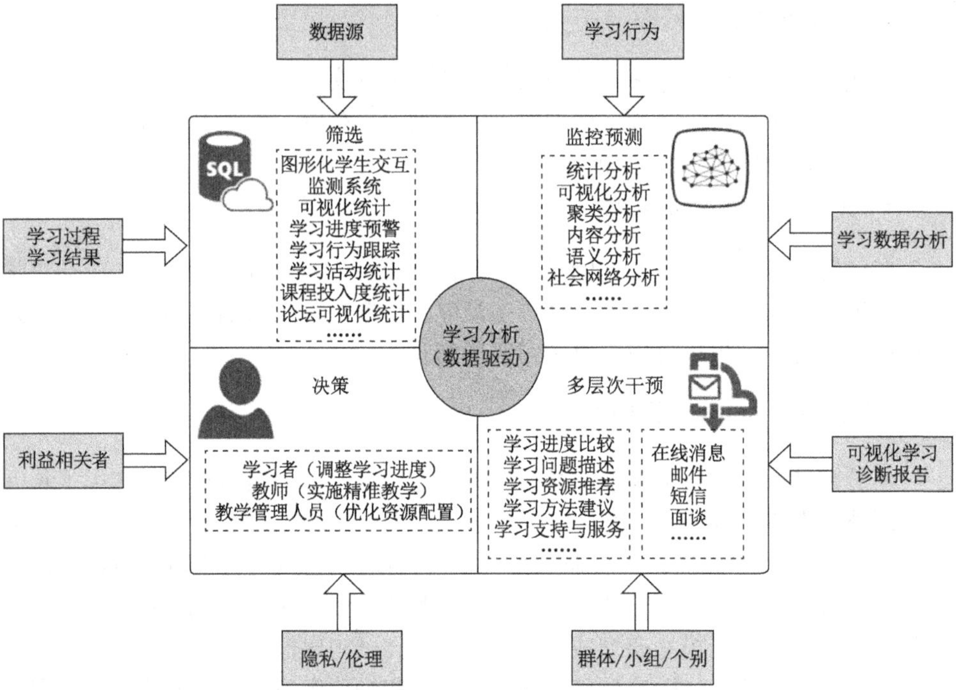

图 3-5　在线学习干预模型 SMIDA

2. 监控预测

在线学习干预模型 SMIDA 利用技术工具监控在线学习行为，实时了解学习进度，量化学习过程数据，预测进度落后、偏离目标或存在障碍的学习者可能出现的学业风险。

3. 多层次干预

在线学习干预模型 SMIDA 包括相互关联的多层次干预，分为群体干预、小组干预和个别干预。根据学习行为的分析结果确定具体的干预层次，并采取干预策略，可在平台发送在线消息，发送短信、邮件，以及面谈，最后为被干预学习者提供可视化学习诊断报告。

4. 决策

在线学习干预模型 SMIDA 对各层次的干预效果进行验证，可视化呈现分析结果，以支持科学的决策，若干预效果不明显或失败，则要调整并进行新一轮的干预。学习者调整学习方式、学习态度等，教师调整教学方法、教学模式，教学管理人员优化资源配置等，此处要注意保护学习者的隐私。

5. 学习分析

学习分析是整个模型围绕的核心，贯穿整个干预过程，在数据驱动的基础上实施各个环节，以实现个性化、适应性的在线学习干预。

3.3　在线学习干预的教学应用

本节主要对在线学习干预模型进行实践应用，结合具体的在线课程，在数据驱动的基础上筛选干预对象，监控学习过程，实施干预策略，并对干预效果进行测量及效果分析。这一过程借鉴了教育设计研究的理念和方法，在真实情境中以准实验的方式应用在线学习干预模型。经过两轮的迭代，完善模型结构和干预策略，并通过分析干预结果来证实模型的有效性。

3.3.1　预实验的实施与结果

为验证在线学习干预模型的有效性，在正式实验开展之前，笔者开展了学习干预的预实验。预实验以浙江师范大学的大学公共课“现代教育技术”为例来检验在线学习干预模型的有效性。学习者在课程中采取混合式的学习方式，多数学习活动需在线完成，线上部分借助 Moodle 平台来开展学习活动。该课程开课时间为 2016 年 3～7 月。

1. 预实验的实施过程

1）群体干预

预实验将修读该课程的 1000 余名学生作为群体干预的对象，在其没有明显察觉的情况下，实施了隐性干预的方式。群体干预属于一对多的干预，多选择半自动、隐性的干预方式，也是基础性的干预，其目的是为所有学习者提供基础的学习支持和学习服务。

2）小组干预

预实验选取了 1 个教学班共 51 名专业相同的学生作为小组干预的样本。在教学开始之前，为每个学习者建立了个人学习档案，一个月后采集学习者在此时间段的在线学习数据。经过数据的整理和分析，确定在线学习参与度最低的一组学生，形成可视化学习报告，该报告主要包括平台访问次数、学习资源利用率、论坛交互情况、作业和测验题完成情况等。根据学习分析结果，最终筛选出参与度相似且排在后 10 位的学习者作为小组干预的对象。该部分学习者约占班级总人数的 20%，被预测为可能存在一定的学业风险。对这些学习者采取显性的、无差异的干预措施，例如以群发短信的方式提醒小组干预的学习者，呈现学习者当前学习过程中存在的主要问题，鼓励学习者积极参与在线学习的活动。

3）个别干预

个别干预是在小组干预的基础上实施的，其特点是个性化、具体化，针对的是学习积极性、主动性较差，学习意识淡薄的“困难生”。在实施小组干预的一个月后，笔者再次统计和分析干预对象在此时间段的学习数据，主要包括平台访问次数、学习资源利用率、论坛交互情况、作业和测验题完成情况等。根据分析结果，最终筛选出参与度最低的 5 名学生，他们被预测为可能存在较高的学习风险，因而被列为个别干预的对象。干预的方式选择显性干预，以师生一对一面对面交流的方式提醒被干预的学习者。告知学习者目前的在线学习参与情况，了解学习者存在的学习障碍，帮助学习者分析出目前学习中有待加强的部分。同时，根据学习者的学习进度，推荐其相应的学习资源，提供个性化的学习建议。

2. 预实验的结果分析

本次实践研究过程中实施的学习干预经历了三个阶段，从群体干预、小组干预到个别干预，整个过程是由浅入深、循序渐进开展的。由于群体干预的干预对象数量大、干预方式较隐蔽，干预效果难以直接进行比较，因此干预效果主要从小组干预和个别干预的层次进行分析。

经分析发现，小组干预后，10 名小组干预对象的平台访问频率有所增加，自测题完成量有所改善，讨论区浏览数明显增加，讨论区发帖数总体有所增加，但资源访问频次变化不明显，统计结果如表 3-1 所示。个别干预后，5 名个别干预对象的平台访问频次增加明显，资源访问情况有所改善，讨论区发帖数部分增加，自测题完成量明显增加，讨论区浏览数明显增加，统计结果如表 3-2 所示。

表 3-1　小组干预后各模块参与度情况对比

小组干预对象	平台访问频次/次		资源访问频次/次		自测题完成量/题		讨论区浏览数/次		讨论区发帖数/条	
	干预前	干预后	干预前	干预后	干预前	干预后	干预前	干预后	干预前	干预后
学生 1	7	205	0	1	0	10	3	26	1	3
学生 2	7	63	0	1	0	3	3	6	1	1
学生 3	16	54	0	3	0	10	5	10	1	2
学生 4	7	62	0	2	0	3	3	9	1	2
学生 5	17	104	0	2	0	3	10	21	1	3

续表

小组干预对象	平台访问频次/次		资源访问频次/次		自测题完成量/题		讨论区浏览数/次		讨论区发帖数/条	
	干预前	干预后	干预前	干预后	干预前	干预后	干预前	干预后	干预前	干预后
学生 6	17	62	0	0	0	0	4	9	1	1
学生 7	14	56	0	0	0	2	4	9	1	1
学生 8	13	73	0	1	0	1	6	6	1	1
学生 9	0	30	0	0	0	0	0	10	0	2
学生 10	0	27	0	0	0	0	0	10	0	2

表 3-2 个别干预后各模块参与度情况对比

个别干预对象	平台访问频次/次		资源访问频次/次		自测题完成量/题		讨论区浏览数/次		讨论区发帖数/条	
	干预前	干预后	干预前	干预后	干预前	干预后	干预前	干预后	干预前	干预后
学生 6	62	239	0	6	0	10	9	15	1	2
学生 7	56	219	0	3	2	9	9	14	1	4
学生 8	73	141	1	3	1	5	6	9	1	2
学生 9	30	239	0	5	0	10	10	16	2	3
学生 10	27	72	0	2	0	2	10	12	2	2

从期末成绩来看，班级平均成绩为 86.3 分，优秀率（综合成绩大于或等于 90 分）为 39%；小组干预的学生平均成绩为 88.4 分，被干预的 10 名学生成绩大于或等于 90 分的共 3 名，成绩在 80 分及以上且低于 90 分的共 5 名，低于 80 分的共 2 名，优秀率为 30%；个别干预的学生期末总评成绩最高为 90 分，最低为 67 分，平均成绩为 81.6 分，被干预的 5 名学生中在 90 分及以上的有 1 名，成绩在 80 分以上且低于 90 分的共 2 名，成绩低于 80 分的共 2 名，优秀率为 20%。

从多方面的分析结果来看，学习干预起到了提醒和督促学习者学习的积极作用，促使其主动参与学习活动和完成学习任务。其中，经过两次干预的学习者，到学期末虽然没有都取得优异的成绩，但规避了学业风险，顺利地完成了学习任务。预实验初步验证了在线学习干预模型的有效性，但也暴露出一些局限：实验中使用的技术工具不够丰富，数据采集不够完整；干预对象数量较少，类型单一；效果验证的方法较为单一。针对这些问题，拟新增若干学习分析和干预的工具，补充学习干预策略，并增加实验对象数量和课程门类，从而进一步开展正式实验。

3.3.2 正式实验的实施与结果

正式实验的对象是浙江师范大学英语专业 2015 级的 45 名本科生，以及教育技术学专业 2015 级的 51 名本科生。两组实验对象修读的混合式课程分别是“现代教育技术”和“网络技术基础”。之所以选择这两门课作为实验课程，是因为这两门课都采取了相似的混合式教学方式和“理论+实践”的内容形式，超过 50%的学习任务均要求学习者借助 Moodle 平台来完成，因此便于采集较为完整的在线学习过程数据。此外，“网络技术基础”是专业课，“现代教育技术”是公共课，便于进行对比分析，以探讨在线干预模型在性质不同的课程中是否有效果差异。

1. 前期准备活动

通过前期的沟通和调查，得知研究对象均有一定的在线学习经历，已具备开展在线学习所需的基础知识和经验，且同一班级内学习者的经验水平基本一致。两门课的开课时间是 2016 年 9 月至 2017 年 1 月，共 17 个教学周。笔者全程跟踪在线学习过程，并在不同学习阶段针对学习者实施了不同的干预措施。

线上学习的活动开展主要借助 Moodle 平台，学习者除了可以通过网络（Web）登录，还可以安装“掌上魔灯”手机客户端（APP）通过移动终端登录访问。Moodle 平台的课程列表显示了每门课程的描述，用户可对课程进行分类和搜索，按自己的需要学习课程，提供丰富的在线学习活动，如论坛、维基百科（Wiki）协作、互动评价、投票、问卷调查等，并支持许多插件，用户还可根据需要进行二次开发。

在教学活动开展的前一周，笔者协助任课教师在 Moodle 平台上分别搭建了两门在线课程，导入课程选修名单，建立学习小组，添加学习章节主题、学习资源、学习活动、学习任务，安装学习分析插件，建立学习档案等。

2. 干预技术和工具的选择

本实验结合 Moodle 在线学习平台的特点，选择了多个学习分析和干预工具，包括 Gismo、Progress Bar、Analytics Graphs、Student Tracker、Activity Result、Level Up、Course Dedication、Forum Graph 等。每个工具从不同角度对在线学习活动的数据进行跟踪与记录，并将采集的数据进行可视化呈现，便于直观、清晰地观察在线学习过程，及时了解群体及个体的学习状态，预测可能具有学习风险的学生，并及时采取干预策略。

1）Gismo

图形化学生交互监测系统（Graphical Interactive Student Monitoring System，Gismo）用于描述课程中学习者浏览课程资源、参与学习活动的详细情况，如图 3-6 所示。

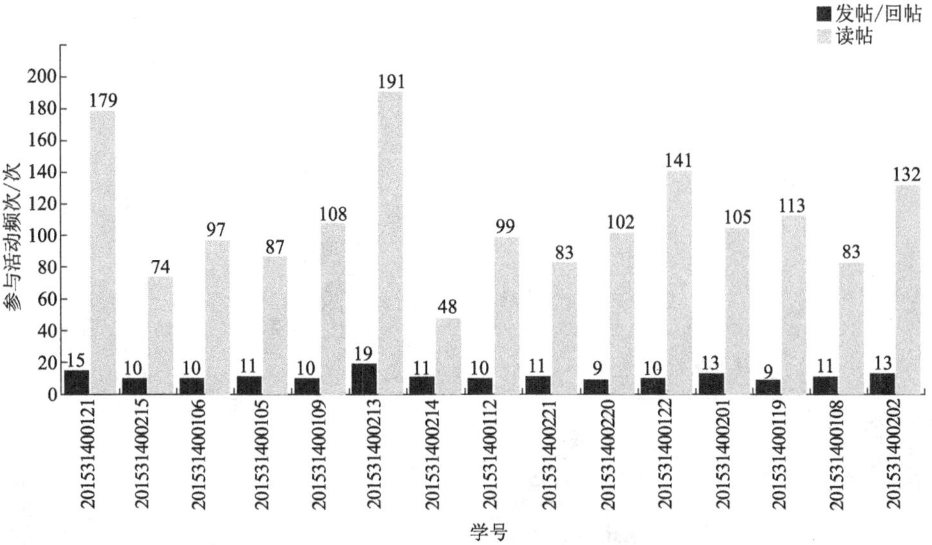

图 3-6 Gismo 呈现的学习者参与讨论的总体情况

2）Analytics Graphs

可视化分析（Analytics Graphs）的主要功能是可视化学生整体的作业完成情况和课程教学内容的访问情况，如图 3-7 和图 3-8 所示。

3）Progress Bar

进度条（Progress Bar）主要用来提醒学生需要完成的学习任务以及当前的学习进度，如图 3-9 所示，打勾表示已经完成的学习任务，打叉则表示未完成的学习任务。每个模块都根据教学内容设置了时间，超过指定时间还未完成的模块，系统则会显示为红色，表示学习者未按要求参与学习活动、完成学习任务，该学习者将面临学习失败的危险；已完成的活动显示绿色，表示学习者已完成学习任务；还未到最后完成期限的显示蓝色，表明学习者还有时间去参与学习活动。教师可根据学习进度条的颜色，筛选“问题学生”，从而采取学习干预措施。

4）Student Tracker

学生行为跟踪（Student Tracker）的主要功能是对学习者的学习起到警示作用，在某段时间或特定时间内，若学习者未登录学习平台并无任何操作，该插件就会统计出缺席时间较长的学习者，并显示在首页上，这部分学习者被列为具有潜在学习风险的学生，警示学习者要跟上进度，并提示教师需要特别关注这些学生，必要时教师可以跟学习者联系。此插件提供直接给学习者发送消息的功能，如图 3-10 和图 3-11 所示。

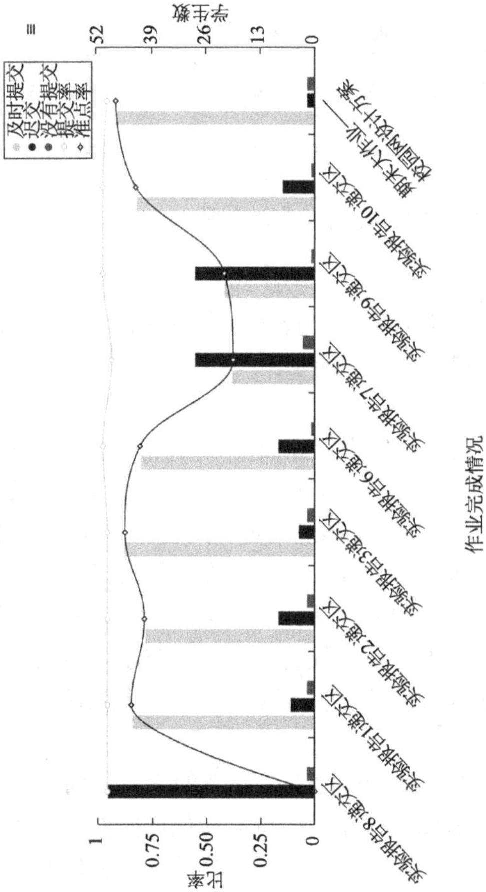

图3-7 学生整体的作业完成情况

软件生成的图是彩色的，黑白印刷导致图示不是很清晰，特此说明

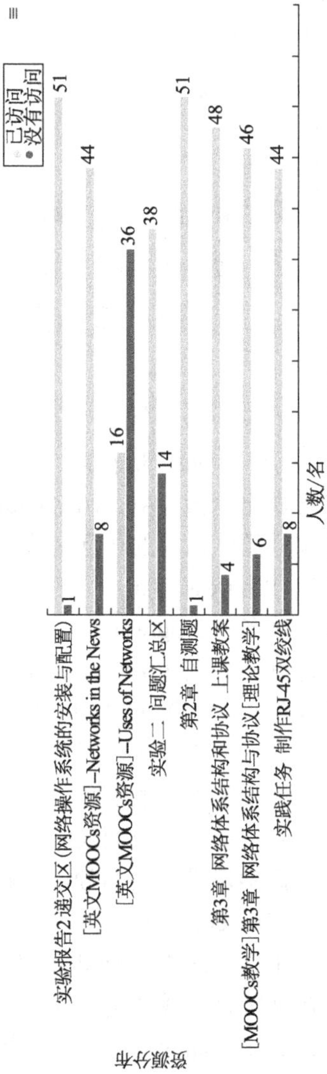

图3-8 学生整体的课程教学内容访问情况

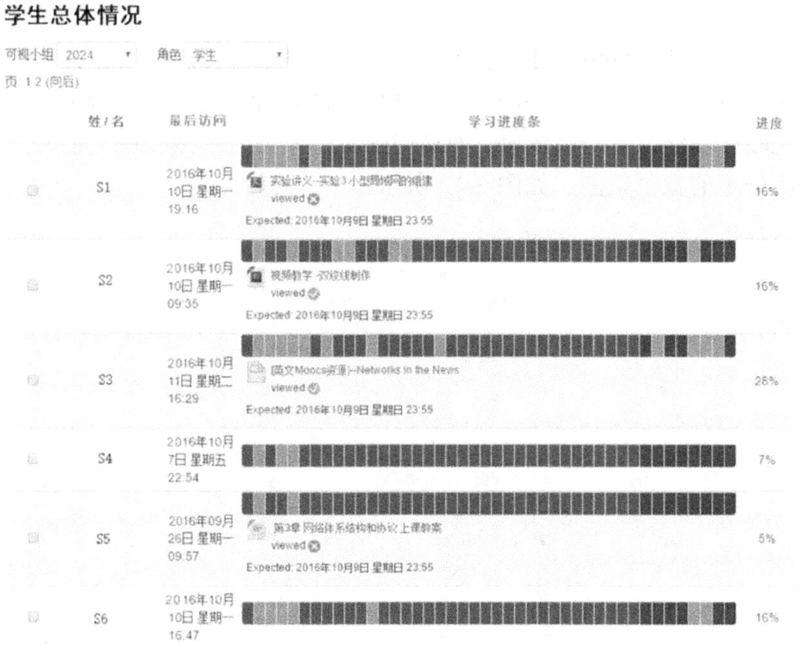

图 3-9　进度条显示学生需要完成的学习任务及当前的学习进度

注：因为教材是黑白印刷，所以文中所述显示学生学习进度的红色、绿色、蓝色，在图中呈现为不同深浅的颜色，特此说明

图 3-10　Student Tracker 发送消息界面

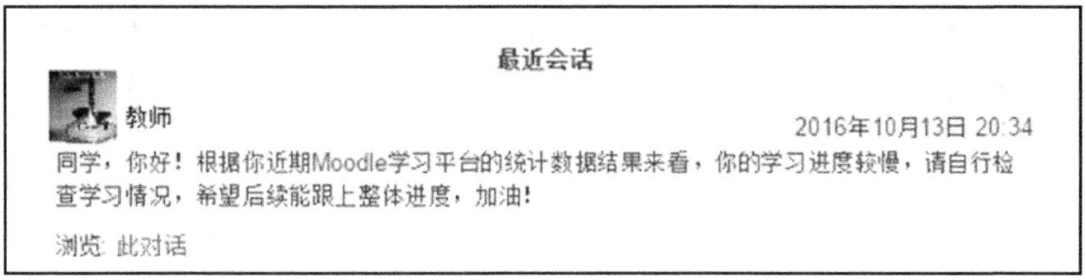

图 3-11　Student Tracker 接收消息界面

5）Activity Result

学习活动统计（Activity Result）主要功能是对学习者近期的任务完成情况进行统计和分析，显示此模块的最高分或最低分的排行榜（显示人数可自定），对完成情况较好的学习者形成激励，对暂时落后的学习者形成刺激，施加一定的压力，渲染一定的竞争氛围，如图 3-12 所示。

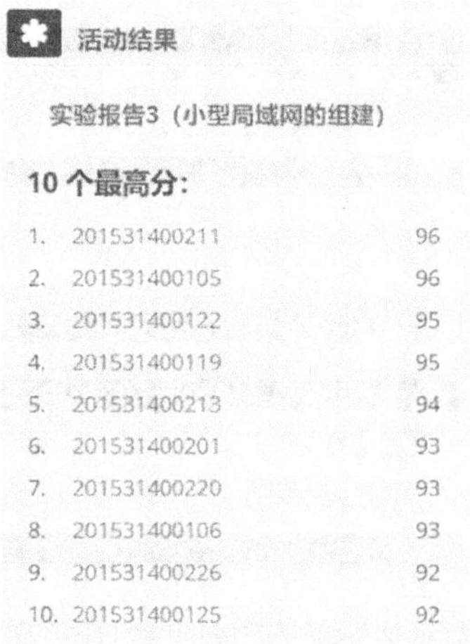

图 3-12　Activity Result 显示的学生作业得分

6）Level Up

数字等级（Level Up）的主要功能是根据学习者的学习进度，系统自动给学习者分配数字等级，进度越快则等级越高，以表彰和积分的形式激励学习者，同时作为教师实施学习干预的参考内容之一，部分功能如图 3-13 所示。

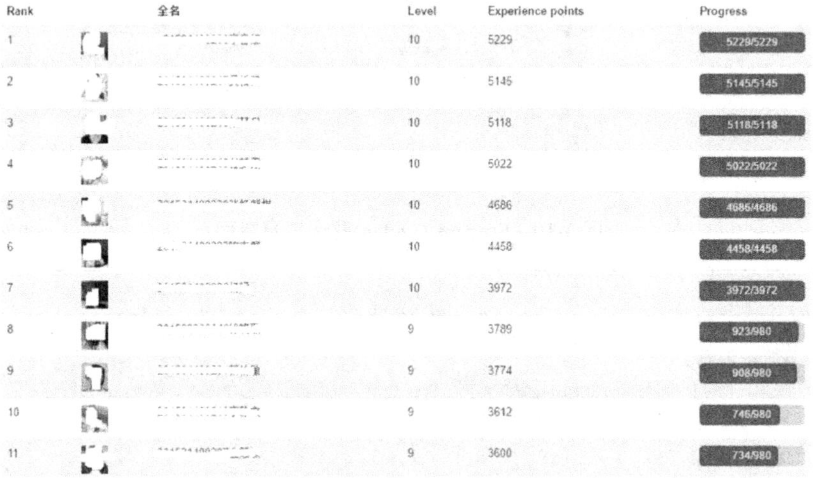

图 3-13　Level Up 显示的学生等级与经验值

7）Course Dedication

课程投入度（Course Dedication）的主要功能是统计学习者在整个学期课程中的在线学习时间投入度，时间越长表明投入度越高，反之，投入度越低，如图 3-14 所示。

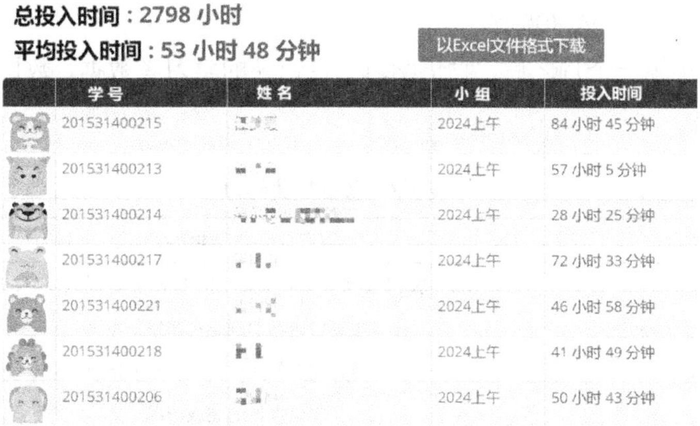
总投入时间：2798 小时
平均投入时间：53 小时 48 分钟
以Excel文件格式下载

	学号	姓名	小组	投入时间
	201531400215	[illegible]	2024上午	84 小时 45 分钟
	201531400213	[illegible]	2024上午	57 小时 5 分钟
	201531400214	[illegible]	2024上午	28 小时 25 分钟
	201531400217	[illegible]	2024上午	72 小时 33 分钟
	201531400221	[illegible]	2024上午	46 小时 58 分钟
	201531400218	[illegible]	2024上午	41 小时 49 分钟
	201531400206	[illegible]	2024上午	50 小时 43 分钟

图 3-14　Course Dedication 显示的学生在线学习时间投入情况

8）Forum Graph

论坛可视图（Forum Graph）是专门统计师生、生生之间在讨论区的互动情况，圆形的节点表示信息的传递者或接收者，节点的大小代表回帖的多寡，箭头代表信息传递的方向，如图 3-15 所示。

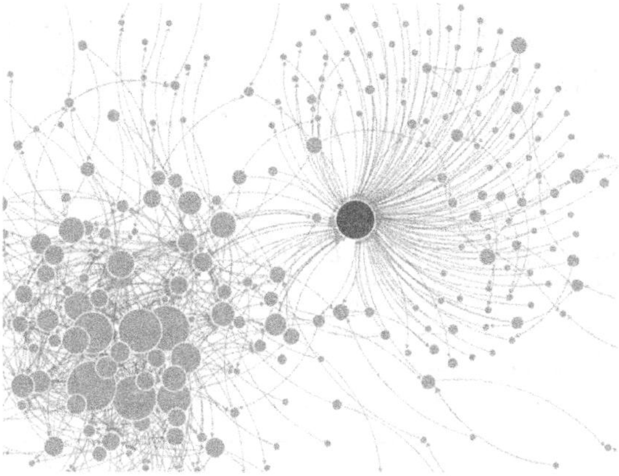

图 3-15　Forum Graph 显示的师生互动讨论关系图

此外，笔者协助任课教师在课程首页的置顶位置及时发布课程通知，每个学习者都将在自己的主页上看到发布的重要通知，其中特别需要注意的信息标示为红色，提醒学习者关注自己当前需要完成的学习任务以及注意事项。

3. 群体干预

群体干预的形式包括课程通知、发布学习内容、班级平均进度提醒等，干预的效果大多依赖学习者本身的观察力和自觉性。

1）群体干预对象的选择

在教学实施一个月之后，收集学习平台记录的学习者数据，数据采集维度如表 3-3 所示。

表 3-3　数据采集维度

整体进度	学习者目前的具体学习进度
学习资源	知识类、工具类、素材类、案例类学习资源的访问频率
讨论区	主题讨论帖的浏览量和发帖量
自主测试题	每章自测题的完成度以及得分情况
实验报告	实验报告的完成情况
作业	作业完成的速度和质量
在线学习时间	在线学习时间的投入情况

通过收集和分析以上各个维度的数据，统计出班级的平均学习水平。同时，分析每个学习者具体的学习情况，按照学习进度的数据排序，根据在线学习干预模型筛选出班级学习进度靠后的 80%的学习者作为群体干预对象。根据 80%的比例原则，最终确定需要接受群体干预的人数。以“网络技术基础”课程为例，部分学习者学情统计结果如表 3-4 所示，41 名学习者学习进度偏慢，被预测为可能存在一定的学习风险，需要接受群体干预，部分学习者的学习进度如表 3-5 所示。

表 3-4　“网络技术基础”群体干预前部分学习者的学情统计

学习者	整体进度/%	资源访问量/次	学习资源访问情况				浏览帖子		自测题情况		实验报告1/分	实验报告2/分
			课件类/次	视频类/次	讲义类/次	软件类/次	浏览量/次	发帖量/次	自测题浏览量/次	自测题成绩/分		
S1	12	24	1	14	8	1	7	0	4	0	85	88
S2	14	55	2	38	9	6	2	0	0	0	86	85
S3	21	68	14	35	15	4	6	1	12	0	88	80
S4	21	39	3	20	11	5	18	0	9	0	92	94

续表

学习者	整体进度/%	资源访问量/次	学习资源访问情况				浏览帖子		自测题情况		实验报告1/分	实验报告2/分
			课件类/次	视频类/次	讲义类/次	软件类/次	浏览量/次	发帖量/次	自测题浏览量/次	自测题成绩/分		
S5	16	52	3	31	14	4	1	0	6	0	90	82
S6	26	86	2	50	23	11	21	1	18	0	87	82
S7	19	67	0	50	14	3	2	0	1	0	85	84
S8	14	43	0	27	16	0	4	0	1	0	70	80
S9	16	57	0	33	14	10	1	0	1	0	92	88
S10	16	41	0	29	11	1	2	0	0	0	84	82
S11	16	49	2	32	10	5	6	0	1	0	88	88
S12	19	86	0	65	16	5	8	0	3	0	90	92
S13	19	67	1	53	7	6	6	0	1	0	88	90
S14	21	58	2	40	13	3	12	2	41	0	0	95
S15	14	25	0	13	8	2	0	0	0	0	80	90
S16	19	47	1	28	11	7	1	0	1	0	86	92
S17	33	72	1	50	14	7	12	1	134	0	94	98
S18	28	143	5	113	18	7	7	0	45	0	89	90
S19	21	84	0	58	18	8	17	2	12	0	86	86
S20	12	57	1	20	33	3	0	0	0	0	85	96
S21	19	43	1	30	11	1	2	0	28	0	86	86
S22	23	56	4	41	9	2	0	0	38	0	85	84
S23	23	44	3	26	13	2	4	0	17	0	85	75
S24	19	50	0	33	10	7	2	0	3	0	80	84
S25	21	57	1	34	18	4	16	9	42	0	90	80

表 3-5 “网络技术基础”群体干预前部分学习者的学习进度

学习者	S4	S14	S19	S25	……	S2	S1	S45	S36
学习进度/%	21	21	21	21	……	14	12	9	7

2）群体干预的实施过程

根据在线学习干预模型，群体干预属于干预系统的第一个层次，该层次展现出来的共同特征是学习任务不明确、学习方法没掌握、考核要求不清楚等，是可能存在学习风险的群体。群体干预的对象人数多，因此选择了容易实施的干预策略，针对相同专业的学习者制定相同的干预内容，包括每个学习模块班级的平均进度等，形成班级学习报告单，如图 3-16 和图 3-17 所示。与此同时，设置 Progress Bar 为学生可见，便于学习者自查学习进度。

学习报告单

同学，你好，从开学至今，根据在 Moodle 平台学习情况的统计分析来看，你的学习进度偏慢，请查看班级的平均学习进度，对照自己的学习情况，及时调整学习计划，提高学习效率和质量，希望你后续加油，取得学业进步。

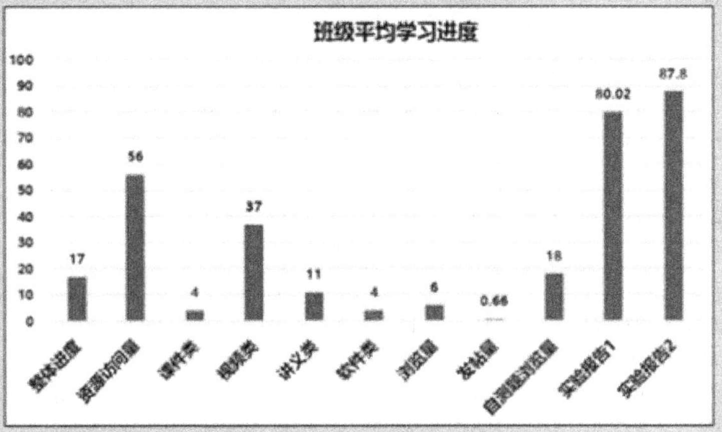

注：

整体进度（%）：班级平均学习进度

资源访问量（次）：班级学习资源平均访问次数

课件类（次）：课件类学习资源班级平均访问次数

视频类（次）：视频类学习资源班级平均访问次数

讲义类（次）：讲义类学习，提高资源班级平均访问次数

软件类（次）：软件类学习资源班级平均访问次数

浏览量（次）：讨论区班级平均浏览次数

发帖量（次）：讨论区班级平均发帖次数

自测题浏览量（次）：自测题班级平均浏览次数

实验报告 1（分）：实验报告 1 班级平均成绩

实验报告 2（分）：实验报告 2 班级平均成绩

（a）学习报告单（一）

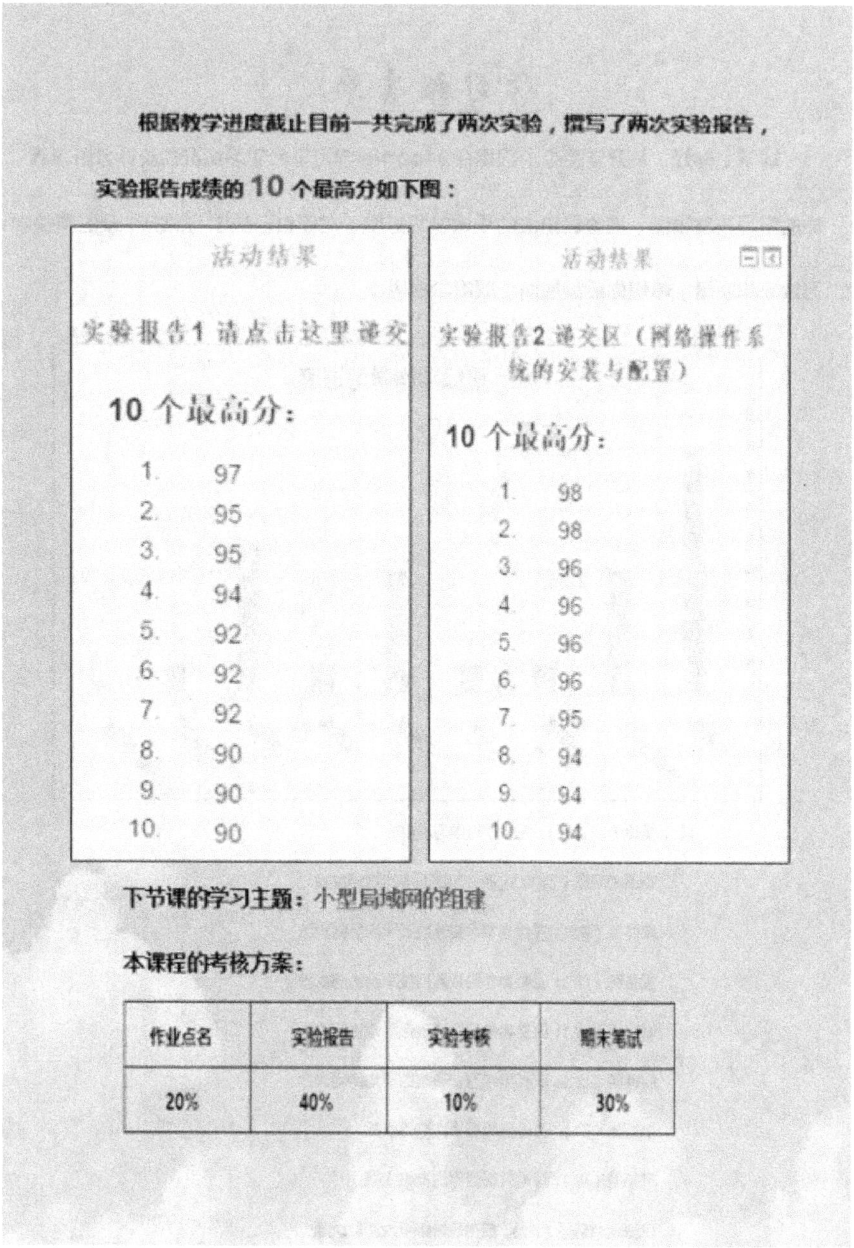
根据教学进度截止目前一共完成了两次实验，撰写了两次实验报告，实验报告成绩的 10 个最高分如下图：

活动结果

实验报告1 请点击这里递交

10 个最高分：

1. 97
2. 95
3. 95
4. 94
5. 92
6. 92
7. 92
8. 90
9. 90
10. 90

活动结果

实验报告2 递交区（网络操作系统的安装与配置）

10 个最高分：

1. 98
2. 98
3. 96
4. 96
5. 96
6. 96
7. 95
8. 94
9. 94
10. 94

下节课的学习主题：小型局域网的组建

本课程的考核方案：

作业点名	实验报告	实验考核	期末笔试
20%	40%	10%	30%

（b）学习报告单（二）

图 3-16　“网络技术基础”学习报告单

学习报告单

同学，你好，从开学至今，根据在 Moodle 学习平台学习情况的统计分析来看，你的学习进度较慢，请查看班级的平均学习进度，对照自己的学习情况，及时调整学习效率和质量，希望你后续加油，取得学业进步。

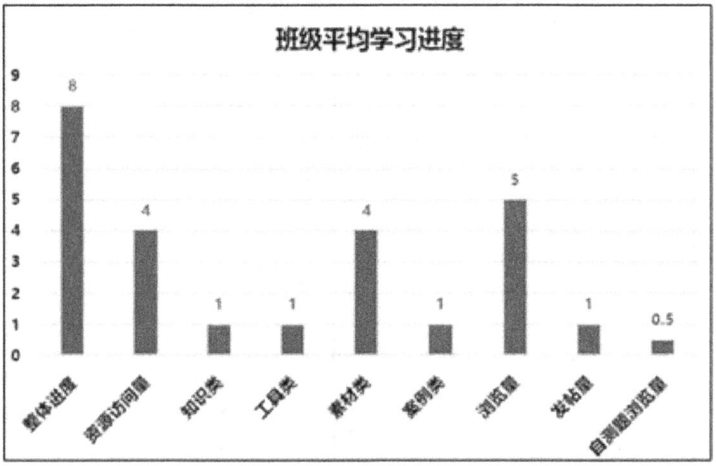

注：整体进度（%）：班级平均学习进度

资源访问量（次）：班级学习资源平均访问次数

课件类（次）：课件类学习资源班级平均访问次数

视频类（次）：视频类学习资源班级平均访问次数

讲义类（次）：讲义类学习资源班级平均访问次数

软件类（次）：软件类学习资源班级平均访问次数

浏览量（次）：讨论区班级平均浏览次数

发帖量（次）：讨论区班级平均发帖次数

自测题浏览量（次）：自测题班级平均浏览次数

（a）学习报告单（一）

根据教学进度截止目前一共完成了一章自测题，第一章自测题成绩的 10 个最高分如下图：

活动结果

第1章 自测题

10 个最高分：

1. 100.00
2. 100.00
3. 100.00
4. 100.00
5. 100.00
6. 100.00
7. 100.00
8. 100.00
9. 100.00
10. 100.00

下节课的学习主题：电子白板的基本操作——神奇墨水

本课程的考核方案：

出勤	实验	课件	微课	网络成绩（系统计分+课件）	期末机试
5%	20%	15%	15%	15%	30%

（b）学习报告单（二）

图 3-17　“现代教育技术”学习报告单

4. 小组干预

在群体干预之后，学习者已受到部分干预策略的影响，并对干预措施产生反应，其学习行为因此发生了一定的变化。小组干预是在分析这些变化的基础上，根据学习者变化的程度，筛选出干预对象，目的是确定在群体干预后学习参与度偏低的学生，根据每个学习者的学习分析结果，形成可视化的学习阶段诊断书，最终筛选出参与度相似且靠后的学习者作为小组干预的对象。这一部分学习者被预测为存在较大的学习风险，有一定的学业危机，因此将被施以显性的、有差异的干预措施。

1）干预对象的选择

在群体干预实施一个月之后，收集相关学习数据并分析班级的平均水平。同时，结合每个学习者具体的学习情况，将学习进度相似的学习者的学习数据进行可视化，按照学习进度排序，并与群体干预前的学习数据进行对比。此时，专业之间呈现出了不同的干预效果，“网络技术基础”课程的干预效果要优于“现代教育技术”课程，这与课程性质和学习者对专业课、公共课的重视程度不同有关，因此笔者选择“网络技术基础”课程的小组干预比例为50%，由于“现代教育技术”课程中学生存在更大的学习风险，将其小组干预比例定为80%。以“网络技术基础”课程为例，群体干预后部分学习者基本学情统计如表3-6所示。26名学习者被预测存在学习风险，其学习进度如表3-7所示，需要接受进一步的小组干预措施。

表3-6 “网络技术基础”群体干预后部分学生的学情统计

学习者	整体进度/%	访问得分/分	资源访问次数/次	学习资源访问情况				浏览帖子		自测题浏览量/次	测验得分/分	测验进度/%	任务完成数/个	观看视频时长/分钟	视频得分/分	综合成绩/分	实验报告3/分	综合进度/%
				课件类/次	视频类/次	讲义类/次	软件类/次	浏览量/次	发帖量/次									
S26	78	1.20	154	11	84	46	13	14	0	137	20	1	14	117.0	8.00	29.20	93	48
S27	51	2.27	150	6	104	39	1	16	0	17	20	1	8	74.7	4.31	26.58	90	36
S28	47	0.63	104	9	72	21	2	10	0	5	20	1	1	3.9	0.00	20.63	83	25
S29	71	0.00	93	7	61	23	2	12	0	2	0	0	0	0.0	0.00	0.00	89	23
S30	67	0.17	141	4	106	26	5	19	0	151	0	0	0	0.0	0.00	0.17	88	38
S31	64	0.60	173	1	126	37	9	21	0	121	0	0	0	0.0	0.00	0.60	88	40
S32	51	0.20	75	0	45	29	1	14	0	94	0	0	0	0.0	0.00	0.20	86	25
S33	47	0.10	131	4	79	42	6	17	0	208	0	0	0	0.0	0.00	0.10	88	39
S34	62	1.10	141	7	94	36	4	4	0	0	20	1	2	6.6	0.62	21.72	96	29
S35	87	2.50	203	21	140	34	8	37	1	197	20	1	64	554.7	38.77	61.27	94	92
S36	22	0.07	55	5	22	26	2	1	0	0	0	0	0	0.0	0.00	0.07	80	13
S37	40	2.13	144	25	72	45	2	29	0	205	0	0	18	153.6	11.08	13.21	89	50
S38	22	0.00	77	2	44	29	2	1	0	2	0	0	0	0.0	0.00	0.00	80	16

续表

学习者	整体进度/%	访问得分/分	资源访问次数/次	学习资源访问情况				浏览帖子		自测题浏览量/次	测验得分/分	测验进度/%	任务完成数/个	观看视频时长/分钟	视频得分/分	综合成绩/分	实验报告3/分	综合进度/%
				课件类/次	视频类/次	讲义类/次	软件类/次	浏览量/次	发帖量/次									
S39	73	0.93	116	11	64	36	5	52	1	123	0	0	5	54.5	3.08	4.01	91	40
S40	64	0.50	72	7	28	32	5	12	0	72	0	0	0	0.0	0.00	0.50	88	24
S41	44	0.30	78	4	47	26	1	3	0	29	0	0	0	0.0	0.00	0.30	85	20
S42	62	0.63	105	5	76	19	5	23	0	34	0	0	12	133.7	7.38	8.01	93	36
S43	67	1.87	146	4	96	40	6	3	1	28	0	0	21	208.8	12.92	14.79	91	44
S44	71	0.03	147	7	110	24	6	8	0	21	0	0	0	0.0	0.00	0.03	88	30
S45	20	0.17	52	1	37	11	3	10	1	0	0	0	0	0.0	0.00	0.17	87	14
S46	82	0.73	151	7	114	27	3	15	0	125	20	1	20	171.0	11.69	32.42	92	54
S47	40	0.53	75	9	31	23	12	1	0	76	0	0	16	133.9	9.85	10.38	88	33
S48	40	0.77	140	2	99	29	10	10	0	82	20	1	24	228.1	14.15	34.92	87	51
S49	33	0.67	75	13	48	8	6	4	0	12	20	1	1	1.2	0.00	20.67	89	21
S50	56	0.47	98	7	66	23	2	20	1	5	0	0	0	1.4	0.00	0.47	90	23
S51	53	0.67	105	9	61	28	7	4	0	81	20	1	1	0.0	0.00	20.67	85	30

表 3-7　“网络技术基础”群体干预后部分学习者的学习进度变化

学习者	S44	S4	S27	S14	……	S2	S51	S16	S34
干预前学习进度（%）	16	21	23	21	……	14	12	19	12
干预后学习进度（%）	37	37	36	36	……	35	32	35	31

2）小组干预的实施过程

根据在线学习干预模型，小组干预属于干预系统的第二个层次，该层次展现出来的明显的共同特征是学习参与度较低、学习积极性较差、任务完成量较少，因此存在一定程度的学习风险。小组干预的对象较多且集中，因此笔者选择强度较高的干预措施，针对相同专业的学习者制定相同的干预内容，包括对每个学习者完成的任务与班级平均完成情况进行对比，并给出详细的学习建议，形成学习阶段诊断书，如图 3-18 和图 3-19 所示。与此同时，笔者以小组为单位发送消息至在线学习平台，提醒学习者查看自己的学习状态。

5. 个别干预

继群体干预和小组干预之后，部分学习者已受到多种干预措施的影响，其学习行为再次发生了一定的变化。个别干预是在分析这些变化的基础上，根据学习者学习行为变化的程度，筛选出个别干预的对象。目的是确定小组干预后学习参与度依然偏低的学生，根据每个学习者的学习分析结果，形成个性化、可视化的

学习阶段诊断书

S40同学，你好，本学期已过半，你的课程学习是否顺利？你了解自己的学习情况吗？以下你所看到的是近期你在线学习的各项进度，以及与班级的平均进度的对比情况，请仔细对比，并总结该课程的知识掌握情况，在保持良好学习习惯的同时，发现不足查缺补漏，为后续的学习奠定基础。在课程的学习过程中遇到问题，请你积极地在学习平台中进行讨论，希望后续继续努力，顺利完成本课程，并取得较好的成绩。

MOODLE 平台学习阶段报告

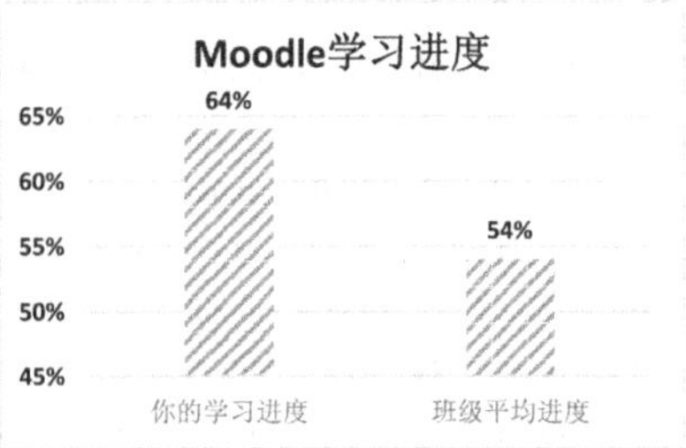

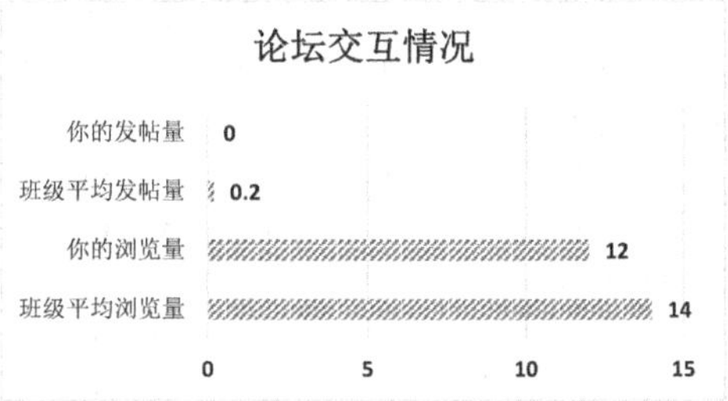

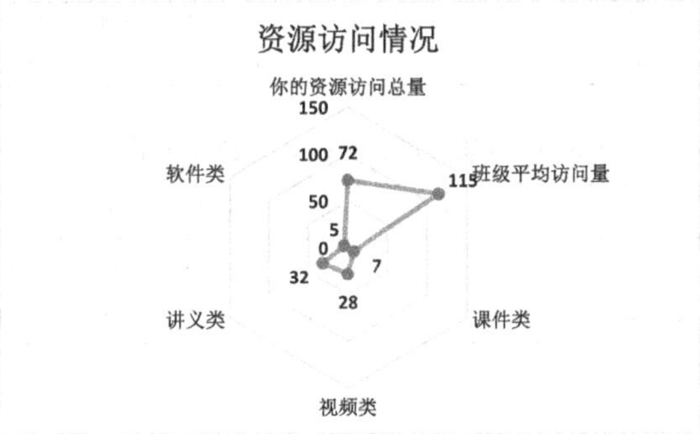

活动结果

实验报告 3 递交区（小型局域网的组建）

10 个最高分：

1	96
2	96
3	95
4	95
5	94
6	93
7	93
8	93
9	92
10	92

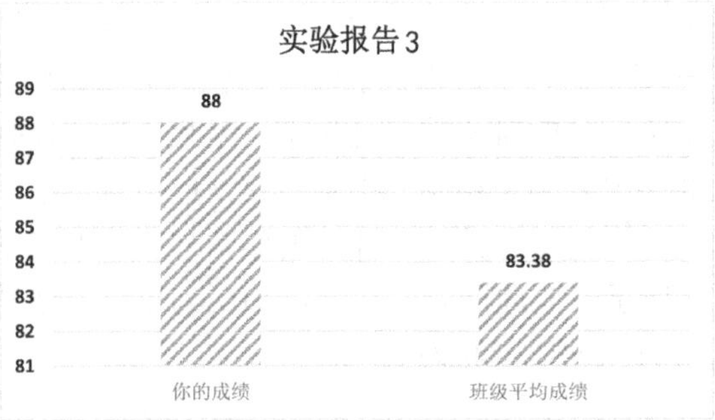

（a）学习阶段诊断书（一）

超星平台学习阶段报告

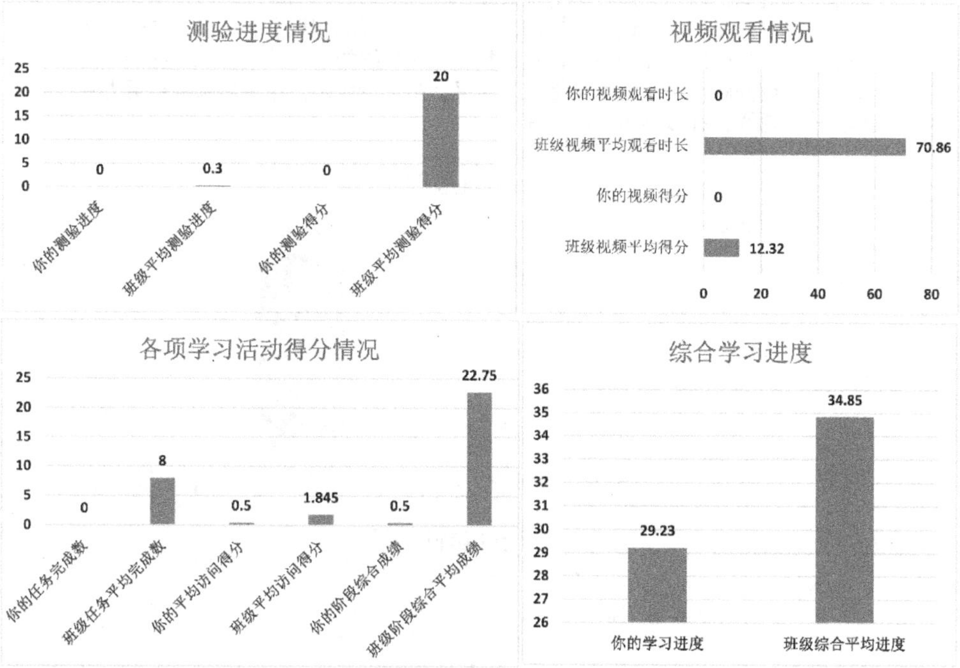

学习建议：

看完了你的学习诊断书，相信你一定得到了很多启示，能看到前阶段学习中的表现好的地方及不足之处。那么，根据你的学习情况老师给你提供以下几点建议，希望能对你后续的学习有一定的帮助。

1.积极主动地在讨论区与同学和老师交流；

2.充分、合理地利用平台的学习资源（超星平台的视频访问若受到寝室网速的影响，请直接在 Moodle 平台访问）；

3.按时完成自测题的任务；

4.综合学习进度较慢，请合理安排学习时间，继续加油！

祝学业进步！

（b）学习阶段诊断书（二）

图 3-18 “网络技术基础”学习阶段诊断书

学习阶段诊断书

S41 同学你好，本学期已过半，你的课程学习是否顺利？你了解自己的目前学习情况吗？以下你所看到的是近期你在线学习的各项进度，以及与班级的平均进度的对比情况，请仔细对比，并总结该课程的知识掌握程度，在保持良好学习习惯的同时，发现不足，查缺补漏，为后续的学习奠定基础。在课程的学习中遇到问题时，请你积极地在学习平台中进行讨论，希望后续继续努力顺利完成本课程，并取得较好的成绩。

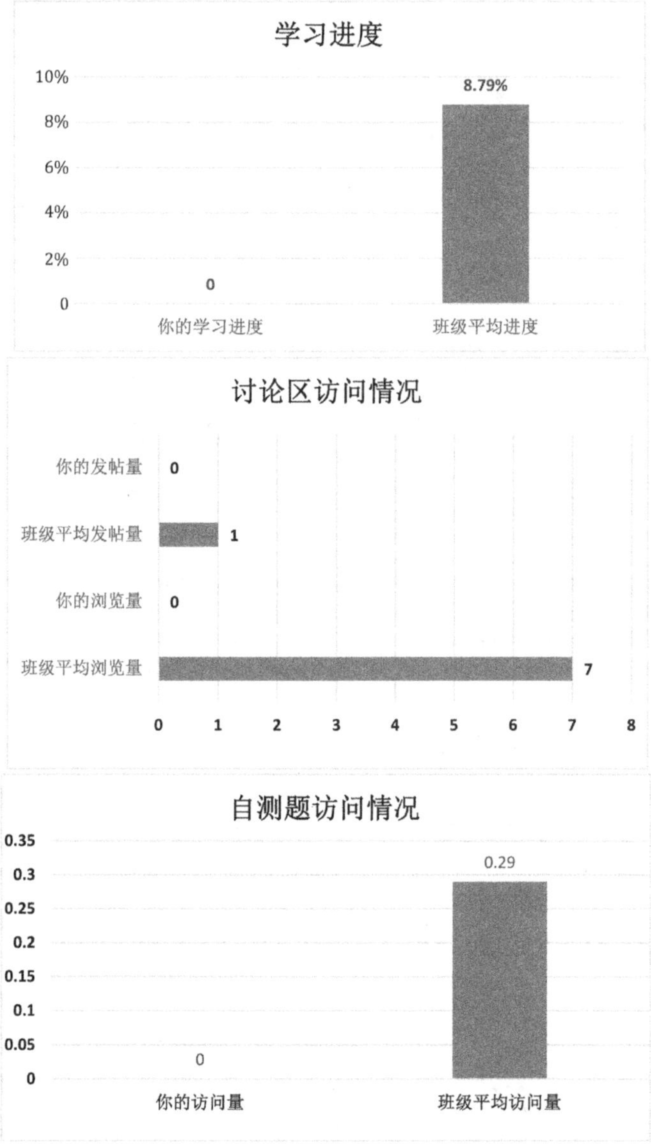

（a）学习阶段诊断书（一）

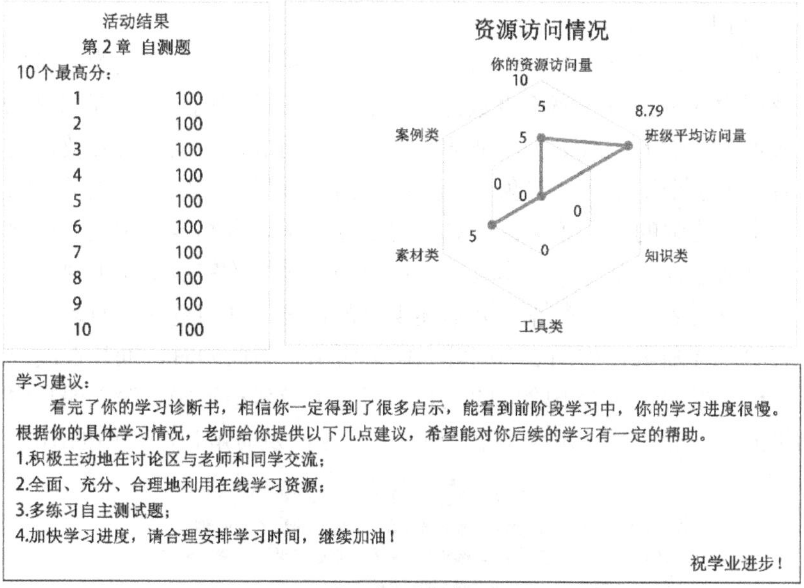

（b）学习阶段诊断书（二）

图 3-19　“现代教育技术”学习阶段诊断书

学习阶段诊断书，主要包括学习进度、学习资源利用率、论坛交互情况、作业和测验题完成情况、实验报告完成情况、实验考核情况等。根据学习分析结果，最终筛选出参与度靠后的学习者作为个别干预的对象，该部分学习者被预测存在严重的学业风险，教师对这些学习者采取了显性的、有差异的学习干预措施。

1）个别干预对象的选择

经过群体干预和小组干预后，多数学习者已经加快了学习进度，提高了学习资源的访问率，并及时完成学习任务，但是仍有少数学习者学习进度较慢。在小组干预实施大约一个月之后，收集自小组干预实施以来学习平台记录的数据，并分析班级的平均水平，同时，按照学习进度进行排序，并与小组干预前的学习数据进行对比，将学习进度较慢的学习者列为个别干预的对象。此时专业之间仍呈现出不同的干预效果，“网络技术基础”课程的干预效果优于“现代教育技术”课程。

以“网络技术基础”课程为例，在小组干预实施后有 7 名学习者的学习进度仍不足 50%，如表 3-8 所示。这些学习者被预测存在严重的学习风险，面临学业危机，需要接受更加深入的个别干预。

表 3-8　“网络技术基础”小组干预前后部分学习者的学习进度变化

学习者	S49	S1	S38	S29	S45	S36	S15
干预前学习进度（%）	21	27	16	23	14	13	16
干预后学习进度（%）	46	46	45	40	38	25	23

2）个别干预的实施过程

根据在线学习干预模型，个别干预属于干预系统的第三个层次，即最后一个层次，该层次的干预对象属于少数群体，展现出来的共同特征是学习参与度低、学习积极性差、任务完成量少，是学习风险最大的群体，也是需要教师关注最多的学习者。虽然个别干预的对象较少，但是由于该群体的学习动机差，因此选择强度高、个性化强的干预策略，针对相同专业的学习者制定个别化、可视化的干预内容，包括进行每个学习的模块完成情况与班级平均完成情况的对比，统计目前进度最快学习者的学习数据，并描述现存的问题、学习建议和复习方法，形成个人学习阶段诊断书，如图 3-20 和图 3-21 所示。与此同时，助教在线发送消息至学习平台，提醒学习者下阶段的主要学习任务及考核要求，深入课堂中关注个别干预组的学习者，指导其实验操作过程，引导其及时解决学习中的困惑、问题。

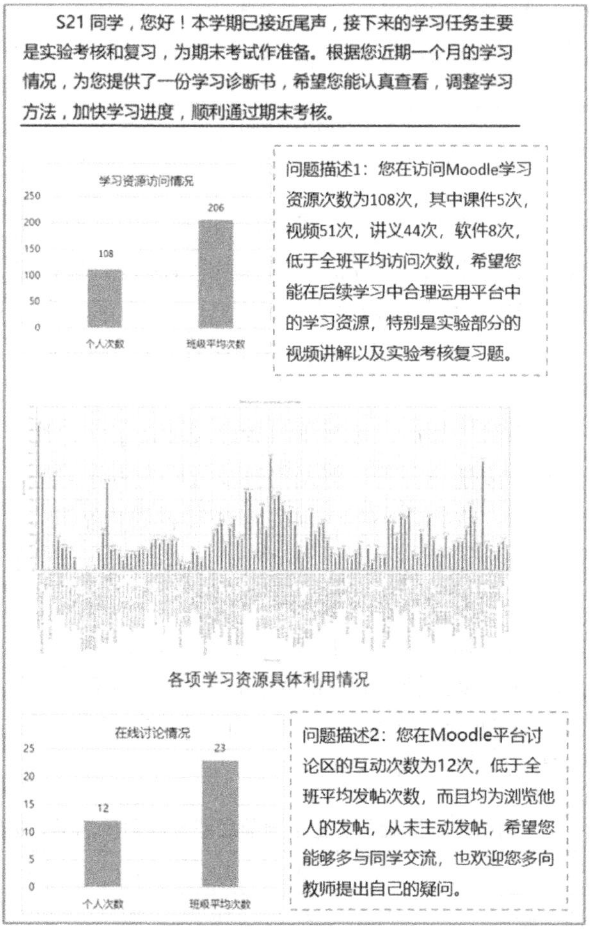

（a）学习阶段诊断书（一）

教育技术 151 > 学生 > 白晓*

进度统计 | 章节统计 | 访问统计

进度盲排 学生总人数(28)，约有 4 人未参与学习

名次	学生姓名	学号/账号	学校	任务完成数	讨论数	访问数
第一名	***	***	浙江师范大学	45/69	1	16
第二名	***	***	浙江师范大学	44/69	0	14
第三名	***	***	浙江师范大学	44/69	0	44

进度统计 | **章节统计** | 访问统计

1.1、[理论]1.1 计算机网络及其发展历程

任务点 1	1.1 计算机网络及其发展历程 2.mp4	视频	6.6 分钟	

1.2、[理论]1.2 计算机网络的组成

任务点 1	1.2 计算机网络的组成.mp4	视频	2.4 分钟	

1.3、[理论]1.3 计算机网络的功能

任务点 1	1.3 计算机网络的功能和分类.mp4	视频	3.2 分钟	
任务点 2	计算机网络的基本功能包括	作业	1(题)	未提交

1.4、[理论]1.4 计算机网络的分类

任务点 1	1.4 计算机网络的分类 new.mp4	视频	10.1 分钟	

问题描述 3：您在超星平台的学习进度排第 19 位，相对偏慢，请平时多关注该平台的学习任务，合理分配学习时间。

活动结果		
10 个最高分		
实验六	实验七	实验八
99	100	100
99	100	100
99	100	100
99	100	100
98	100	100
98	100	100
97	100	100
97	99	100
97	99	100
97	99	100

问题描述4：您近期实验报告取得的成绩如下，实验六为92分，实验七为94分，实验八为90分，总体完成情况较好，望后续继续努力

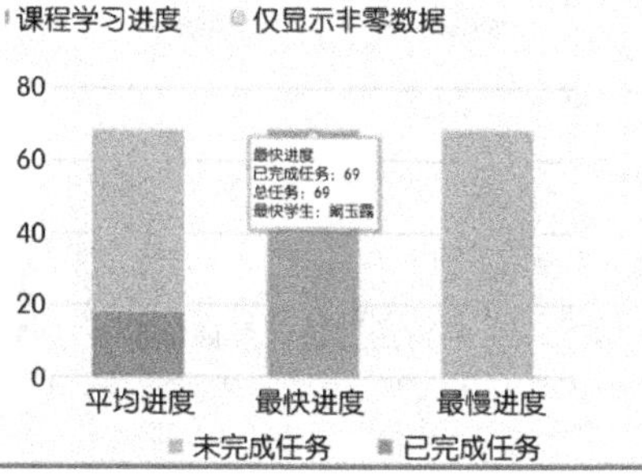

（b）学习阶段诊断书（二）

图 3-20　“网络技术基础”个人学习阶段诊断书

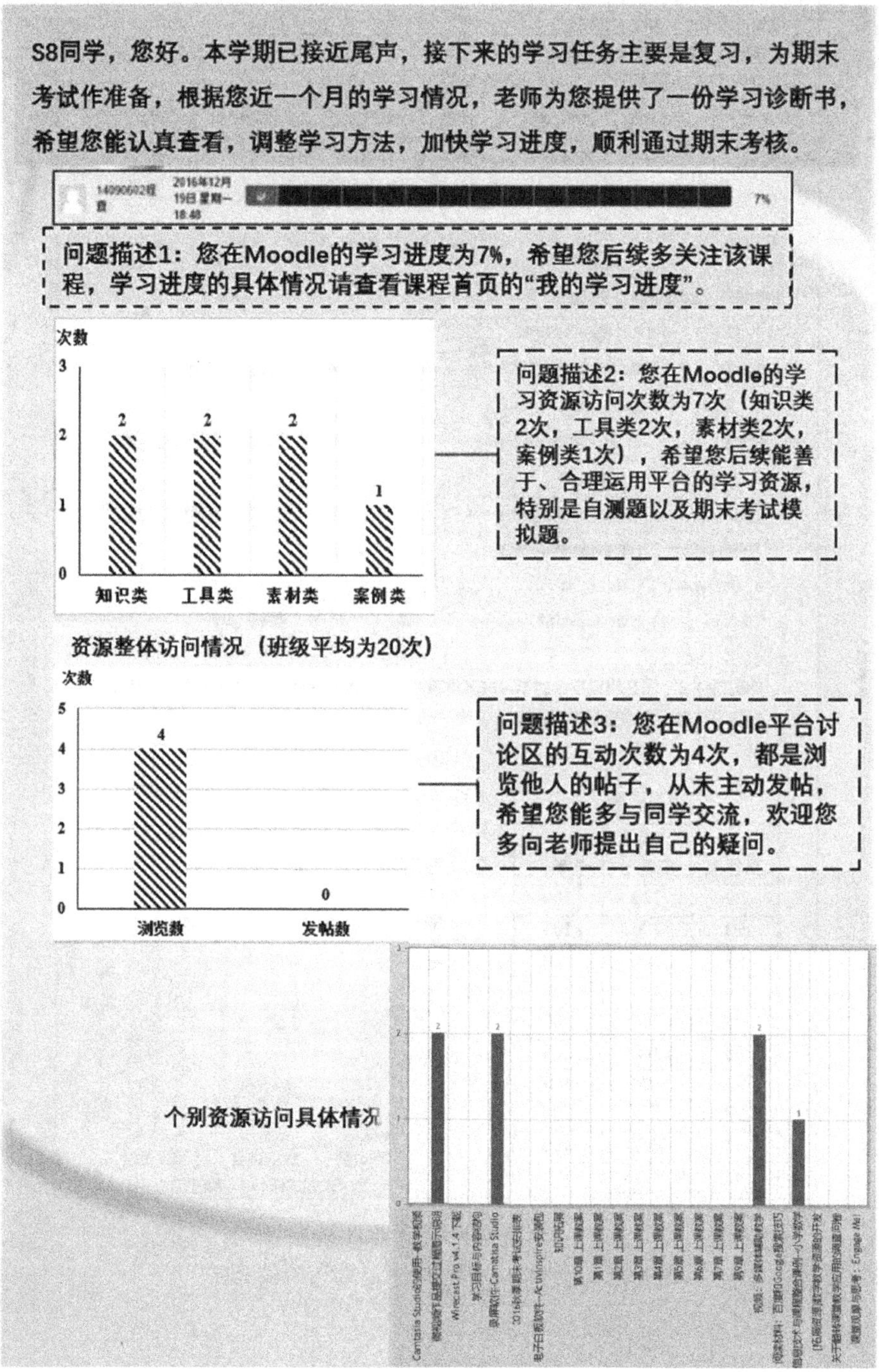
S8同学，您好。本学期已接近尾声，接下来的学习任务主要是复习，为期末考试作准备，根据您近一个月的学习情况，老师为您提供了一份学习诊断书，希望您能认真查看，调整学习方法，加快学习进度，顺利通过期末考核。
7%
问题描述1：您在Moodle的学习进度为7%，希望您后续多关注该课程，学习进度的具体情况请查看课程首页的“我的学习进度”。
次数
知识类
工具类
素材类
案例类
问题描述2：您在Moodle的学习资源访问次数为7次（知识类2次，工具类2次，素材类2次，案例类1次），希望您后续能善于、合理运用平台的学习资源，特别是自测题以及期末考试模拟题。
资源整体访问情况（班级平均为20次）
次数
浏览数
发帖数
问题描述3：您在Moodle平台讨论区的互动次数为4次，都是浏览他人的帖子，从未主动发帖，希望您能多与同学交流，欢迎您多向老师提出自己的疑问。
个别资源访问具体情况

（a）学习阶段诊断书（一）

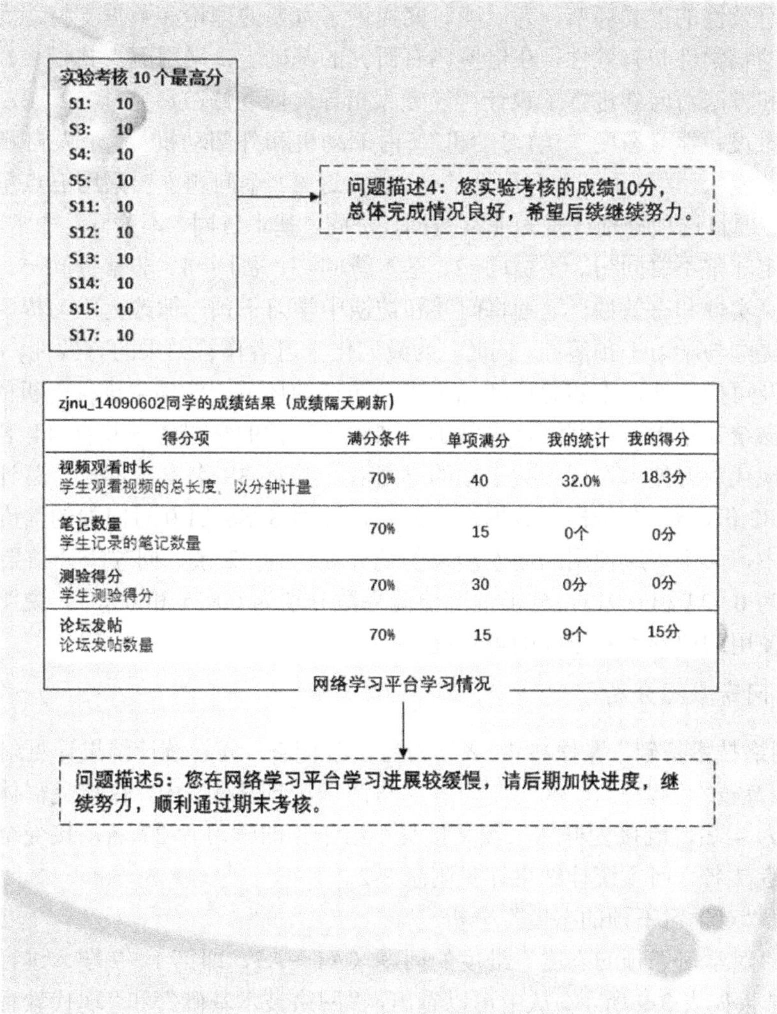

（b）学习阶段诊断书（二）

图 3-21　“现代教育技术”个人学习阶段诊断书

3.3.3　结果分析与讨论

本实验采用问卷调查和个别访谈的方法，从学习者的角度对在线学习干预的结果进行分析和讨论，同时对学习干预的有效性进行评估，在此基础上检验和完善干预模型。

3.3.3.1　问卷结果与分析

本实验采用线下发放问卷的形式，问卷的设计、实施和分析是本实验验证学习干预有效性的重要环节，为后续研究提供了重要的理论和数据支持。为保证问卷设计的科学性和有效性，在借鉴已有研究的基础上，采用五点式量表，根据研究目的和方法对问卷进行了设计，经专家指导，问卷修改后共计 32 题，主要包括以下维度：学习态度①、学习动机②（内部动机和外部动机）、个人自我效能③、学习满意度④、学习负荷和有用性的认知⑤。这 32 个问题主要采用五点量表来进行测试，题目选项分别设置为非常赞同、赞同、基本赞同、不赞同、非常不赞同，同时设定非常不赞同=1、不赞同=2、基本赞同=3、赞同=4、非常赞同=5。为保证调查的真实性和有效性，笔者将问卷和访谈中学习干预一律改为学习提醒，下文中学习提醒与学习干预等同。同时，为最大化学习者作答结果的有效性、准确性、真实性及可操作性，本实验还增加了当面访谈的环节，对学生进行随机的访谈。

根据统计结果，“网络技术基础”课程被干预的学习者一共有 44 名参与调查，“现代教育技术”课程被干预的学习者一共有 38 名参与调查，总计得到有效问卷 82 份，对 82 份样本数据进行编码，并用 SPSS 21.0 对问卷的信度进行检验。其中，两个班级使用的问卷涉及的统计项均为 32 条，问卷统计结果的 α 系数分别为 0.924 和 0.913，分半信度检验系数分别为 0.855 和 0.882，说明这两个班级所使用的问卷均有较高的可信度。

1. 问卷数据分析

“网络技术基础”课程共 44 名学习者参与调查，问卷统计结果详见附录 3-1。“现代教育技术”课程共 38 名学习者参与调查，调查对象中，仅接受群体干预的学习者为 4 名，既接受群体干预又接受小组干预的学习者 27 名，接受个别干预的学习者 7 名。问卷统计结果详见附录 3-2。

1）“对学习干预的态度”分析

对“对学习干预的态度”维度的问题（A1～A7，即第 1～7 题）进行统计和分析，结果如表 3-9 所示。从中可以看出，“网络技术基础”和“现代教育技术”两门课程被干预学习者对在线学习干预态度的均值均大于 4.3，这说明被干预学

---

① Hwang G J, Yang L H, Wang S Y. A concept map-embedded educational computer game for improving students' learning performance in natural science courses. Computers & Education, 2013, 69: 121-130.

② Wang L C, Chen M P. The effects of game strategy and preference-matching on flow experience and programming performance in game-based learning. Innovations in Education and Teaching International, 2010, 47(1): 39-52.

③ Pintrich P R, Smith D A F, Carcia T, et al. A manual for the use of the Motivated Strategies for Learning Questionnaire (MSLQ). MI: National Center for Research to Improve Postsecondary Teaching and Learning, 1991, 91: 1-76.

④ Chu H C, Hwang G J, Tsai C C, et al. A two-tier test approach to developing location-aware mobile learning systems for natural science courses. Computers & Education, 2010, 55(4): 1618-1627.

⑤ Hwang G J, Yang H M, Wang S Y. A concept map-embedded educational computer game for improving students' learning performance in natural science courses. Computers & Education, 2013, 69: 121-130.

习者对学习干预呈现整体积极的态度，认为本实验实施的学习干预是有意义且值得的，未对学习干预产生排斥和不适应。

表 3-9　“对学习干预的态度”描述性统计量表

课程	人数/人	极小值	极大值	均值		标准差
				统计量	标准误	
网络技术基础	44	3.000	5.000	4.340	0.066	0.437
现代教育技术	38	3.290	5.000	4.391	0.072	0.446

2）“学习的内在动机”分析

对“学习的内在动机”维度的问题（A8～A10，即第 8～10 题）进行统计和分析，结果如表 3-10 所示。从中可以看出，“网络技术基础”和“现代教育技术”两门课程被干预学习者的内在学习动机均值均大于 4.0，这说明被干预学习者有较强的内在学习动机，能够根据学习干预内容，调整学习进度。

表 3-10　“学习的内在动机”描述性统计量表

课程	人数/人	极小值	极大值	均值		标准差
				统计量	标准误	
网络技术基础	44	2.000	5.000	4.038	0.095	0.632
现代教育技术	38	2.330	5.000	4.018	0.097	0.600

3）“学习的外在动机”分析

对“学习的外在动机”维度的问题（A11～A13，即第 11～13 题）进行统计和分析，结果如表 3-11 所示。从中可以看出，“网络技术基础”和“现代教育技术”两门课程被干预学习者的外在学习动机均值均大于 4.0，这说明被干预学习者外在学习动机也较强，希望能在学习干预后取得优异的成绩。

表 3-11　“学习的外在动机”描述性统计量表

课程	人数/人	极小值	极大值	均值		标准差
				统计量	标准误	
网络技术基础	44	2.670	5.000	4.106	0.087	0.574
现代教育技术	38	2.330	5.000	4.035	0.107	0.657

4）“个人自我效能感”分析

对“个人自我效能感”维度的问题（A14～A18，即第 14～18 题）进行统计和分析，结果如图 3-22 和图 3-23 所示。从中可以看出，“网络技术基础”和“现代教育技术”两门课程被干预学习者个人自我效能感较高，基本赞同及以上的比例分别为 90.45%和 95.79%，这说明多数被干预学习者自信能够掌握该课程的知识。

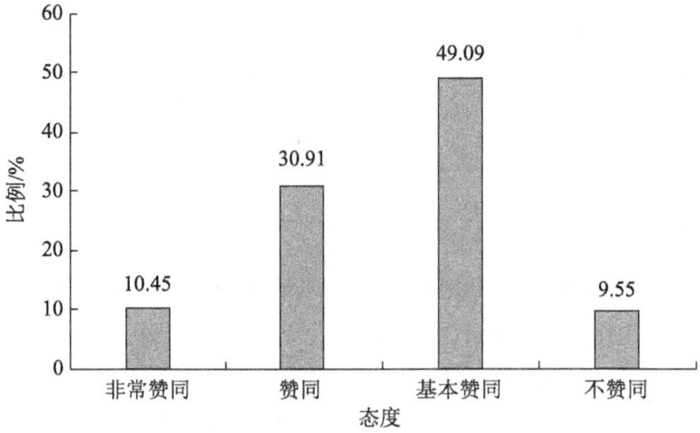

图 3-22 “网络技术基础”被干预学习者个人自我效能感

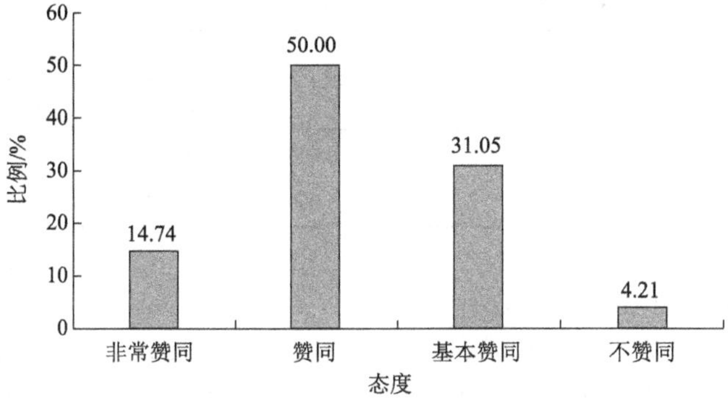

图 3-23 “现代教育技术”被干预学习者个人自我效能感

5）“对学习干预的满意度”分析

对“对学习干预的满意度”维度的问题（A19～A24，即第 19～24 题）进行统计和分析，结果如图 3-24 和图 3-25 所示。从中可以看出，“网络技术基础”和“现代教育技术”两门课程被干预学习者对在线学习干预较满意的比例分别为 95.45%和 99.13%，这说明多数被干预学习者对本实验的干预过程和内容较为满意。

6）“学习负荷”分析

对“学习负荷”维度的问题（A25～A27，即第 25～27 题）进行统计和分析，结果如表 3-12 所示。从中可以看出，“网络技术基础”和“现代教育技术”两门课程被干预学习者的学习负荷均值分别为 3.136 和 2.500，这说明部分被干预学习者认为学习干预在一定程度上增加了学习负荷，学习压力变大。

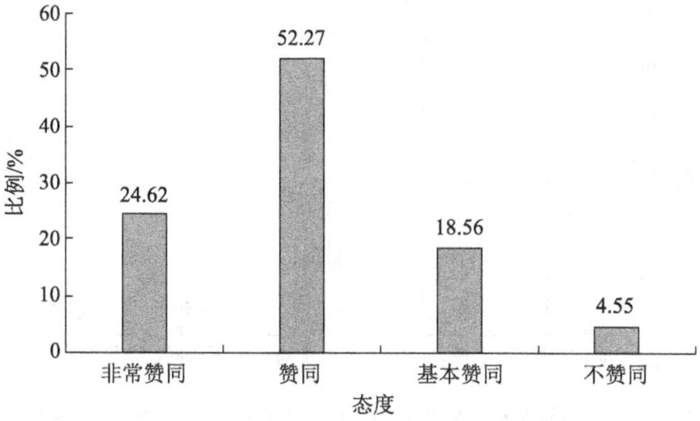

图 3-24　“网络技术基础”被干预学习者对学习干预的满意度

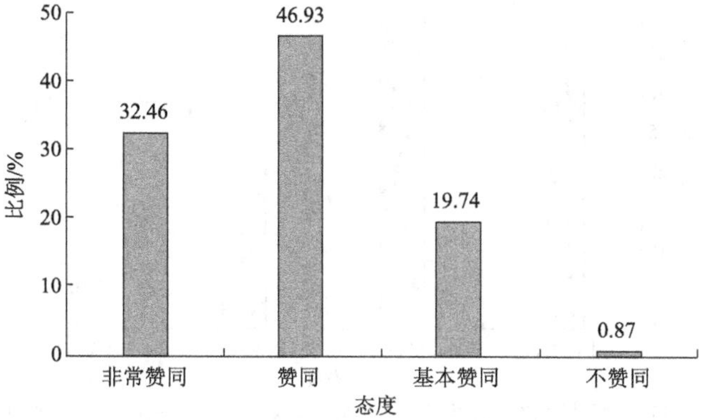

图 3-25　“现代教育技术”被干预学习者对学习干预的满意度

表 3-12　“学习负荷”描述性统计量表

课程	人数/人	极小值	极大值	均值		标准差
				统计量	标准误	
网络技术基础	44	2.000	5.000	3.136	0.112	0.741
现代教育技术	38	1.000	4.670	2.500	0.108	0.666

7）“对学习干预有用性的认知”分析

对“对学习干预有用性的认知”维度的问题（A28～A32，即第 28～32 题）进行统计和分析，如图 3-26 和图 3-27 所示。从中可以看出，“网络技术基础”和“现代教育技术”两门课程被干预学习者认为在线学习干预对其学习有用的比例分别为 98.19%和 97.90%，这说明被干预学习者整体认为学习干预能够在一定程度上监督学习，促进学业进步。

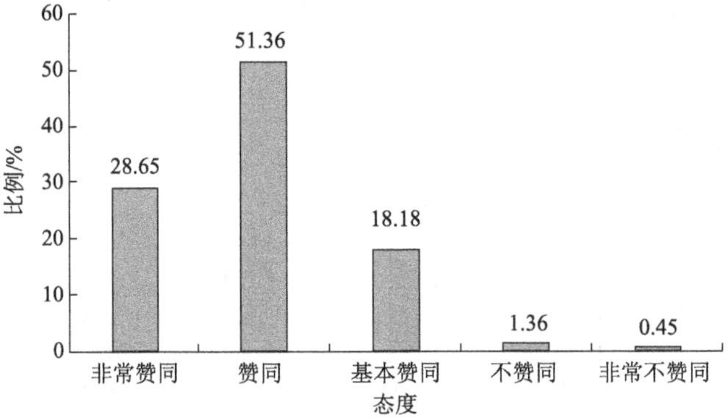

图 3-26 “网络技术基础”被干预学习者对学习干预有用性的认知

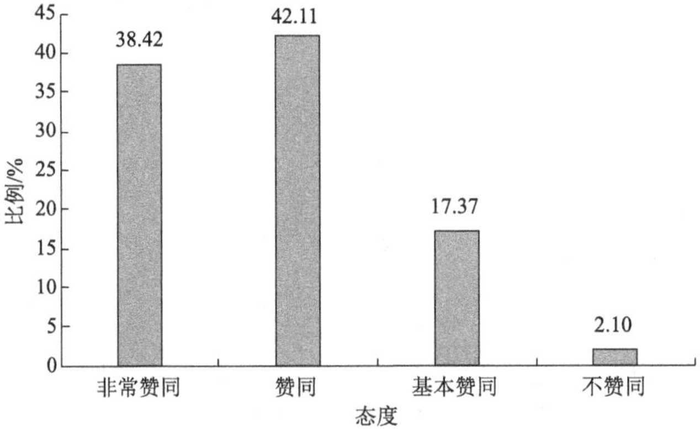

图 3-27 “现代教育技术”被干预学习者对学习干预有用性的认知

2. 干预层次与问卷维度分析

将干预对象分为群体、小组以及个别三个层次。为了解不同层次干预对象的问卷作答情况，将两门课的干预层次与问卷的 7 个维度进行分析，结果如表 3-13 和表 3-14 所示。在“网络技术基础”课程中，三个干预层次除了在“学习的外在动机”维度存在显著差异外，其他维度无显著差异。经统计检验，个别干预组的“学习的外在动机”与群体干预组、小组干预组存在显著差异，个别干预组比群体干预组和小组干预组的“学习的外在动机”弱，表明外在的学习激励或奖励对其影响可能较小。在“现代教育技术”课程中，三个干预层次在各维度上均无显著差异。

表 3-13 “网络技术基础”问卷各维度比较

项目	对学习干预的态度	学习的内在动机	学习的外在动机	个人自我效能感	对学习干预的满意度	学习负荷	对学习干预有用性的认知
p	0.812	0.458	0.034*	0.445	0.523	0.604	0. 936
事后检验			小组>个别 群体>个别				

*表示 $p<0.05$，下同。

表 3-14 "现代教育技术"问卷各维度比较

项目	对学习干预的态度	学习的内在动机	学习的外在动机	个人自我效能感	对学习干预的满意度	学习负荷	对学习干预有用性的认知
p	0.367	0.449	0.381	0.683	0.811	0.326	0.603
事后检验			群体、小组、个别无显著差异				

3.3.3.2 访谈结果与分析

为多个角度测量在线学习干预模型的效果，进一步了解学习者对学习干预的态度和感受，笔者采用访谈法进行评价分析。此处以"现代教育技术"课程为例，从每个干预组各随机选择一名学习者（S33 为群体干预者；S21 为小组干预者；S1 为个别干预者）呈现访谈结果，访谈问卷如附录 3-3 所示，学习者访谈记录的部分内容如下。

（1）你感觉目前这种学习提醒的方式怎么样？为什么？

S33：我感觉这种方式很好、很新颖，在自己不了解自己学习情况的时候，这样的学习提醒可以让我很清晰地认识到自己的学习进度和状态。

S21：我觉得很贴心，收到的学习提醒有图表，能很清晰很直观地看到自己的状态，能让我有一种紧张感。然后我会根据提醒的内容主动到 Moodle 平台把自己没看的学习资源和没做的试题补上。

S1：我觉得挺好啊，知道自己的学习行为被记录了，会好奇自己的学习与别人的差距。我平时很少花时间关注这门公共课，提醒之后，我会花更多时间来关注自己本门课的学习，查漏补缺……

（2）你适应目前这种学习提醒的方式吗？是否希望在以后的课堂上继续实施这种学习提醒？

S33：现在是可以适应的，因为别的老师从来没有这样做过，我第一次收到的时候比较害怕，也有点惊喜。像这种类型的课（公共课）还是希望能继续收到的。

S21：可以适应。我觉得还蛮好的，因为老师的班级和课程也很多，老师不可能当面提醒每个同学该注意自己的学习了，这样的反馈方式后续能一直有就好了。

S1：可以的，第一次收到的时候觉得很神奇，而且都是老师单独发给我的，只有我自己可以看到自己平时看不到的一些学习方面的内容。希望能继续收到，因为都是阶段性的学习反馈，不会很频繁……

（3）你觉得通过这种学习提醒能督促你的学习吗？

S33：我觉得可以督促我的学习。收到这样的学习提醒后，我会查看自己的学习进度，开始关注自己的薄弱点，查缺补漏。

S21：对我有监督作用的。这样的学习提醒能让我清晰地知道，学习任务是什么，学习重点在哪里。

S1：能监督我的学习。我收到之后会去关注自己比班级平均水平慢的部分，而且感觉老师很贴心，能让我知道老师是在关注我的学习，从而促使我主动去关注自己的学习……

（4）你对目前的这种学习提醒有何改进的意见或建议？

S33：我觉得目前这种就很好了。如果可以，我希望期末考试后还能收到这样的学习报告，能知道自己整个学期的学习情况就更好了。

S21：我觉得已经很好了。而且在第二次收到的时候，老师还对我进步的地方进行了肯定。

S1：我觉得学习情况反映得很全面很详细，对学习有一定的引导。对于进度较慢的学生可能会产生一点焦虑，不过内容都能看懂，能让我将学习任务都分阶段完成，不会拖到最后，累积在一起。如果学习报告里的目标能更具体点就好了……

通过访谈发现，两个班级的群体干预组、小组干预组和个别干预组的学生对学习干预态度、适应性、评价等方面的阐述都展现了积极的看法，表明学习者能够适应干预的方式和内容，并且认为学习干预能够在一定程度上起到监督学习的作用，这与问卷的结果是一致的，佐证了问卷回答的有效性。

3.3.3.3 学习成绩与时间投入分析

在实施干预的过程中，笔者收集了学习过程中的各项学习参与数据，以作为干预的依据和基础。衡量学习者是否顺利通过课程考核的标准之一便是综合学习成绩，同时学习成绩也是验证学习干预效果的主要指标。

1. 学习成绩分析

学期结束后，笔者从任课教师处获得两个班级的学习成绩，首先分别对两个班级四个组（未干预组、群体干预组、小组干预组、个别干预组）的总评成绩进行分析。“网络技术基础”和“现代教育技术”学生成绩汇总表分别见附录 3-4 和附录 3-5。其中，“网络技术基础”各组成绩描述统计和分值分布如表 3-15 和图 3-28 所示。可以看出，未干预组、群体干预组、小组干预组、个别干预组平均成绩逐渐递减，特别是个别干预组与其他组的差距较大。

表 3-15 “网络技术基础”总评成绩描述性统计量表

组别	人数/人	极小值/分	极大值/分	均值/分	标准差	偏度		峰度	
						统计量	标准误	统计量	标准误
未干预组	7	83	94	89.714	3.861	−1.010	0.794	0.098	1.587
群体干预组	20	78	95	85.950	4.430	0.166	0.512	−0.397	0.992
小组干预组	17	74	92	85.118	4.121	−0.921	0.550	2.580	1.063
个别干预组	7	48	87	75.857	13.120	−1.968	0.794	4.504	1.587

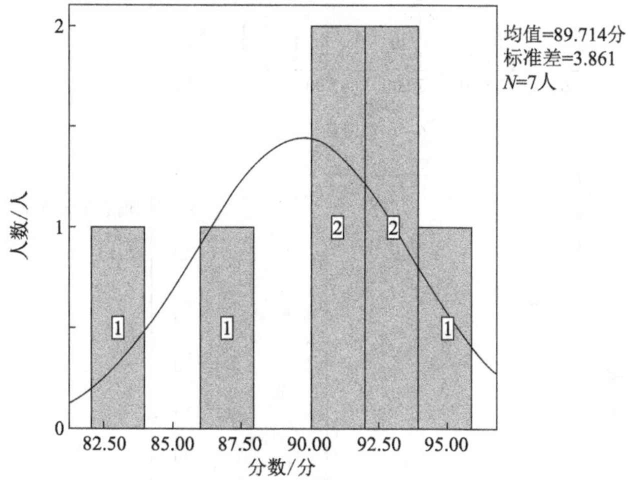

(a) 未干预组

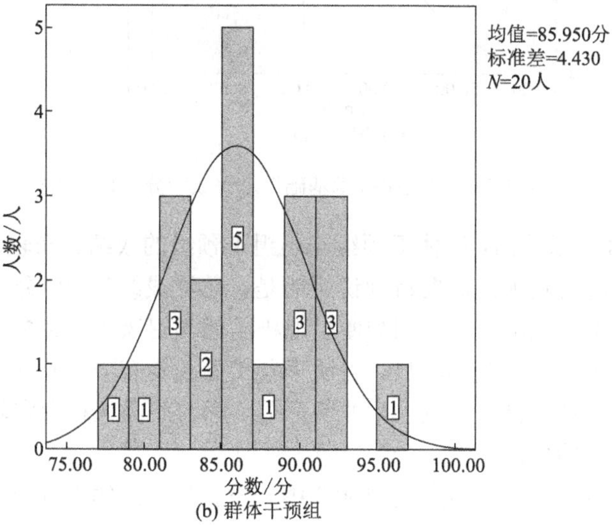

(b) 群体干预组

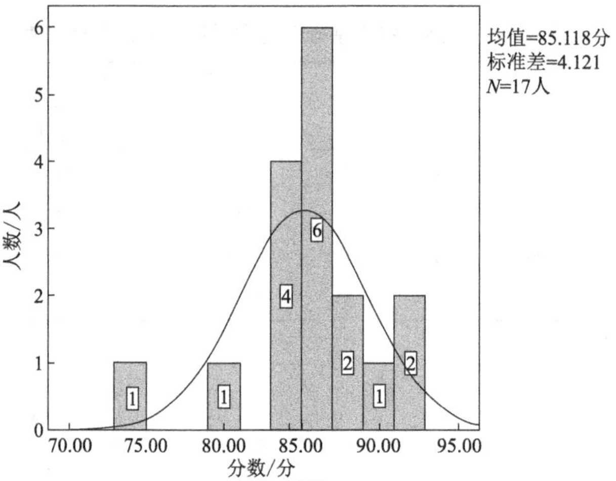

(c) 小组干预组

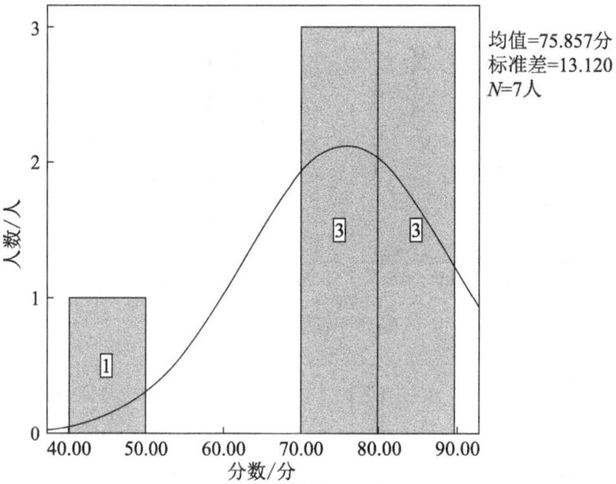

(d) 个别干预组

图 3-28 “网络技术基础”总评成绩分布直方图

从图 3-28 可以看出，群体干预组和小组干预组的成绩分布较均匀，个别干预组的成绩分布跨度较大。需要特别说明的是，总评成绩为 48 分（最低分）的学习者，属于个别干预组，在学期初便呈现极高的学习风险，经多层次干预，该学习者各学习行为改善得较为明显，表明干预措施基本有效。此外，经访谈任课教师，得知该学习者自身计算机水平非常薄弱，学习此类课程存在较大的困难，后期需要给予更多的关注。

如表 3-16 所示，“现代教育技术”中未干预组、群体干预组、小组干预组成绩相差很小，个别干预组平均成绩最低，但差别也较小。此外，从图 3-29 可以看到，未干预组、群体干预组和小组干预组的成绩分布均偏右，个别干预组的成绩分布跨度较大。

表 3-16　"现代教育技术"总评成绩描述性统计量表

组别	人数/人	极小值/分	极大值/分	均值/分	标准差	偏度		峰度	
						统计量	标准误	统计量	标准误
未干预组	7	89	96	93.714	2.984	−1.037	0.794	−0.875	1.587
群体干预组	5	88	97	93.800	4.087	−0.860	0.913	−1.607	2.000
小组干预组	26	77	98	93.077	4.732	−2.015	0.456	4.383	0.887
个别干预组	7	73	97	89.714	8.361	−1.567	0.794	2.567	1.587

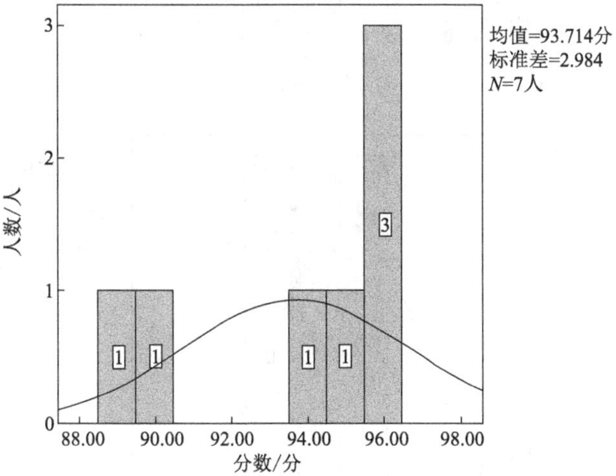

(a) 未干预组

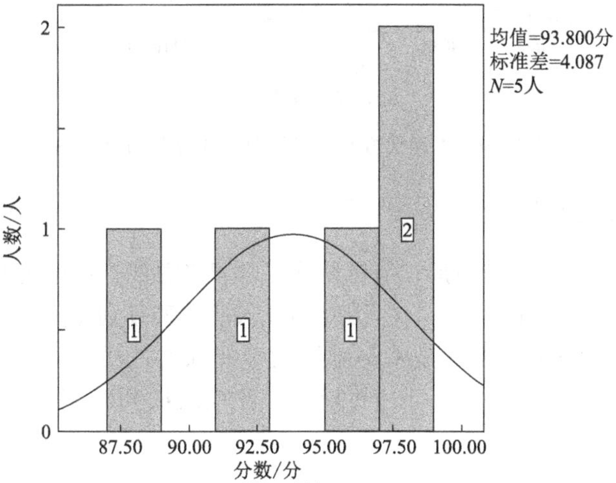

(b) 群体干预组

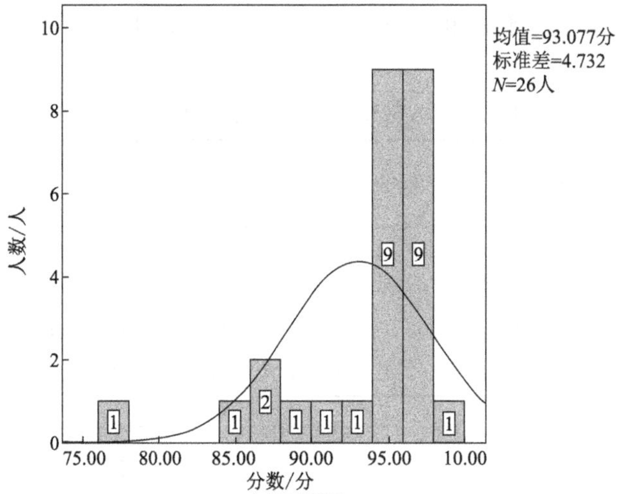

(c) 小组干预组

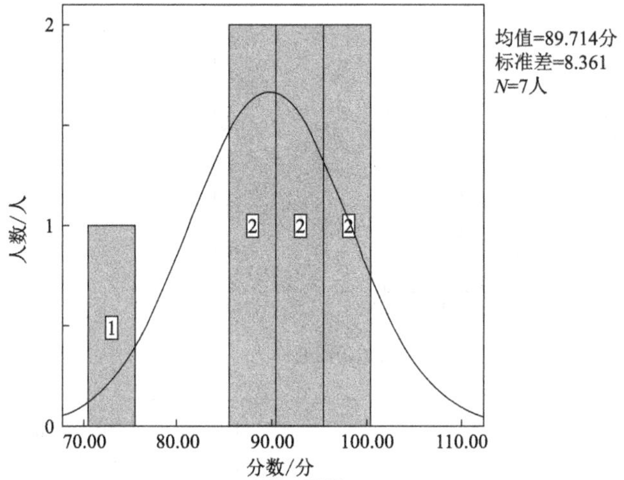

(d) 个别干预组

图 3-29 “现代教育技术”总评成绩分布直方图

2. 时间投入分析

学习过程中和学期结束后，笔者统计了学习者总的在线学习时间投入，将其作为干预效果验证的依据之一。学习时间投入汇总表分别见附录 3-4 和附录 3-5。根据统计结果，由于“网络技术基础”的专业课的性质，参与实验的 51 名学习者都展现了较高的在线学习时间投入，各项成绩和时间投入对比如表 3-17 所示。

表 3-17　“网络技术基础”不同干预组的分项成绩和时间投入统计

组别	人数/人	平时成绩/分	实验报告/分	综合考核/分	期末成绩/分	总评成绩/分	平均投入时间/分钟
未干预组	7	88.60	93.00	91.10	86.60	89.70	3508.42
群体干预组	20	89.00	92.00	83.70	78.60	86.00	3530.20
小组干预组	17	83.50	91.50	89.80	76.30	85.10	2840.88
个别干预组	7	78.60	82.00	73.10	69.50	75.90	2422.00

由表 3-17 可知，整体上各项成绩的均值相差较大，未干预组各项成绩都较优异，而个别干预组的各项成绩较差一些，且相差较大。正是由于个别干预组学习者的学习积极性较差，学习动机较弱，因此在学习干预的层次中，个别干预组的学习者属于干预层次最高、次数最多的。

从附录 3-4 可以看到，一般而言，在线学习时间投入与取得的成绩基本呈现正相关的趋势，即在线学习时间投入度高的学习者其成绩也好。但是也存在不一致的情况，如 S38 投入了 3648 分钟，最后取得成绩为 77 分，而 S47 只投入了 1868 分钟，最后取得的成绩为 89 分。经访谈任课教师，了解到这可能与学习者的学习方法有关。有的学习者学习方法得当，只需花较少的时间便可取得优异的成绩；未掌握学习方法的学习者，虽然花费了大量的时间和精力，但是仍未取得理想的成绩，而这部分学习者正是教师需要特别关注并采取干预措施的。

进一步单因素方差分析结果如表 3-18 所示。可以看出，学习者的在线学习时间投入与平时成绩、实验报告、综合考核、期末成绩及总评成绩均存在显著差异。

表 3-18　“网络技术基础”在线学习时间投入与成绩相关性分析

项目	平时成绩	实验报告	综合考核	期末成绩	总评成绩
Pearson 相关性	0.869**	0.381**	0.244	0.260	0.500**
显著性（双侧）	0.000	0.006	0.084	0.065	0.000
N/人	51	51	51	51	51
均值	85.690	90.710	85.300	77.667	84.800
标准差	8.063	7.139	10.690	10.104	10.104

**表示 p<0.01，下同。

各组之间在不同方面呈现的具体差异如下。

（1）在线学习时间投入方面，个别干预组与其他三组存在显著差异，个别干预组的平均投入时间少于其他三个小组。

（2）平时成绩方面，个别干预组与其他三组存在显著差异，个别干预组的平时成绩低于其他三个小组。

（3）实验报告成绩方面，个别干预组与其他三组均存在显著差异，个别干预组的实验报告成绩低于其他三个小组。

（4）综合考核成绩方面，个别干预组与其他三组均存在显著差异，个别干预组的综合考核成绩低于其他三个小组。

（5）期末成绩方面，个别干预组与其他三组存在显著差异，个别干预组的平均成绩低于其他三组。

（6）总评成绩方面个别干预组与其他三组均存在显著差异，个别干预组总评成绩低于未干预组、群体干预组和小组干预组。

为进一步了解在线学习时间投入与学生各项成绩之间的关系，笔者进行了相关分析，结果如表 3-19 所示，在线学习时间投入与平时成绩、实验报告及总评成绩呈现统计学上显著相关性，相关系数分别为 0.869、0.381 和 0.500，即在线学习时间投入越高，其平时成绩、实验报告及总评成绩越高。在线学习时间投入与综合考核、期末成绩未呈现统计学意义的相关性。经访谈任课教师，得知平时成绩主要依据学习者在线学习的表现，而线下的学习情况受数据采集技术和客观环境的限制，因此难以进行客观量化的描述。

表 3-19 “网络技术基础”在线学习时间投入与成绩相关性分析

项目	平时成绩	实验报告	综合考核	期末成绩	总评成绩
Pearson 相关性	0.869**	0.381**	0.244	0.260	0.500**
显著性（双侧）	0.000	0.006	0.084	0.065	0.000
N/人	51	51	51	51	51
均值	85.690	90.710	85.300	77.667	84.800
标准差	8.063	7.139	10.690	10.104	10.104

根据统计结果显示，“现代教育技术”由于其公共课的性质，课程的难度比专业课小，课时量也比较少，因此各项成绩展现了与专业课较大的差异。参与实验的 45 名学习者的各项成绩和时间投入对比如表 3-20 所示。

表 3-20 “现代教育技术”不同干预组的分项成绩和时间投入统计

组别	人数/人	平时成绩/分	实验成绩/分	课件成绩/分	微视频成绩/分	期末成绩/分	总评成绩/分	平均投入时间/分钟
未干预组	7	96.3	96.4	84.1	89.7	98.2	93.7	472.0

续表

组别	人数/人	平时成绩/分	实验成绩/分	课件成绩/分	微视频成绩/分	期末成绩/分	总评成绩/分	平均投入时间/分钟
群体干预组	5	98.2	91.0	89.6	86.6	96.9	93.8	430.6
小组干预组	26	96.0	95.6	85.0	88.8	95.5	93.1	353.6
个别干预组	7	88.0	92.1	83.7	87.4	93.1	89.7	315.0

由表 3-20 可知，与“网络技术基础”专业课不同的是，“现代教育技术”整体上各项成绩的均值相差不大，这与笔者的预测也是相吻合的。由于专业课的难度较大，特别是操作技术类的内容，学习者学习的过程本就吃力，再加上考核的要求较高，因此总评成绩均值为良好等级（84.80）；而公共课相对来说难度偏低，因此总评成绩均值达到了优秀等级（92.73）。

从附录 3-5 可以看到，“现代教育技术”的在线学习时间投入基本只有“网络技术基础”的 1/10，这也是在筛选小组干预对象时将比例确定为 80%的重要原因之一。根据统计结果，该课程中学生取得的成绩都较好。但是与“网络技术基础”一样，学习者的在线学习时间投入与成绩之间也存在不成正比的情况，如 S45 的在线学习时间投入为 327 分钟，总评成绩为 77 分；而 S23 的在线学习时间投入仅 152 分钟，总评成绩为 96 分。单因素方差分析结果如表 3-21 所示，学习者的在线学习时间投入和各项成绩之间均无显著差异。

表 3-21　“现代教育技术”各项成绩单因素方差分析

项目	在线学习时间投入	平时成绩	实验成绩	课件成绩	微视频成绩	期末成绩	总评成绩
p	0.280	0.497	0.556	0.725	0.315	0.286	0.409

为进一步了解在线学习时间投入与各项成绩之间关系，笔者进行了相关分析，结果如表 3-22 所示。学习者的在线学习时间投入与总评成绩呈现统计学上显著相关性，相关系数为 0.295，但是相关性较弱。虽然学习者全部顺利通过了课程考核，避免了学习风险，且绝大多数学生取得了较好的成绩，但是在线学习时间投入与平时成绩、实验成绩、课件成绩、微视频成绩、期末成绩未呈现统计学上的相关性。经访谈任课教师，得知由于该课程是公共课，学习者对其重视程度远远不及专业课；而且课程学习中包含大量操作性实验，学习者有一半的时间用于线下操作实践，难以计入在线学习时间，但这不能说明学习干预没有作用。虽然学习过程数据主要采集于在线学习环境，但所采取的干预措施并没有暗示学生只关注在线学习，因此对学习过程的影响是整体的。

表 3-22 “现代教育技术”在线学习时间投入与成绩相关性分析

项目	平时成绩	实验成绩	课件成绩	微视频成绩	期末成绩	总评成绩
Pearson 相关性	0.275	0.003	0.206	0.074	0.278	0.295*
显著性（双侧）	0.068	0.983	0.174	0.628	0.064	0.049
N/人	45	45	45	45	45	45
均值	95.070	94.670	85.160	88.470	95.644	92.730
标准差	13.296	8.488	9.405	3.259	4.810	5.176

此外，同一任课教师所带“现代教育技术”课程共有三个班级，即除本实验的班级外，还有两个班级。笔者了解到，任课教师的教学方法无差异，且未对另外两个班级进行刻意的学习干预。经比较，被干预班级的总评平均成绩为 92.58 分，高于另外两个班级的总评平均成绩 89.25 分和 79.27 分。虽然不同专业之间存在一些差异，但在某种程度上仍可以说明学习干预的作用。

3.3.3.4 在线学习干预效果总结

从调查问卷、访谈结果等主观数据及学习成绩和学习时间投入等客观数据的分析结果来看，在线学习干预在一定程度上起到了提醒和督促学习者的作用，促使其积极主动地参与学习活动和完成学习任务。数据分析显示，未干预组的学习者属于最积极的组别，学习参与度最高，未受到本实验人为的学习干预；群体干预组的学习者受到一次干预，属于积极的组别，学习任务完成情况较好，学习自觉性较高；小组干预组的学习者受到两次干预，属于较积极的组别，学习任务基本能够完成；个别干预组的学习者受到三次干预，属于积极性较差的组别，学习任务无法按时完成，学习参与度较低。

本实验经过预实验和正式实验的两轮迭代来完善在线学习干预模型并检验其应用效果。从被干预学生的主观感受来看，绝大多数学习者不排斥本实验的学习干预形式，并且能够很好地适应干预过程和策略，在一定程度上监督了他们的学习过程，促进了学习。从客观学习过程和学习结果的数据来看，笔者严格按照在线学习干预模型的过程和环节来实施干预，两个班级的多数学习者取得了优异的成绩。从两个班级比较来看，专业课的干预效果优于公共课，这与课程本身的难度及课程性质有关。从四个组别比较来看，笔者发现未干预组的学习者由于其学习自觉性、自主性和积极性较高，因此都取得了优异的成绩；相对来讲，虽然群体干预、小组干预和个别干预的成绩都比未干预组略低，但也呈现了依次递减的规律。除个别学习者外，各组学习者经干预都有效规避了学习风险，顺利完成了学习任务。这一结果与研究的预期基本一致，同时也表明在线学习干预模型的应用效果良好。

3.4　在线学习干预的行为序列分析

在线学习活动需要教师给予及时的反馈，若这种反馈缺少个性化的指导，就难以达到改善学习行为和提高学习绩效的目的。[①]学习干预虽然可作为提供个性化反馈、支持与服务的一种有效方法，但容易忽视群体行为对个体的影响和学习活动的社会性。[②]阿尔伯特·班杜拉认为，通过观察示范能够产生学习，学习行为会受潜在的外部环境影响。[③]学习干预不仅能帮助学习者了解自己的学习进展，还能促进其通过观察同伴的学习进程来激发其学习动机、改善学习行为。基于社会比较理论的视角，本节内容运用滞后序列分析法探究学习干预对在线学习行为的影响，分析不同层次学习者的学习行为序列差异，以改善教学决策、提升学习成效。

3.4.1　研究背景与问题

1. 社会比较与在线干预

Festinger 将“社会比较”解释为人们倾向于将自己的成就和表现与他们认为在某种程度上相似的人进行比较。[④]社会比较被认为是自发的、毫不费力的、无意的和相对自动的，其产生主要源于对自我提升的追求，其动机包括自我评价、自我强化和自我改进。[⑤]学习者可以根据隐性或显性的标准来评估自己的水平，如参照同伴的表现或自己的历史学习轨迹进行社会比较[⑥]。研究表明，在与他人进行比较时，自我提升的动机会促使学习者倾向与更优秀的人进行比较，从而改善自己的表现[⑦]；当与更优秀的学习同伴进行比较时，向上的社会比较会对学习者的成绩产生积极影响[⑧]，但不恰当的社会比较也会对其学习产生负面影响。[⑨]

---

① 赞恩·伯奇. 为在线学习提供有效的反馈(英文). 开放教育研究，2008，(1)：53-57.

② 李爽，钟瑶，喻忱，等. 基于行为序列分析对在线学习参与模式的探索. 中国电化教育，2017，(3)：88-95.

③ 阿尔伯特·班杜拉. 社会学习理论. 陈欣银，李伯黍，译. 北京：中国人民大学出版社，2015：18，168-169.

④ Festinger L. A theory of social comparison processes. Human Relations, 1954, (2): 117-140.

⑤ Gerber J P. Social comparison theory//Zeigler-Hill V, Shackelford T (Eds.), Encyclopedia of Personality and Individual Differences. Berlin: Springer, 2018: 1-8.

⑥ Delaval M, Michinov N, Le Bohec O, et al. How can students' academic performance in statistics be improved? Testing the influence of social and temporal-self comparison feedback in a web-based training environment. Interactive Learning Environments, 2015, (1): 35-47.

⑦ 郭淑斌，黄希庭. 社会比较的动力：动机与倾向性. 西南大学学报(社会科学版)，2010，(4)：14-18.

⑧ Kollöffel B, De Jong T. Can performance feedback during instruction boost knowledge acquisition? Contrasting criterion-based and social comparison feedback. Interactive Learning Environments, 2015, 24(7): 1428-1438.

⑨ Gerber J P, Wheeler L, Suls J. A social comparison theory meta-analysis 60+ years on. Psychological Bulletin, 2018, 144(2): 177-197.

学习者对学习成就的追求与社会比较密切相关。从社会比较的角度来看，学习者能够根据与同伴之间的差异进行自我判断和调节，激发自我提升的意识，从而缩小与同伴之间的成就差距。[①]因此，在教学过程中可以向学习者提供与同伴比较的简单反馈，来激发这种自我意识的产生。[②]在线学习环境下，通过提供有针对性的学习反馈（如学习报告单等）作为干预措施，引导学习者与同伴或学习群体进行比较，可以在一定程度上激发学习者的学习动机并改善学习行为。

2. 研究问题

学习行为分析旨在检验学习干预的适用性。本实验采用滞后序列分析法，对在线学习者的学习行为进行分析，通过迭代式层级递进的学习干预来逐步改善学习者的行为，并从社会比较的视角探究不同层次的在线学习者在干预前后的行为变化及其差异。基于此，本实验将重点解决三个问题：①学习干预对各类学习行为是否都有影响？②不同层次的在线学习者受学习干预的影响是否存在差异？③学习干预前后，在线学习者的层次是否发生改变？

3.4.2 研究方案设计

1. 课程案例和数据样本

本实验以某大学教育技术学专业本科生修读的“网络技术基础”课程为例展开研究，数据样本来源于 Moodle 平台记录的学习日志。学习日志记录了在线学习过程中的各类行为信息，包括资源浏览、在线讨论、测验或程序教学活动参与、作业和实验报告提交等。本实验采用两轮迭代干预方式，通过分析在线学习过程数据，定期为学习者提供个性化的学习报告。学习报告实现了社会比较的可视化，便于学习者查看在线投入时间、资源访问、互动讨论、线上测验等个人学习情况和班级的整体情况，由此发现自己与同伴之间的差距从而激发学习动机。第 1 轮干预面向全体学习者；第 2 轮干预主要是向行为改善程度较小的学习者推送针对性更强的学习报告单，并增加了学习问题诊断和学习建议两个模块，以进一步加强提示反馈和学习指导。

2. 数据收集和分析工具

滞后序列分析（lag sequential analysis，LSA）法是一种应用学习行为序列

---

① Delaval M, Michinov N, Le Bohec O, et al. How can students' academic performance in statistics be improved? Testing the influence of social and temporal-self comparison feedback in a web-based training environment. Interactive Learning Environments, 2017, 25(1): 35-47.

② Fritz J. Using analytics to nudge student responsibility for learning. New Directions for Higher Education, 2017, (179): 65-75.

进行分析的方法，近年来在教育研究领域得到了广泛应用，如研究者根据学习行为数据分析结果对学习效果进行评估预测①、探究学习者的行为特征②、比较学习者行为模式之间的差异③等。本研究以 27 名本科生为研究对象，运用交互序列分析软件 GSEQ 5.1，对从 Moodle 平台采集的 52 761 条学习日志进行滞后序列分析，来探索不同层次的在线学习者在干预前后学习行为的差异及其原因。

为确保数据的全面性和真实性，本实验筛掉了发生频次极少的偶发性学习行为，而聚焦于 14 种在线学习行为，在此基础上，参考在线学习行为的相关分类方法④⑤，将本实验中的在线学习行为分为操作行为、协作行为、问题解决行为等三类，并制定了在线学习行为编码表，如表 3-23 所示。为保证编码的客观有效，编码工作由两名具有一定专业基础的研究人员负责，并且本实验对两份编码记录进行了一致性检验。

表 3-23　在线学习行为编码表

行为分类	行为编码	行为名称
操作行为	QB	开始测验（quizzes begin）
	TB	浏览文档（text browse）
	SDD	下载软件（software download）
	HS	提交作业（homework submit）
	QS	提交答卷（quizzes submit）
	VW	观看视频（video watch）
	RP	读帖（read post）
	HC	查看作业（homework check）
协作行为	PA	发帖（post answer）
	PR	回帖（post reply）
问题解决行为	HE	编辑作业（homework edit）
	QC	检查答卷（quizzes check）
	QA	测试答题（quizzes answer）
	RC	查看测验报告（report check）

① Chiang T H C, Yang S J H, Hwang G J. Students' online interactive patterns in augmented reality-based inquiry activities. Computers & Education, 2014, 78(1): 97-108.

② Hwang G J, Chen C H. Influences of an inquiry-based ubiquitous gaming design on students' learning achievements, motivation, behavioral patterns, and tendency towards critical thinking and problem solving. British Journal of Educational Technology, 2017, 48(4): 950-971.

③ Lai C L, Hwang G J. A spreadsheet-based visualized mindtool for improving students' learning performance in identifying relationships between numerical variables. Interactive Learning Environments, 2015, 23(2): 230-249.

④ 彭文辉. 网络学习行为分析及建模. 武汉：华中师范大学，2012：77-83.

⑤ 李爽，钟瑶，喻忱，等. 基于行为序列分析对在线学习参与模式的探索. 中国电化教育，2017，(3)：88-95.

3.4.3 研究内容分析

1. 学习干预对三类在线学习行为的影响

本实验按照干预前、第 1 轮干预后和第 2 轮干预后的顺序，对在线学习行为进行滞后序列分析，绘制了干预前后学习者总的行为序列转换图，如图 3-30 所示。行为转换图中的节点表示学习者产生的各类学习行为，节点之间的连线则表示这两种行为间的转换具有统计学上的显著意义，连线上的箭头表示的是学习行为路径的转换方向，连线上的数字代表的是调整后的残差值（*z*-score 值），即表示行为的显著程度。当 *z*-score>1.96 时，表明该行为路径转换具有显著意义[①]。

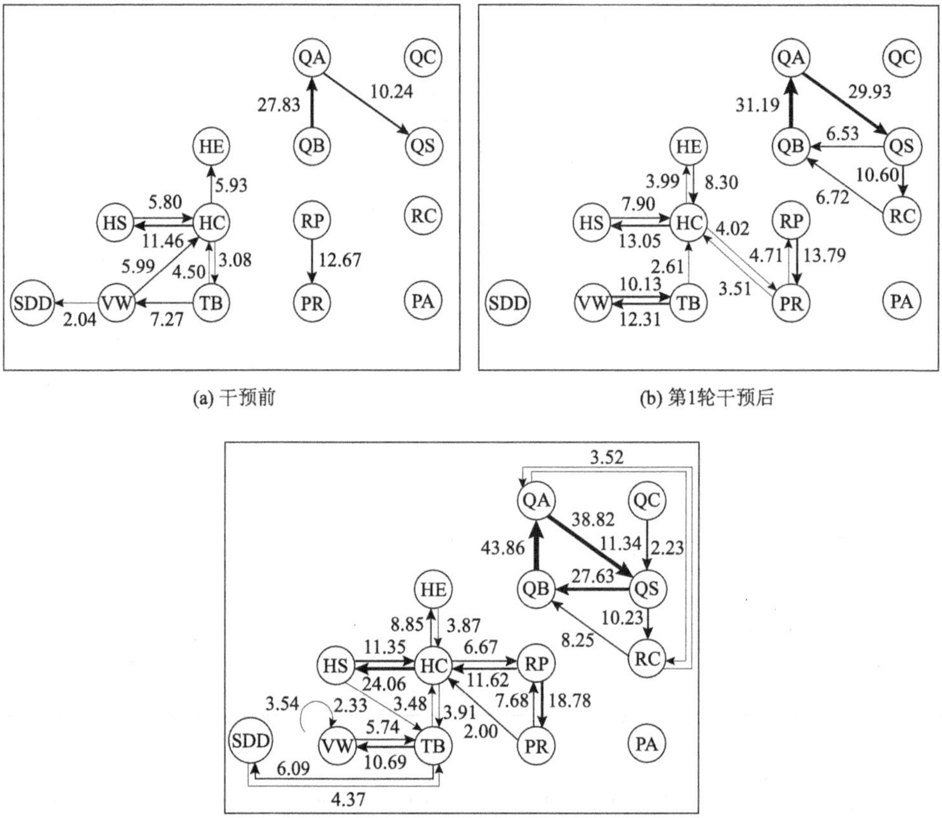

(a) 干预前　　(b) 第1轮干预后

(c) 第2轮干预后

图 3-30　干预前后总体学习者行为序列转换

注：箭头表示在线学习行为方向，线条的粗细表示学习行为频次的快慢显著程度。下同

① Roger B. Observing Interaction: An Introduction to Sequential Analysis. Cambridge: Cambridge University Press, 1997.

本实验将一种行为向另一种行为的转换视为一个行为序列，而两种行为的编码组合表示这两种行为形成的序列，编码的前后顺序代表行为转换方向。同时，本实验设定单次行为持续时长最大为 2 个小时，当同一行为持续超过 2 个小时，便将后续发生的相同行为视为第二次行为。图 3-30 表明，学习者在第 2 轮干预后产生的行为序列比干预前和第 1 轮干预后明显增多且更为复杂。

1）操作行为方面

资源模块的行为体现学习者对学习资源的选择与利用能力。图 3-30 显示，在第 1 轮干预后、第 2 轮干预后，学习者浏览文档、观看视频、下载软件和读帖的行为均有增加，说明学习干预促使学习者提高了资源的利用率。不过，在第 1 轮干预后、第 2 轮干预后，作业模块的行为变化相对不明显，说明学习干预对资源模块的影响要大于作业模块。

2）协作行为方面

干预前后学习者的行为序列变化不大。学习者发帖、回帖的讨论区属于个体之间进行协作交流的虚拟空间，体现了学习者对课程内容的认知与理解。图 3-30 显示，第 1 轮干预后、第 2 轮干预后均没有行为与 PA 产生联系，说明学习干预对与讨论区有关的学习行为影响并不显著，缺少促进学习者主动讨论或协作交流的干预措施。

3）问题解决行为方面

干预前后学习者的行为序列变化最为明显，主要体现为与 RC 相关的行为都有增加。学习者利用干预所提供的学习报告，可以追踪自己的学习进展和班级的整体学习情况，并通过比较同伴的测验成绩，促使自己更有效地利用测验模块调整学习行为，或在提交测验之后积极分析答题结果，或重新进行测验来巩固试题中的知识点。可以说，学习报告能促使学习者调整学习行为，从而更大地发挥学习干预对问题解决行为的影响。

2. 不同层次在线学习者的学习行为差异分析

实验开始之初，本实验选取学习者已修完的相关课程成绩作为依据。经分析发现，课程平均成绩基本呈正态分布。因此，本实验采用基于正态分布的高低分组方法（前 27%为高分组，后 27%为低分组），将在线学习者划分为高成就、中成就、低成就等三个层次，并对学习者的在线学习行为进行滞后序列分析，绘制出相应的学习行为序列转换图，如图 3-31 所示。

干预前在线学习者的学习行为序列整体处于单向的交互状态，但第 1 轮干预明显提升了高成就学习者和中成就学习者的在线学习活跃度。这两个层次在线学习者的行为分布具有相似性，但相对而言高成就学习者的协作行为更多。究其原因，高成就学习者遇到线上学习问题时，往往更倾向于选择与教师或同伴交流、讨论来寻求解决方法。然而，第 1 轮干预未引起低成就学习者的学习行为序列发生明显变化，说明第 1 轮干预提供的学习报告对高成就、中成就学习者的学习行为影响更大，它为学习者提供了自我反思、与同伴比较学习的机会，促使这两个层次的学习者调整学习策略，均产生了查看测验报告的行为来反思错题原因。

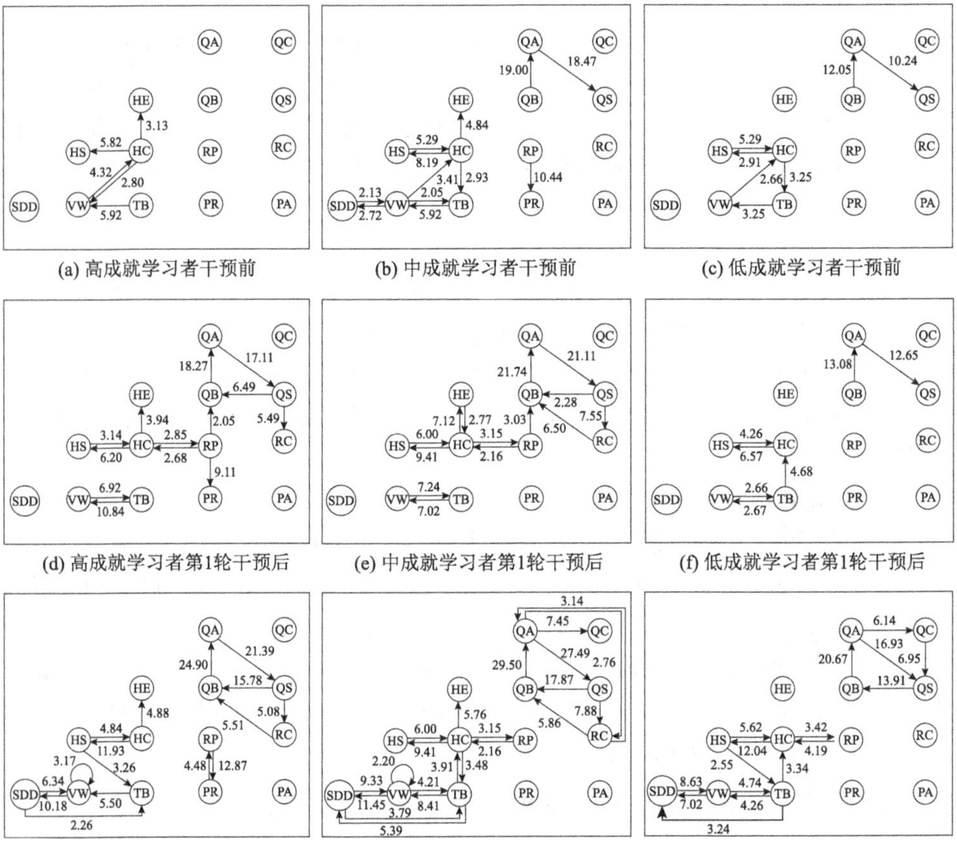

(a) 高成就学习者干预前　(b) 中成就学习者干预前　(c) 低成就学习者干预前

(d) 高成就学习者第1轮干预后　(e) 中成就学习者第1轮干预后　(f) 低成就学习者第1轮干预后

(g) 高成就学习者第2轮干预后　(h) 中成就学习者第2轮干预后　(i) 低成就学习者第2轮干预后

图 3-31　干预前后三个层次在线学习者的学习行为序列转换图

第 1 轮干预对三个层次在线学习者的行为序列产生了不同程度的影响，在此基础上实施第 2 轮干预，为学习者提供了学习问题诊断与学习建议的深度反馈信息。图 3-31 显示，第 2 轮干预后三个层次在线学习者的行为序列变化不一：相较而言，高成就学习者的协作行为最为显著，再次表明高成就学习者积极参与师生交流讨论；中成就学习者的行为序列在第 2 轮干预后变化最为明显，尤其是操作行为涉及资源（TB、SDD）和测验（QB、QS）的模块变化最大，并产生了其他层次在线学习者所没有的 QA↔RC 行为序列，其原因可能在于中成就学习者通过社会比较产生了更强烈的赶超他人的想法，期望通过反复分析测验报告以巩固知识；低成就学习者的显著行为序列虽有增多，但仍少于其他两个层次的在线学习者，表明学习干预对低成就学习者的行为序列影响相对较小。

3. 学习干预前后在线学习者层次改变及其原因分析

经分析发现，学习者的期末成绩也呈正态分布，故同样采用基于正态分布的高低分组方法，将在线学习者划分为高成就、中成就、低成就等三个层次，并将前后两次学习干预的结果进行对比，结果发现：两轮干预后，高成就学习者的期末成绩均分布在高分区，并未出现学习层次明显下降的现象。中成就学习者的学习层次出现了一定的波动，有少数学习者（占比 7.69%）的学习层次有所提升，但也有部分学习者（占比 23.08%）的学习层次下降。究其原因，可能是在干预过程中部分学习者产生了消极的社会比较学习，同时社会比较过程也受到自尊水平和人格特征等因素的影响[①]，从而产生了无效或低效的学习行为[②]。此外，有 42.86% 的低成就学习者的期末成绩提升至中分区，可见学习干预对低成就学习者的成绩提升作用最为明显。这是因为第 2 轮干预主要面向学习行为改善程度较小的低成就学习者，提供了针对性更强的个性化学习报告，干预程度更为深入；而且，相对于成绩优良的学习者，学习干预对成绩一般或较差的学习者成绩提升幅度更大。

以课程参与程度和行为交互程度作为观察维度，本实验根据显著行为序列的个数，确定了干预前后三个层次在线学习者的学习行为变化程度，如表 3-24 所示。其中，课程参与程度反映了干预后显著行为序列的变化情况，个数增多，代表课程参与积极性增加，反之为降低；行为交互程度表示学习者三类学习行为之间的交互作用程度。由表 3-24 可知，学习干预后，三个层次在线学习者的课程参与程度均显著提高，说明学习干预提高了在线学习者的课程参与积极性。行为交互程度方面，除第 2 轮干预后高成就学习者的程度为“中下”，其他在线学习者在干预前后的程度均为“低”，这说明高成就学习者能够在答题、提交作业等操作过程中参与在线讨论和交流分享，并在回顾测验答题情况时会复习相关知识、浏览相关学习资源，从而使三类学习行为之间产生了一定的关联和相互作用。

① 郭淑斌，黄希庭. 社会比较的动力：动机与倾向性. 西南大学学报(社会科学版)，2010，(4)：14-18.

② Gerber J P, Wheeler L, Suls J. A social comparison theory meta-analysis 60+ years on. Psychological Bulletin, 2018, (2): 177-197.

表 3-24　干预前后三个层次在线学习者的学习行为变化程度

干预阶段 观察维度	干预前			第 1 轮干预后			第 2 轮干预后		
	高成就学习者	中成就学习者	低成就学习者	高成就学习者	中成就学习者	低成就学习者	高成就学习者	中成就学习者	低成就学习者
课程参与程度	低	中	中下	中	中	中下	中上	高	中上
行为交互程度	低	低	低	低	低	低	中下	低	低

注：产生显著行为序列个数为 0～5 个表示程度低，6～10 个表示程度中下，11～15 个表示程度中，16～20 个表示程度中上，21～25 个表示程度高。

3.4.4　研究结论与建议

1. 研究结论

本节探究了学习干预对不同层次在线学习者学习行为的影响及其学习行为序列差异，主要结论如下。

（1）学习干预对三类学习行为均有影响，其中对问题解决行为的影响最大，对协作行为的影响最小。

（2）学习干预对不同层次在线学习者的影响不同，中成就学习者的行为序列受影响最为明显。

（3）学习干预导致部分学习者层次发生改变，其中低成就学习者的成绩提升幅度最大。值得注意的是，部分学习者在干预后学习层次有所下降，说明同样的学习干预有可能产生不恰当的社会比较，导致出现消极影响而生成无效或低效的学习行为。

2. 建议

基于上述结论，本书针对在线教学和学习干预的设计提出以下建议。

（1）加强学习干预对协作行为的引导。在后续教学中，教师应强化对学习者互动交流的引导，结合学习任务，设计更有吸引力的话题，促进深层次的行为交互和黏性更强的互动投入，激发并培养学习者的问题意识，引导学习者主动参与知识建构。

（2）优化学习资源的组织方式和学习路径设计。在两轮干预后，部分学习者的学习层次出现下降，经个别访谈发现部分原因在于没有有效利用课程学习资源。因此，后续教学应当注重学习资源组织和学习路径的设计，为在线学习者提供指向性更为明确的学习路径引导，减少无效学习行为的产生。

（3）确保干预措施的针对性和可操作性。中、低成就学习者成绩提升的主要原因是提供了针对性更强的个性化学习报告，其中精准的问题诊断和明确的学习建议显著提升了学习成效。因此，后续教学应结合不同层次在线学习者的学习特点来设计干预策略，提供符合在线学习者实际需要的个性化学习方案。

3.5 本章附录

附录 3-1　“网络技术基础”调查问卷

维度	题项	题号	有效问卷数	频率					均值
				非常赞同	赞同	基本赞同	不赞同	非常不赞同	
对学习干预的态度	我觉得本学期的提醒对我的学习是有意义且值得的	A1	44	19	22	2	1	0	4.34
	我觉得提醒与学习相关的行为是值得的	A2	44	21	23	0	0	0	4.48
	我觉得接受提醒里的学习建议是必要的	A3	44	18	23	3	0	0	4.34
	我觉得提醒更多有关学习过程的内容是重要的	A4	44	24	18	1	1	0	4.48
	我想了解更多自己的学习行为数据	A5	44	26	16	2	0	0	4.55
	我会主动关注自己的学习进度	A6	44	14	18	12	0	0	4.05
	我觉得学习提醒对每个人来说都是重要的	A7	44	14	22	8	0	0	4.14
学习的内在动机	在第一次学习提醒后，我比较想要收到下一次的学习阶段报告，因为这样我可以了解我新的学习状态	A8	44	20	15	8	1	0	4.23
	在收到学习提醒后，我比较能够根据提醒内容，查缺补漏，加快学习进度	A9	44	13	23	6	2	0	4.07
	我会接受学习提醒里推荐的学习资源，即使最后分数不高也无所谓	A10	44	10	19	12	3	0	3.82
学习的外在动机	在学习提醒后取得更好的成绩，对我来说是很满足的事情	A11	44	21	20	2	1	0	4.39
	如果可以，我希望能在学习提醒后得到全班最高的成绩	A12	44	13	19	12	0	0	4.02
	在同学、老师或其他人面前展现优秀能力，对我来说是很重要的	A13	44	11	20	11	2	0	3.91

续表

维度	题项	题号	有效问卷数	频率					均值
				非常赞同	赞同	基本赞同	不赞同	非常不赞同	
个人自我效能感	我自信能学好该课程所教的基本理论知识	A14	44	7	19	15	3	0	3.68
	我能理解该课程实验操作知识	A15	44	7	12	21	4	0	3.50
	我确信能熟练掌握该课程所教的方法技能	A16	44	4	13	22	5	0	3.36
	我现在相信我可以在该课程中取得优异的成绩	A17	44	3	15	23	3	0	3.41
	我预期能在此课程拿高分	A18	44	2	9	27	6	0	3.16
对学习干预的满意度	根据学习提醒的内容开展学习，我觉得比以前的学习更有方向	A19	44	7	28	7	2	0	3.91
	根据学习提醒的内容开展学习，我觉得它可以帮助我发现新的问题	A20	44	10	26	7	1	0	4.02
	我喜欢根据学习提醒的内容开展学习	A21	44	10	19	14	1	0	3.86
	我希望其他科目也可以提供类似的学习提醒	A22	44	15	24	3	2	0	4.18
	我希望以后还有机会收到类似的学习提醒	A23	44	15	22	5	2	0	4.14
	我会推荐这种学习提醒方式给其他的任课教师	A24	44	8	19	13	4	0	3.70
学习负荷	我花了很大的心思和精力，才能理解学习提醒的内容	A25	44	4	10	23	5	2	3.20
	看到学习提醒的内容令我感到非常受挫	A26	44	3	11	17	13	0	3.09
	我没有足够的时间来关注学习提醒的内容	A27	44	4	12	13	15	0	3.11
对学习干预有用性的认知	我觉得使用这样的学习提醒方式对于我调整学习进度很有帮助	A28	44	11	24	9	0	0	4.05
	这样的学习提醒方式所提供的监督机制让我的学习更加积极	A29	44	12	21	10	1	0	4.00
	这样的学习提醒方式可以帮助我避免学习风险（未按要求完成学习任务影响平时成绩，甚至导致期末考试不及格）	A30	44	15	24	5	0	0	4.23
	本学期中，使用这样的学习提醒方式比教师口头式、无针对性的学习提醒更有效果	A31	44	12	19	11	1	1	3.91
	这样的学习提醒方式可以让我学得更好	A32	44	13	25	5	1	0	4.14

附录 3-2　"现代教育技术"调查问卷

维度	题项	题号	有效问卷数	频率					均值
				非常赞同	赞同	基本赞同	不赞同	非常不赞同	
对学习干预的态度	我觉得本学期的提醒对我的学习是有意义且值得的	A1	38	22	12	4	0	0	4.47
	我觉得提醒与学习相关的行为是值得的	A2	38	23	14	1	0	0	4.58
	我觉得接受提醒里的学习建议是必要的	A3	38	20	16	2	0	0	4.47
	我觉得提醒更多有关学习过程的内容是重要的	A4	38	23	14	1	0	0	4.58
	我想了解更多自己的学习行为数据	A5	38	24	11	3	0	0	4.55
	我会主动关注自己的学习进度	A6	38	14	10	12	2	0	3.95
	我觉得学习提醒对每个人来说都是重要的	A7	38	11	21	6	0	0	4.13
学习的内在动机	在第一次学习提醒后，我比较想要收到下一次的学习阶段报告，因为这样我可以了解我新的学习状态	A8	38	16	14	8	0	0	4.21
	在收到学习提醒后，我比较能够根据提醒内容，查缺补漏，加快学习进度	A9	38	18	13	6	1	0	4.26
	我会接受学习提醒里推荐的学习资源，即使最后分数不高也无所谓	A10	38	5	17	12	3	1	3.58
学习的外在动机	在学习提醒后取得更好的成绩，对我来说是很满足的事情	A11	38	21	12	5	0	0	4.42
	如果可以，我希望能在学习提醒后得到全班最高的成绩	A12	38	8	16	13	1	0	3.82
	在同学、老师或其他人面前展现优秀能力，对我来说是很重要的	A13	38	9	18	8	3	0	3.87
个人自我效能感	我自信能学好该课程所教的基本理论知识	A14	38	7	19	11	1	0	3.84
	我能理解该课程实验操作知识	A15	38	13	14	9	2	0	4.00
	我确信能熟练掌握该课程所教的方法技能	A16	38	2	22	13	1	0	3.66
	我现在相信我可以在该课程中取得优异的成绩	A17	38	3	20	13	2	0	3.63
	我预期能在此课程拿高分	A18	38	3	20	13	2	0	3.63

续表

维度	题项	题号	有效问卷数	频率					均值
				非常赞同	赞同	基本赞同	不赞同	非常不赞同	
对学习干预的满意度	根据学习提醒的内容开展学习，我觉得比以前的学习更有方向	A19	38	18	17	3	0	0	4.39
	根据学习提醒的内容开展学习，我觉得它可以帮助我发现新的问题	A20	38	11	20	6	1	0	4.08
	我喜欢根据学习提醒的内容开展学习	A21	38	8	16	13	1	0	3.82
	我希望其他科目也可以提供类似的学习提醒	A22	38	15	18	5	0	0	4.26
	我希望以后还有机会可以收到类似的学习提醒	A23	38	15	20	3	0	0	4.32
	我会推荐这种学习提醒方式给其他的任课教师	A24	38	7	16	15	0	0	3.79
学习负荷	我花了很大的心思和精力，才能理解学习提醒的内容	A25	38	3	3	13	18	1	2.71
	看到学习提醒的内容令我感到非常受挫	A26	38	0	6	13	13	6	2.50
	我没有足够的时间来关注学习提醒的内容	A27	38	1	0	12	21	4	2.29
对学习干预有用性的认知	我觉得使用这样的学习提醒方式对于我调整学习进度很有帮助	A28	38	12	18	8	0	0	4.11
	这样的学习提醒方式所提供的监督机制让我的学习更加积极	A29	38	10	17	9	2	0	3.92
	这样的学习提醒方式可以帮助我避免学习风险（未按要求完成学习任务影响平时成绩，甚至导致期末考试不及格）	A30	38	23	12	3	0	0	4.53
	本学期中，使用这样的学习提醒方式比教师口头式、无针对性的学习提醒更有效果	A31	38	16	14	7	1	0	4.18
	这样的学习提醒方式可以让我学得更好	A32	38	12	19	6	1	0	4.11

附录 3-3　关于学习干预态度的访问提纲

同学，你好！你在本学期的学习过程中收到过任课教师的学习提醒。为了解你对学习提醒的看法，在此，请你回答以下几个问题。

问题 1：你感觉目前这种学习提醒的方式怎么样？为什么？

问题 2：你适应目前这种学习提醒的方式吗？是否希望在以后的课堂上继续

实施这种学习提醒？

问题 3：你觉得通过这种学习提醒能督促你的学习吗？

问题 4：你对目前的这种学习提醒有何改进的意见或建议？

附录 3-4　“网络技术基础”学生成绩汇总表

组别	学生	在线学习时间投入/分钟	平时成绩/分	实验报告/分	综合考核/分	期末成绩/分	总评/分
未干预组	S30	3631	90	92	96	92	92
	S6	3366	95	92	92	84	90
	S18	3798	90	94	96	87	92
	S23	2100	75	88	85	83	83
	S35	3426	95	95	87	87	91
	S17	5867	100	96	92	89	94
	S22	2371	75	92	90	86	86
群体干预组	S26	4043	90	95	87	92	92
	S28	2882	85	93	76	84	85
	S33	4153	90	91	85	89	89
	S39	4354	100	97	95	89	95
	S42	3228	90	94	85	85	89
	S46	3443	90	94	85	87	89
	S5	3279	85	93	81	80	85
	S8	4676	100	87	71	58	78
	S12	3583	85	93	96	68	85
	S24	2368	75	91	86	75	82
	S27	4489	100	93	82	71	86
	S31	4971	95	91	96	85	91
	S37	5085	95	96	87	88	91
	S40	2504	80	92	75	78	82
	S43	2818	90	91	84	75	84
	S48	3146	85	92	85	84	87
	S7	3303	90	91	81	71	83
	S9	3486	90	93	76	79	85
	S19	2215	80	91	74	68	79
	S25	2578	85	91	87	69	82

续表

组别	学生	在线学习时间投入/分钟	平时成绩/分	实验报告/分	综合考核/分	期末成绩/分	总评/分
小组干预组	S34	2574	80	96	95	67	84
	S41	2335	75	92	87	68	80
	S47	1868	75	94	96	88	89
	S51	3564	90	91	90	72	85
	S3	3992	95	92	80	67	83
	S10	2939	80	91	95	72	84
	S13	2916	85	93	90	78	86
	S16	2582	80	92	87	80	85
	S21	2630	80	93	86	78	85
	S32	3937	90	91	97	78	88
	S44	2142	75	78	81	65	74
	S50	2996	90	94	87	91	91
	S2	2778	80	93	92	69	83
	S4	3143	85	96	91	74	86
	S11	3137	85	93	98	90	92
	S14	2402	85	85	91	87	87
	S20	2360	90	92	84	76	85
个别干预组	S29	3043	85	85	80	76	81
	S38	3648	95	88	70	57	77
	S49	2178	75	92	90	87	87
	S15	1852	70	78	80	72	75
	S36	1705	70	48	30	46	48
	S45	2155	80	91	90	81	86
	S1	2373	75	90	72	69	77

附录 3-5 “现代教育技术”学生成绩汇总表

组别	学生	在线学习时间投入/分钟	平时成绩/分	实验成绩/分	课件成绩/分	微视频成绩/分	期末成绩/分	总评/分
未干预组	S2	229	99	95	60	88	97	90
	S3	326	78	100	67	91	98	89
	S4	899	100	100	87	87	99	96
	S24	742	100	100	93	89	97	96
	S8	508	100	80	97	95	97	94
	S22	448	97	100	90	85	98	95
	S23	152	100	100	95	93	94	96

续表

组别	学生	在线学习时间投入/分钟	平时成绩/分	实验成绩/分	课件成绩/分	微视频成绩/分	期末成绩/分	总评/分
群体干预组	S7	357	99	70	80	89	97	88
	S12	728	100	100	90	90	99	97
	S16	443	100	100	93	86	100	97
	S17	281	92	100	95	92	98	96
	S25	344	100	85	90	76	98	91
小组干预组	S1	726	100	100	90	89	96	96
	S5	305	100	90	93	91	95	94
	S11	630	100	90	90	94	98	95
	S14	579	100	100	80	87	96	94
	S18	493	100	100	87	92	96	96
	S20	435	100	90	90	85	98	94
	S26	378	100	100	97	85	97	96
	S27	191	100	100	93	90	97	97
	S28	371	100	100	90	89	98	96
	S29	160	100	100	90	88	99	96
	S30	268	100	100	90	89	96	96
	S31	425	100	95	93	88	99	96
	S32	204	100	100	87	85	97	95
	S33	436	100	100	73	90	99	94
	S34	281	93	90	73	89	94	89
	S35	401	89	80	67	88	97	86
	S36	430	100	100	80	87	98	94
	S37	233	78	100	80	87	88	87
	S38	235	100	95	90	84	99	95
	S39	270	99	100	83	88	98	95
	S40	140	100	100	77	87	89	91
	S41	201	100	80	87	94	96	92
	S42	440	100	100	95	92	99	98
	S43	414	100	100	83	93	99	96
	S44	231	60	100	78	88	94	85
	S45	327	78	75	73	89	75	77
个别干预组	S6	370	100	80	90	87	97	92
	S9	239	90	85	90	87	81	86
	S10	179	26	100	60	87	87	73
	S13	578	100	80	80	86	94	89
	S15	220	100	100	83	89	97	95
	S19	265	100	100	90	86	99	96
	S21	354	100	100	93	90	97	97

第4章

混合学习环境下的适应性学习干预

4.1　混合学习与适应性干预

随着互联网在教育领域的广泛应用，混合学习（blended learning）正在成为一种常态的学习方式，在这种学习方式下产生的学生学习行为数据已逐渐成为国内外教育工作者日益关注的内容，学习分析技术因此而兴起。通过学习分析技术对学生进行适当干预，能够及时为学生提供个性化的指导。以信息技术支持的精准教学模式为基础，并将RTI作为实施精准学习干预的重要方法开展适应性学习干预，针对不同的学生选择不同的干预策略或措施，从而为学生提供个性化和适应性的学习支持与服务。

4.1.1　混合学习与学习分析

1. 混合学习环境的广泛应用

在信息技术广泛运用于教学的浪潮下，以学生为主体、教师为主导，注重学生参与的网络学习理念已得到广泛认可，并引起了教学模式和学习方式的变革。然而单纯的网络学习可能带来学生的孤独感及动力匮乏等问题，且不完全有利于学生知识体系的构建与掌握。混合学习便是在这种背景下被提出的。混合学习综合了传统课堂学习和网络学习的优势，即教师引导、启发、监控教学过程的主导作用得到了发挥，学生作为学习主体的主动性、积极性与创造性也得到了充分的体现。[①]《地平线报告》2016高等教育版在考察新兴技术对高等教育教与学及创

① 何克抗. 从Blending Learning看教育技术理论的新发展. 国家教育行政学院学报，2005，(9)：37-48，79.

造性所产生的潜在影响中提到的“加速高等教育技术采用的关键趋势”中，混合学习排在前列。[①②③]部分高校正在加大投入混合学习环境的建设与创新，且混合学习较好地融合了多媒体技术以及网络技术，教师可以灵活地为学生提供学习资源，也可以在课程中全程跟踪学生的参与情况。学习分析、适应性学习以及前沿的异步和同步工具组合的发展，将不断推进混合学习的进程并保持其吸引力[④]，促使混合学习发展成为一种常态的学习方式。

2. 学习分析技术的兴起

随着混合学习的开展，在网络学习与课堂学习的有效融合下，越来越多的教育工作者开始关注学生的学习过程及其行为。在网络学习和课堂学习中，都会有大批量的学生学习行为数据产生，并逐渐累积形成教育大数据。如何获取、处理、分析以及利用这些教育大数据，从而了解学生的各种学习行为，为优化教学与学习服务，已逐渐成为国内外教育工作者日益关注的问题。学习分析技术因此而兴起。学习分析技术旨在通过信息化技术手段，对积累的教育类大数据进行收集、筛选、处理，然后对数据进行统计分析、可视化呈现。通过实时监测并提供反馈学生学习状态的报告，评估学生的学习情况，预测未来的表现，并发现潜在的问题[⑤]，及时对学生进行学习干预，提供个性化的学习服务，解决学生在学习过程中遇到的各种问题，最大限度地改善其学习表现和提高其学业成就。将学习分析技术应用于学生学习行为数据的收集、整理、分析，以数据作为驱动，改进教师的教学同时优化学生的学习已成为当前教育迫切的需要。

3. 学习干预的新浪潮

学习分析技术将学习环境中存储的大量数据进行提取、分析并反馈给学生和教师，促进和改善教与学。学习分析不仅需要判断学生的学习是否处于危险之中，更重要的是通过对学习产生的数据进行分析，依据分析的结果对学生进行适当干预，为学生提供个性化指导；特别是对有学习风险的学生进行及时干预，使其顺

---

① Johnson L, Adams Becker S, Estrada V, Freeman A. NMC Horizon Report: 2015 Higher Education Edition. Austin: The New Media Consortium, 2015.

② Johnson L, Adams Becker S, Cummins M, et al. NMC Horizon Report: 2016 Higher Education Edition. Austin: The New Media Consortium, 2016.

③ Adams Becker S, Cummins M, Davis A, et al. NMC Horizon Report: 2017 Higher Education Edition. Austin: The New Media Consortium, 2017.

④ 金慧，刘迪，高玲慧，等. 新媒体联盟《地平线报告》(2016 高等教育版)解读与启示. 远程教育杂志，2016，(2)：3-10.

⑤ Johnson L, Adams Becker S, Cummins M. NMC Horizon Report: 2012 Higher Education Edition. Austin: The New Media Consortium, 2012.

利达到教学目标。[①]学习干预的最终目标是帮助学生解决学习上的各种问题，并且可以有针对性地、适配性地提供各种学习资源等学习支持，尽可能地降低其学业风险。同时，学习干预对学习者保持学习状态具有非常重要的作用，是学习分析技术改善提升学习成效的最直接环节。[②]因此，在精准教学的诉求下，学习干预作为改善学生学习的一种手段掀起了一股新的浪潮。那么，在当前信息技术支持下的混合学习环境中，如何借助学习分析技术手段，进行适时适当的干预，构建适应性混合学习干预模型来提高学习者的学习效果呢？

4.1.2 精准教学与学习干预

学习分析的研究虽然取得了一定的进展，但是还面临着一些局限和挑战。比如学习分析数据采集不够完整、分析深度不够并且缺乏相应的预测和干预机制。同时，一些学习干预的研究侧重于干预模型的构建，对干预模型的实证效果研究较少，并且在实例的诊断数据分析及具体的干预措施上也少有成熟的研究，而学习干预也是学习分析的主要目标，结合分析技术对学习者进行适时适当的干预是当前一个重要的议题。

不管是国外研究还是国内研究，现有的学习干预较多的是基于传统课堂或远程学习环境下的干预。网络学习与课堂学习结合的混合学习正成为当前乃至未来的重要趋势。针对混合学习环境，混合学习关注学生网络学习行为的同时，也记录学生在课堂中学习的行为，具有重要的研究意义。基于传统课堂或远程学习的干预应该逐步融合到混合学习环境中来。

RTI 作为一个用于鉴定学习困难和改善学业成绩的框架，强调教师依据学生的不同学习需求进行有效的教学介入，使学生能在最少限制的环境中接受适当的教学干预，提高学生的学习效果，对多次干预无效的学生才会进入特殊教育服务。Johnson 等指出，RTI 在一定程度上起源于诊断式教学，尤其是林斯利（Lindsley）的精准教学研究，且两者均被认为是改善学生成绩的有效方法。[③]以往的 RTI 研究大多由特殊教育领域的学者以鉴别学习障碍学生并提高其学业成就为目的而设计和实施，而精准教学的成功案例大多数也用于矫正学业不良儿童或特殊儿童的学习行为，尤其是在阅读、写作、算术等基本技能方面起到了显著的提升作用。Johnson 进一步提出，精准教学和 RTI 是“理想搭配”，前者的实践策略为 RTI 未涉及的“如何做”提供了有益参考。在特殊教育和普通教育逐步融合的时代背

---

① 李逢庆，钱万正. 学习分析：大学教学信息化研究与实践的新领域. 现代教育技术，2012，(7)：5-10.

② 张超. 教师远程培训的学习干预. 上海：华东师范大学，2010.

③ Johnson K R, Street E M. Response to Intervention and Precision Teaching: Creating Synergy in the Classroom. New York: Guilford Press, 2013.

景下，RTI 模式的服务对象应更加广泛，涉及学校中的每个学生。结合学习分析技术，针对当前混合学习环境下的学习者行为，充分运用信息技术，赋予 RTI 模型新的内涵，有助于拓展其应用的广泛性和适用性。

随着大数据技术和智慧教育的兴起，国内学者逐步关注智慧教学环境下的精准教学和学习干预问题，并结合学习分析技术和数据驱动理念研究了学习干预的内涵、流程、策略和模型等问题。其中，祝智庭等设计了信息技术支持的精准教学模式，强调基于数据驱动的决策方式，并将 RTI 作为实施精准学习干预的重要方法[①]；唐丽等提出了智慧学习环境下基于学习分析的干预方式和干预流程，从多个角度讨论了实现个性化的干预措施[②]；李彤彤等则基于教育大数据和学习分析技术，构建了以干预引擎为核心的“状态识别—策略匹配—干预实施—成效分析”四环节循环结构干预模型，并设计了具体的干预策略、干预时机和干预方式。[③]

4.1.3　适应性学习与适应性学习干预

1. 适应性学习

适应性学习又称为自适应学习（adaptive learning），是指根据学习者的特点（如学习行为、学习偏好、学习风格和已有知识）提供适合的、多样化的学习材料和学习路径。[④]适应性学习是一种着眼于个体差异的学习，是让学习环境、学习内容、学习活动来适应每个人不同特点的高度个性化的学习活动。在高等教育领域，许多研究者将适应性学习作为提高学习者学业成绩的方法之一，Hsieh 等和 Seters 等探讨了不同层面的适应水平，如适应性内容呈现和适应性学习路径，以此来解决学习者在学习偏好、认知风格、先验知识、学习者概况等方面的差异性。[⑤⑥]

典型的适应性学习系统有两大类型：适应性学习资源推荐系统和适应性学习路径推荐系统。前者可以根据特定的算法为学习者提供个性化的学习材料[⑦]，甚

① 祝智庭，彭红超. 信息技术支持的高效知识教学：激发精准教学的活力. 中国电化教育，2016，(1)：18-25.

② 唐丽，王运武，陈琳. 智慧学习环境下基于学习分析的干预机制研究. 电化教育研究，2016，(2)：62-64.

③ 李彤彤，黄洛颖，邹蕊，等. 基于教育大数据的学习干预模型构建. 中国电化教育，2016，(6)：16-20.

④ 张家华，张剑平. 适应性学习支持系统：现状、问题与趋势. 现代教育技术，2009，19(2)：18-20.

⑤ Hsieh T C, Wang T I, Su C Y, et al. A fuzzy logic-based personalized learning system for supporting adaptive English learning. Journal of Educational Technology & Society, 2012, 15(1): 273-288.

⑥ Seters J R V, Ossevoort M A, Tramper J, et al. The influence of student characteristics on the use of adaptive e-learning material. Computers & Education, 2012, 58(3): 942-952.

⑦ Huang S L, Shiu J H. A user-centric adaptive learning system for e-learning 2.0. Journal of Educational Technology & Society, 2012, 15(3): 214-225.

至还可以提供定制的教学策略①；后者则能够为学习者定制学习路径②，例如使用序列工具改变学习内容的顺序，以适应不同学习者的节奏或偏好，或者通过分析学习者参与的测验、练习的尝试次数和花费的时间，以激活系统的适应性导航机制，从而生成相应的学习内容。Liu 等的研究发现，具有不同特征的学习者在与适应性学习环境互动时表现出特定的行为模式。③适应性学习系统的设计除了要考虑学习者的认知能力外，也要考虑动机之类的情感因素。适应性学习系统中各个组成部分之间如果缺乏一致性，则会影响学习者访问系统的方式，更重要的是会影响他们的表现。④

2. 适应性学习干预

富有针对性和及时的学习干预可以确保学习活动的持久性和质量。然而，现有的干预机制通常是由教师人工制定的离线干预，存在指向性不强、反馈不及时、覆盖范围有限和工作效率偏低的问题。适应性学习干预则是指在进行学习干预时，能够针对不同的学生选择不同的干预策略或措施，为学习者提供个性化的学习报告以及学习资源等，并为不同的学生提供适合其需要的学习建议和指导。

适应性学习干预对实现个性化学习的作用是显而易见的，但由于当前适应性学习的发展尚处于萌芽阶段，且大多局限于高等教育领域，因此这一方面的基于实证的研究还较少。王竹立提出基于学习行为特征构建在线干预模型，采用决策算法对策略进行分类，并针对不同类型的在线学习者制定相应的干预策略形成自适应的学习干预策略库。在学习过程中，系统能够根据学习者的表现自动生成和执行相应的干预措施，从而在一定程度上克服在线课程生师比过高、教师指导精力不足的问题。⑤Liu 等和 Alwadei 等通过教学实践探讨了适应性学习干预措施对大学生学习的影响，结果表明：适应性学习干预有助于学生填补特定科学知识的空白或显著提升某些课程的学习成绩，但适应性学习干预的成功取决于其合理的

① Hurley T, Weibelzahl S. Using MotSaRT to support on-line teachers in student motivation//European Conference on Technology Enhanced Learning. Berlin: Springer, 2007: 101-111.

② Yang T C, Hwang G J, Yang S J H. Development of an adaptive learning system with multiple perspectives based on students' learning styles and cognitive styles. Journal of Educational Technology and Society, 2013, 16(4): 185-200.

③ Liu M, Mckelroy E, Corliss S B, et al. Investigating the effect of an adaptive learning intervention on students' learning. Educational Technology Research and Development, 2017, 65(6): 1605-1625.

④ Liu M, Kang J, Zou W, et al. Using data to understand how to better design adaptive learning. Technology Knowledge & Learning, 2017, 22(3): 271-298.

⑤ Wang Z L, Wang L, Wang J. Studies on the construction of online learning adaptive intervention strategy library//Proceedings of the 2019 4th International Conference on Distance Education and Learning, New York: ACM, 2019: 20-24.

教学设计。[①②]适应性学习系统在被设计时应考虑内容专家和机构的支持，此外教学设计的重要性也不能被忽略。

自 20 世纪 60 年代以来，学习干预作为一种介入手段，主要面向特殊教育领域的少数学习障碍者。然而，传统学习环境中存在数据采集困难、干预手段有限以及干预过程复杂等多方面的限制，导致学习干预的研究虽然重要，但所受关注不足，相关理论和应用成果的影响有限。随着在线学习和混合学习的广泛应用，许多研究者开始借助大数据技术和智能化平台来收集学习数据、分析学习过程和实施精准教学，并尝试设计个性化和适应性的学习干预来提供学习支持，从而促使学习干预的研究和应用由特殊教育领域逐步拓展到普通教育领域。

4.2 混合学习的适应性干预模型构建

为了构建混合学习环境下的适应性干预模型，制定适应性的干预策略，需要了解混合学习环境下学习者的行为特征和主要问题。在此基础上，以传统的 RTI 学习干预模型作为理论指导，以学习分析作为切入点，构建混合学习适应性干预模型。该模型包括数据采集与筛选、数据挖掘与分析、确定干预对象、实施干预过程、评价干预效果五大基本要素。

4.2.1 学习者信息收集

学习者信息包括静态学习信息和动态学习信息。所谓的静态学习信息就是学学者具备的如学习动机、学习态度、前期知识掌握水平等在未进行某学习活动之前就已经具有的相关特征；动态学习信息则是学习活动中随着学习者的学习变化而变化的学习信息，包括学习行为信息、学习诊断信息和学习情感信息[③]。为了获取多方面的学习者信息，本实验综合使用了多种数据收集测量工具。

1. 调查问卷

本实验结合混合学习环境下学生行为情况，针对已有研究者设计的典型问卷

---

① Liu M, Mckelroy E, Corliss S, et al. Investigating the effect of an adaptive learning intervention on students' learning. Educational Technology Research and Development, 2017, 65(6): 1605-1625.

② Alwadei A H, Tekian A, Brown B, et al. Effectiveness of an adaptive eLearning intervention on dental students' learning in comparison to traditional instruction. Journal of Dental Education, 2020, 84(11): 1294-1302.

③ 刘洪梅. 学习分析支持下的学习信息收集方法与策略研究. 长春：东北师范大学，2013.

进行修改[①②③④⑤]，并经任课教师和专家的指导，最后确定问卷共计 30 题，问卷的维度包括：学习态度、学习动机、自我效能感、线上自主学习能力、课堂行为表现。问卷所有问题均采用利克特（Likert）五点量表法，题目分别设置为非常同意、同意、不确定、不同意、非常不同意五个选项，同时设定非常同意=5、同意=4、不确定=3、不同意=2、非常不同意=1。为了确保问卷的合理有效，在正式发放问卷调查之前，对初始问卷进行了小规模试测。对实验对象之外的混合学习者群体发放了问卷，并对收到的 52 份有效问卷利用 SPSS 19.0 进行信效度分析。经过 KMO 系数和 Bartlett 球形检验后，结果如表 4-1 所示。Bartlett 球形检验的近似卡方为 1306.375（df=435），p<0.001，说明变量间具有显著相关性；KMO 系数为 0.707。KMO 系数在 0.7～0.8，表明该问卷可以做探索性因素分析。[⑥]

表 4-1　KMO 系数和 Bartlett 球形检验的结果（N=52）

项目		结果
KMO系数		0.707
Bartlett 球形检验	近似卡方	1306.375
	df	435
	p	0.000

同样，对该问卷再进行信度的检验。信度检验的常用方法是使用 Cronbach 所创的 α 系数（又称为克龙巴赫 α 系数）。使用 SPSS 19.0 分析的信度结果如表 4-2 所示。预测问卷进行信度分析得到的克龙巴赫 α 系数为 0.941，大于 0.7，说明该问卷的信度较高，问卷较可靠，有较高的使用价值。

① Hwang G J, Yang L H, Wang S Y. A concept map-embedded educational computer game for improving students' learning performance in natural science courses. Computers & Education, 2013, 69: 121-130.

② Wang L C, Chen M P. The effects of game strategy and preference-matching on flow experience and programming performance in game-based learning. Innovations in Education and Teaching International, 2010, 47(1): 39-52.

③ Wang S L, Hwang G J. The role of collective efficacy, cognitive quality, and task cohesion in Computer-Supported Collaborative Learning (CSCL). Computers & Education, 2012, 58(2): 679-687.

④ Barnard L, Lan W Y, To Y M, et al. Measuring self-regulation in online and blended learning environments. The Internet and Higher Education, 2009, 12(1): 1-6.

⑤ 罗晓燕，陈洁瑜. 以学生学习为中心的高等教育质量评估：美国 NSSE“全国学生学习投入调查”解析. 比较教育研究，2007，(10)：50-54.

⑥ Park N, Peterson C. Character strengths and happiness among young children: Content analysis of parental descriptions. Journal of Happiness Studies, 2006, 7(3): 323-341.

表 4-2 学习者问卷内部一致性信度分析

项目	学习动机	学习态度	自我效能感	线上自主学习能力	课堂行为表现	总体
克龙巴赫α系数	0.832	0.831	0.825	0.849	0.829	0.941

综合预测问卷的信效度分析，可知该问卷量表具有较高的信效度，可以进行问卷的正式实施。

2. 线上数据采集工具

本实验使用的线上学习平台为Moodle。通过利用Moodle自带的报表日志获取用户行为数据①；综合使用多个Moodle第三方插件，统计分析学习活动和交互情况，包括学情可视化插件Gismo、学习时间统计插件Course Dedication、交互可视化插件Forum Graph、学习活动统计插件Activity Result等。这些插件从不同的角度跟踪和收集学生在平台的学习行为，在一定程度上实现了学习数据的可视化，较为直观地反映出学生线上学习的状态。

3. 学生课堂学习行为观察分析工具

课堂观察是指根据研究需要，借助相关的辅助类工具，如课堂观察表、摄像录音设备等，通过直接或者间接的方式在课堂情境中收集学生学习行为数据资料，并根据这些数据资料进行相关研究的一种教育科学研究方法。②在课堂学习的过程中进行录像，课后对录制的视频进行采样分析，能够获取比较详细和全面的学生行为数据。课堂视频分析数据能够让我们进一步对教学过程中影响学生学业的“近因”进行深度细微的分析。③因此，本实验利用教室安装的无线高清360度全景智能摄像头对学生的课堂行为进行录制，教室前后分别安装一个摄像头从不同角度拍摄；同时，将弗兰德斯互动分析系统（Flanders interaction analysis system，FIAS）作为课堂视频中学生行为分析的工具，如图4-1所示。

4.2.2 学情分析

根据研究需要，选取了某师范大学教育技术学专业的两个班共49名学生作为分析对象。通过问卷形式、Moodle平台数据分析、课堂视频分析等多种方法分析学生混合学习环境下的学习行为现状。

---

① 程林钢. 基于Web日志的数据挖掘研究. 电脑编程技巧与维护，2014，15(10)：40-41.

② 陈瑶. 课堂观察指导. 北京：教育科学出版社，2002.

③ 郑太年，仝玉婷. 课堂视频分析：理论进路、方法与应用. 华东师范大学学报(教育科学版)，2017，35(3)：126-133，172-173.

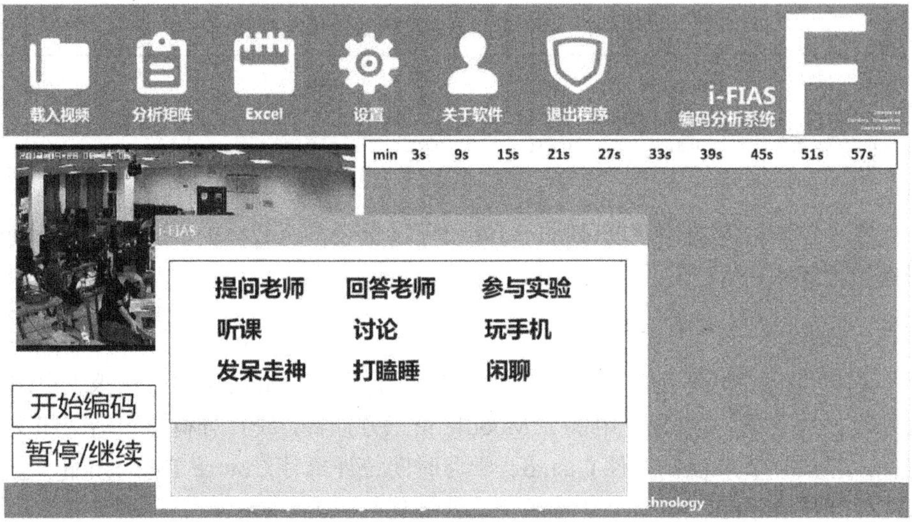

图 4-1 弗兰德斯互动分析系统截图

两个班级共发放 49 份问卷，回收 49 份问卷，有效问卷共 49 份。问卷分析结果如表 4-3 所示，学习动机、学习态度的均值分别为 3.70、3.81，说明学生的学习动机以及学习态度接近良好水平；线上自主学习能力、课堂行为表现的均值均为 3.59，处于中等水平；此外，学生的自我效能感的均值较低，为 3.29，说明学习者的学习信念还不够强烈。在当前学习环境下，学习者在课程学习上可能会表现出沮丧感，学习期待不够高；同时，自我效能感、线上自主学习能力以及课堂行为表现的标准差数值较高，说明学习者的表现存在巨大差异。

表 4-3 各个维度描述性统计分析

项目	数量/份	最小值	最大值	均值	标准差
学习动机	49	2.83	4.50	3.70	0.32
学习态度	49	2.83	4.67	3.81	0.36
自我效能感	49	1.00	4.67	3.29	0.56
线上自主学习能力	49	1.83	4.67	3.59	0.50
课堂行为表现	49	1.67	4.33	3.59	0.45

分析两个班级学生在 Moodle 平台上一个月的学习情况。其中，Moodle 平台有学习资源（课件、微视频、讲义、软件、素材以及案例等）、话题讨论区、自测题以及作业提交区。分析的结果如表 4-4 所示。

表 4-4　两个班级在一个月内的线上学习情况

项目	最大值	最小值	均值	大于均值的人数/人	小于均值的人数/人
登录次数/次	48	1	21.4	13	36
资源访问次数/次	91	2	35.3	15	34
话题浏览次数/次	70	0	27.4	18	31
话题发表或回复次数/次	8	0	1.4	16	33
时间投入/分钟	479	1	257.1	20	29

如表 4-4 所示，整体上，线上的学习情况活跃度不高。从课程学习一个月的情况来看，大部分学生线上自主学习活跃度较低，部分学生登录次数不超十次，甚至才登录过一次；有学生的线上学习投入时间仅一分钟；大部分学生的话题讨论参与积极性较低，部分学生甚至不参与话题讨论；从资源访问次数可看出，大部分学生没有很好地利用学习资源进行预习和复习。通过分析自测题得出的结果是，自觉完成三个自测题的人数分别只有 14 人、20 人和 5 人，完成率总体较低；分析两次实验报告发现，部分学习者习惯迟交实验报告作业甚至不交作业，还有部分学习者两次实验报告成绩与同班同学存在很大的差距。这些学习问题需要后期重点关注。

利用弗兰德斯互动分析系统分析了两个班级共四节（理论讲解和实验操作各两节）的课堂视频，每节课的时长为 45 分钟。关于课堂行为编码，FIAS 给出了三个类别，即教师语言、学生语言和沉寂或混乱，每 3 秒采集一次课堂行为形成一个编码。国内部分研究者根据具体的教学实践对其原有类别稍作调整以更好地开展研究和分析，例如谢幼如等在 FIAS 基础上改进了精品视频公开课师生行为分析编码系统，对该课程的师生行为进行了相应的研究。[①]因此，在参考其他研究和相关专家、授课教师的建议后，根据课堂教学实际情况，对原有的弗兰德斯分析量表进行改编，形成改进后的学生课堂行为编码量表，如表 4-5 所示。

表 4-5　改进后的学生课堂行为编码量表

行为编码	行为表述	观察点说明
1	提问老师	学生主动向老师请教课程相关的问题
2	回答老师	学生回答老师在课堂提出的问题
3	对话讨论	同学之间相互讨论与学习相关的问题
4	听课	课中认真听课，包括做笔记和练习等
5	参与实验	课中参与实验操作
6	玩手机	课上在没有被允许的情况下玩手机
7	打瞌睡	课上打瞌睡

① 谢幼如，王芹磊，彭丽丽，等. 精品视频公开课的教学特征与师生行为研究. 电化教育研究，2013，34(10)：90-96.

续表

行为编码	行为表述	观察点说明
8	闲聊	同学之间闲聊与学习无关的话题
9	发呆走神	精力不集中，发呆走神，东张西望等

对四节课进行编码采集，每个学生每隔 3 秒采集一次，最终理论讲解课共采集到的编码为 44 029 个，实验操作课为 44 056 个，整体分析结果如图 4-2 所示。

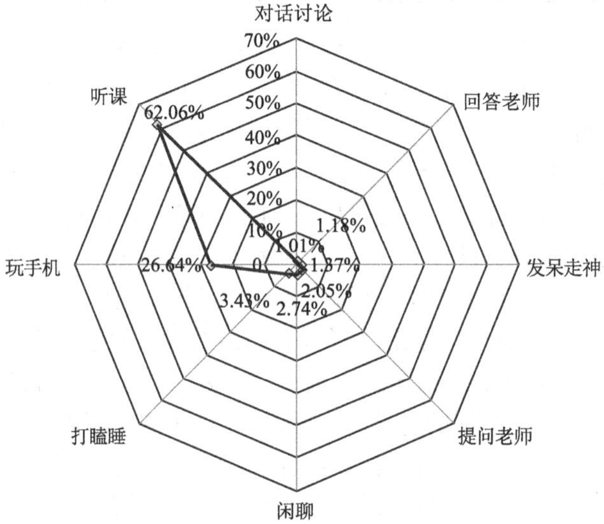

(a) 理论讲解课堂学生行为编码

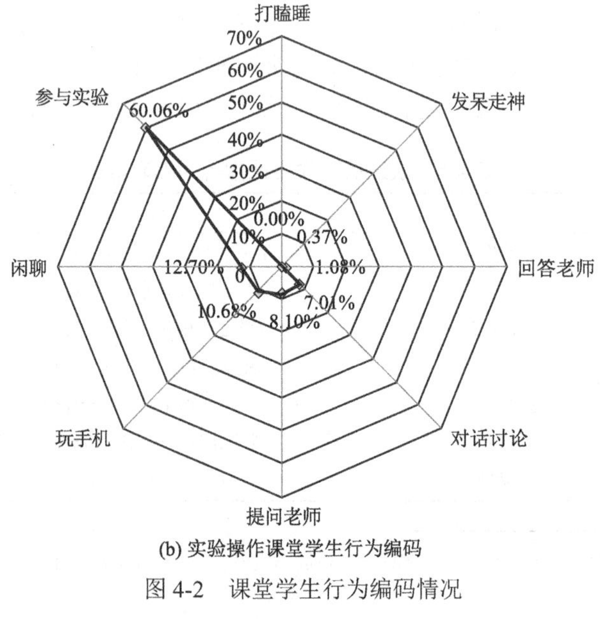

(b) 实验操作课堂学生行为编码

图 4-2　课堂学生行为编码情况

从图 4-2 可以看出，在没有老师明显的提醒下，部分学生会在课堂中玩手机、打瞌睡、闲聊、发呆走神等；同时，主动向老师提学习相关问题的学生较少。在没有老师要求或者明显干预的情况下，根据视频编码分析，当前课堂学生行为分为三类：①集中精力认真听课以及完成相应的学习任务；②较长时间玩手机，偶尔听会儿课，精力较不集中，这部分学生中，女生居多；③玩手机、打瞌睡、闲聊，较少听课，在这部分学生中，主要是男生。这些玩手机、打瞌睡、闲聊等不良课堂行为，需要老师进一步进行提醒干预，构建良好的课堂氛围。

问卷调查结果表明，学习者对课程的学习动机和态度较为积极，但学习的自信心不足。通过线上行为跟踪、课堂观察记录以及授课教师反馈等方式对一个月以来的学习情况进行分析，发现大部分学习者对课程相关话题参与积极性不高、课程相关资源（包括课件、微视频、实验讲义等）关注度不够等；少部分学习者课堂听课分神，长时间玩手机，实验操作能力较差；线上自测题总体完成率较低；部分学习者表现出与同班同学较大的差距，而且他们的网络学习参与度以及课堂行为都没有良好的表现。因此，需要在后续的课程教学中给予学习者适应性的学习干预和引导。

4.2.3　适应性干预模型构建

随着混合学习成为一种常用的学习方式，针对混合学习环境下学习者可能存在的学习问题进行适当的学习干预成为重要的议题。学习干预模型对学习干预过程的监控、策略设计、干预实施与评价等起着重要的理论指导作用。本小节梳理了现有的 RTI 模型及其特点，从中借鉴构建学习干预模型所需要的要素，结合混合学习行为特点及学习分析技术提出本实验所需的混合学习适应性干预模型。

1. 学习干预典型模型及其分析

1）RTI 模型

RTI 模型被认为是一种典型的学习干预模型。它是一种用于识别、定义和解决学生学业或学习行为困难的系统化和基于数据的方法，也被视为一种基于证据的教学或干预措施的教学。[①]RTI 模型的目标是尽可能保证学生的正规教育和包容性教育，这是一种有利于所有学生接受普遍教育的全民教育活动。[②]该模型强调教师依据学生不同的学习需求进行有效的教学介入，使学生能在最少限制的环境中接受适当的教学干预，提高学生的学习效果。[③]RTI 模型根据学生的需求提供高

---

① Ysseldyke J, Burns M K, Scholin S E, et al. Instructionally valid assessment within response to intervention. Teaching Exceptional Children, 2010, 42(4): 54-61.

② Villa R A, Thousand J S. Creating an Inclusive School. Alexandria: Association for Supervision and Curriculum Development, 1995.

③ Fuchs L, Fuchs D, Speece D L. Treatment validity as a unifying construct for identifying learning disabilities. Learning Disability Quarterly, 2002, 25(1): 33-45.

品质的教学或介入，且随着学生的学习进度或学习成就表现，决定要提供哪些学习支持服务。自 20 世纪 60 年代至今，RTI 模型已被广泛地应用于特殊教育和普通教育领域的中小学校，并逐步发展成为一种面向学习困难的学生进行过程性监控的通用工具。[①②]

通过对 RTI 模型的分析，总结出以下特点。

（1）RTI 模型是以预防学生出现学业危机以及做出相应的学习干预为目的的模式。该模式在对学生进行学习行为监控的同时，还根据学生的不同需求提供适应性的干预措施，并对干预前后得到的数据进行重新评估，确定学生的学习问题，从而重新调整教学策略和干预措施，以期更加有效地帮助学生达到好的学习效果。RTI 模型不是等学生被诊断出有学习问题后再实施“补救”措施，而是强调在学习问题出现之前就开始预防。对有学习困难的学生干预得越早，干预的效果越好。[③]

（2）RTI 模型是一个层次递进模型。该模型包含一个三层结构，经过多轮反复对学生的学习问题进行评估，根据不同学习问题提供适应性的教育服务，且层级之间反复可逆以便确保学生达到预期的学习目标。

（3）RTI 模型是在监控过程中发现学生的学习问题，并通过学习干预帮助他们取得更好的学习效果，而不是用来判断哪些学生存在学习障碍。而且该模型不只是为有学习困难的学习者提供相应的学习帮助，它同样适用于普通学校里的所有学生。

2）传统学习干预模型的不足

总体而言，作为学习干预的典型模式，RTI 模型在传统教学实践中得到了有效的应用。但随着混合学习环境的兴起和广泛应用，以往的传统学习干预研究开始面临新的问题并亟待解决。比如，RTI 模型受到技术手段的限制，干预类型及评估工具未统一，学生学习过程的行为得不到有效的监控，也没有足够的数据和技术对学生学习过程进行跟踪和记录等。[④⑤]总结起来，学习干预研究尚存在一定

---

① Marston D, Muyskens P, Lau M, et al. Problem-solving model for decision making with high-incidence disabilities: The minneapolis experience. Learning Disabilities Research & Practice, 2003, 18(3): 187-200.

② Vaughn S, Linan-Thompson S, Hickman P. Response to instruction as a means of identifying students with reading/learning disabilities. Exceptional Children, 2003, 69(4): 391-409.

③ 杨希洁，韦小满. 为全体学生提供有效的教育服务：“干预反应”模式的发展及影响. 中国特殊教育，2012，(6)：3-10.

④ Hale J, Alfonso V, Berninger V, et al. Critical issues in response-to-intervention, comprehensive evaluation, and specific learning disabilities identification and intervention: An expert white paper consensus. Learning Disability Quarterly, 2010, 33(3): 223-236.

⑤ American Association of School Administrators. Spectrum K12, NASDSE, CASE, and AASA Announce 2010 Response to Intervention Adoption Survey Report. https://www.aasa.org/content.aspx?id=13396. [2020-10-11].

的不足。

（1）已有的干预研究大多针对面授教学或线上教学的单一环境，而对混合学习环境下的干预研究不足。

（2）已有的学习干预主要依据练习题和考试来评判学生的学习效果，数据来源不够全面；过多依赖学生成绩结果来采取干预措施；质性分析的研究相对较多，量化分析的研究相对较少。

（3）传统学习干预模型较少涉及技术工具的应用，对学习过程数据的采集较为困难，干预手段主要借助人工干预，个性化难以体现，因此普适性存疑。

（4）现有研究针对学习干预方法以及干预策略的描述不够细致明确，因此在具体实施过程中有一定的局限性。

2. 混合学习适应性干预模型的提出

结合混合学习环境下学习行为特点，本实验在传统 RTI 模型的基础上构建了混合学习适应性干预模型，如图 4-3 所示。结合学习分析技术，赋予传统学习干预模型新的技术支持，进一步细化干预的流程，包括干预过程中数据的收集与分析、干预对象的确定、干预策略的制定等，尝试克服传统 RTI 模型存在的一些局限。

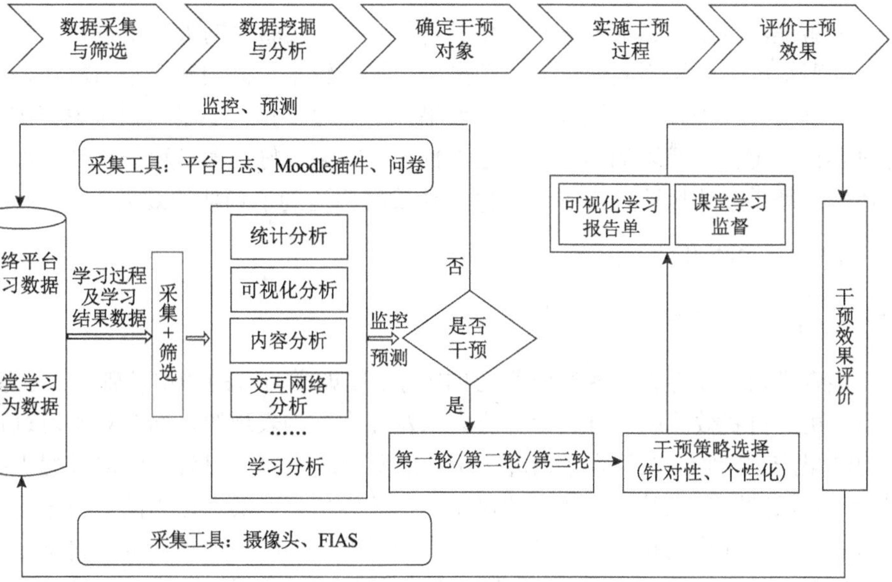

图 4-3　混合学习适应性干预模型

结合传统的RTI模型构建的混合学习适应性干预模型，包括数据采集与筛选、数据挖掘与分析、确定干预对象、实施干预过程和评价干预效果五个基本环节。

该模型继承了 RTI 模型中的三层循环迭代，即第一轮群体干预、第二轮小组干预、第三轮个别干预。在实施干预之前，先通过数据采集工具对网络学习平台及课堂学习数据进行采集，使用学习分析工具对学习者的数据进行分析，从而鉴别出需要进行学习干预的学生。根据学生的层次差异采取不同的干预策略，生成个性化的学习报告单（包括学生的学习情况、存在的问题及给出的学习建议），并针对存在的问题实施进一步的学习干预。通过定期评估干预的效果，动态调整学习干预策略并进入下一轮的迭代干预过程。

混合学习适应性干预模型突破了 RTI 模型在传统教学环境下进行监控、实施干预的局面，在混合学习环境下监控、干预学生的学习行为；克服了过多依赖学科成绩来评判学习效果的弊端，从学生的线上学习情况、课堂行为表现以及作业测试题成绩等监控学生学习效果并进行学习干预；结合使用 Moodle 分析插件、FIAS 等多种数据采集工具，收集的学生学习情况数据较为全面，通过统计分析、交互网络分析等，对学生学习数据进行分析来监控、预测学习效果，比较科学合理。

4.3 混合学习适应性干预的教学应用

为验证混合学习适应性干预模型的适用性，本实验面向大学生设计了教学实验，分别实施了三轮不同的学习干预措施。第一轮干预面向整个学习群体，发现大部分学习者经干预后，达到了预期效果；第二轮干预缩小了干预对象范围，只针对存在一定学业风险的学生，经过干预后，效果较好；第三轮干预针对被预测存在较为严重学业风险的学习者个体，结果表明达到了预期的效果。

4.3.1 实验设计与准备

4.3.1.1 实验目的

混合学习环境存在各种影响学习的因素，比如学习者的知识基础、学习态度、学习动机、自我效能感、自主学习能力以及课堂行为表现等，都会对学习过程和学习结果产生影响。在混合学习环境下，需要及时了解学习者在学习过程中的学习行为，以判断学生是否存在学业风险，以此为依据，实施适当的学习干预，为学习者提供个性化的指导，帮助其顺利完成学业，同时，为教师进行科学合理的教学决策提供支持。因此，本实验研究的目的如下：①揭示混合学习环境下学生的学习行为情况；②验证适应性干预模型对学生的学习干预效果，为混合学习环境下的学习干预提供相应的参考；③提高和改善混合学习环境下学生的学习效果及其学习行为。

4.3.1.2　实验对象

本实验选择某师范大学2016级教育技术学专业两个班级的学生为研究对象。教育技术学1班为实验班（N=27）；教育技术学2班为对照班（N=22）。实验进行时间从2017年9月到2018年1月，一共18个教学周。

4.3.1.3　实验准备

1. 准备工作

为了确保实验的顺利进行，本实验以“网络技术基础”课程为例，采用混合式教学模式和“理论结合实践”的教学方式。线上，学生通过Moodle平台进行课前预习、课后复习，完成学习任务等；线下（课堂），教师在实验室授课并对学生的学习疑问进行解答，同时安排学生分组完成相关实验的项目操作任务。“网络技术基础”课程的实施流程如图4-4所示。

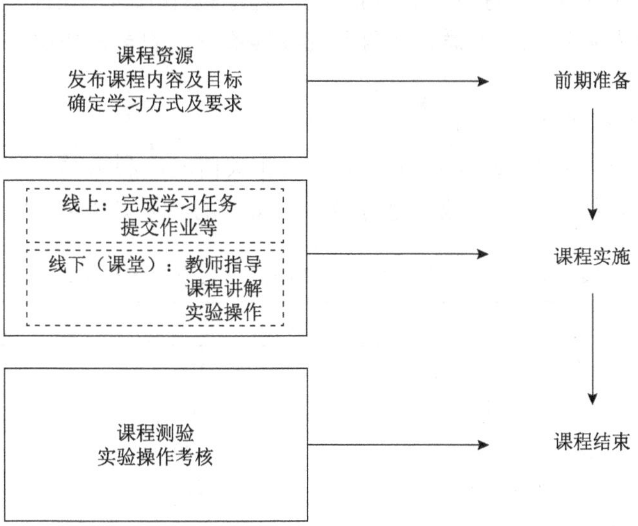

图4-4　“网络技术基础”课程的实施流程

整个学期的教学实施包括前期准备、课程实施以及课程结束三个阶段，在前期准备阶段，教师把课件、微视频、实验讲义等学习资源上传到Moodle平台给学生预习，并设置好各章节的学习任务及学习目标。在第一节授课时，教师向学生介绍课程的内容、目标和基本要求，让学生对混合学习模式有一定的了解。在课程教学实施中，教师在课堂上对理论教学内容进行讲解，并要求学生在实验室完成实验操作并提交实验报告。此外，该课程的课外学习任务（如预习、测验、作业提交、互动讨论）均要求在Moodle平台完成。课程结束阶段，学生参加实验考核来检验操作技能的掌握情况，参加期末测验来检验理论知识的应用，并以此作为师生对该课程教与学的反思依据。

2. 测量工具的选取

在正式实施实验前，以访谈、观察、调查问卷等方式分析教育技术学 1 班、教育技术学 2 班学生的学习情况，包括学习态度、学习动机、自我效能感等；同时，了解学生以往在 Moodle 平台的学习情况，分析学生可能存在的问题，以便后期实验制定有针对性的干预策略和措施。

3. 学习者知识基础与在线学习经验

1）学习者知识基础

为了进一步了解学习者学习的初始情况，通过对“网络技术基础”的授课老师进行访谈得知，教育技术学 1 班和教育技术学 2 班先前有过混合学习的经历，且该授课教师上个学期教授过两个班级的“程序设计基础”混合学习课程，对混合学习方式以及环境比较熟悉，且两个班级具备一定的学科知识以及程序动手设计操作的基础。

2）学习者在线学习经验

为了了解学习者在 Moodle 平台学习的相关情况，利用学习分析工具对一个月以内学生的在线学习行为数据进行统计，得到的结果如表 4-6 所示。

表 4-6　两个班级一个月内 Moodle 平台学习数据对比情况

数据维度	1 班	2 班
人均登录次数/次	21.20	21.60
人均时间投入/分钟	258.70	255.50
人均资源访问次数/次	34.40	36.10
人均话题浏览次数/次	26.60	28.20
人均话题讨论次数/次	1.50	1.45
实验报告（两次）平均分/分	81.87	80.61

从表 4-6 呈现的数据中可以看出，两个班级一个月内在 Moodle 平台学习的各个数据维度之间相差都不大。因此，在同等条件下，两个班级线上的学习行为方面的偏好较为一致；两个班级提交的实验报告平均分相差只有 1.26 分，这说明两个班级的课程基础知识水平基本一致。但从表中的数据也可以看出，学习者在学习平台上的活跃度较低，比如话题参与方面不太积极，表明学习者对线上活动不够重视。这些问题都是后期实验需要进一步解决的。

4. 实验变量控制

在本次实验中，采取了实验班与对照班前后测的方法，实验中有三类变量。

（1）实验自变量。本实验的自变量为有无学习干预手段。对照班采取无学习干预的混合教学模式，而实验班采取有学习干预的混合教学模式。

（2）实验因变量。本实验的因变量包括学生的学习态度、学习动机、自我效能感、线上学习行为、课堂行为表现、课程各项成绩及总评成绩。

（3）实验无关变量，即干扰变量。干扰变量是指在整个实验过程中，除了笔者有目的控制的实验变量以外，受到其他影响变化因素干扰的变量。因此本次实验对干扰变量的控制如表 4-7 所示。

表 4-7　实验干扰变量及控制方法

干扰变量	控制的方法
授课的环境	同一在线学习平台、同一实验室
授课的课时	完全一致，每周四节课
授课的内容	完全一致
授课的教师	同一个授课教师
评价的方式	学习任务、评价方式等相同

4.3.2　第一轮学习干预

1. 学习者分析

在本章的前期分析中，对学习者的已有基础以及行为表现做了分析。同时，笔者作为课程的助教，通过全程跟踪学习者网络学习以及课堂表现，了解到一些学习者在混合学习环境下容易迷航，对混合课程学习的方式不够明确。很多学习者不注重线上的学习参与，登录 Moodle 平台只是为了提交实验报告作业；此外，根据前测问卷分析结果可知，学习者在课程学习过程中可能会出现沮丧感，课程学习期待不够高，因此很难积极地投入课程学习当中。

根据前测调查问卷、Moodle 平台学习者数据跟踪以及课堂视频分析观察，设计了第一轮混合学习干预的措施。此轮干预的重点是让学习者熟悉课程的学习方式，明确学习任务及考核要求，提高线上学习的参与度。干预策略包括：①提供线上学习情况月报单；②再次明确学习任务及要求；③明确告知学习者将加强对其学习过程的跟踪。

2. 第一轮干预的设计、实施与评价

1）第一轮干预的设计

通过 Moodle 平台收集和整理学习者数据，使用统计分析工具对数据进行可

视化处理，整理出实验班每个学习者的线上学习情况，并形成个人的课程学习月报单，如图 4-5 所示。

“网络技术基础”课程学习月报单

201631400101 同学

Moodle 平台学习情况							
你的登录次数	8	班级平均数	21.2	资源访问情况	22	班级平均数	34.4
投入时间（min）	129	班级平均数	258.7	论坛浏览次数	1	班级平均数	26.6
论坛回帖次数	0	班级平均数	1.5	自测题	第一章 未完成	第二章 未完成	第三章 未完成

图 4-5　课程学习月报单（第一轮干预）

2）第一轮干预的实施

在课程教学的第五周，在授课教师的协助下，本实验实施了第一轮学习干预。通过课堂派的私信功能为实验班的每个学习者分别发送了课程学习月报单，并要求学习者收到月报单时必须回复，以确保每个学习者都能成功收到月报单，如图 4-6 所示。

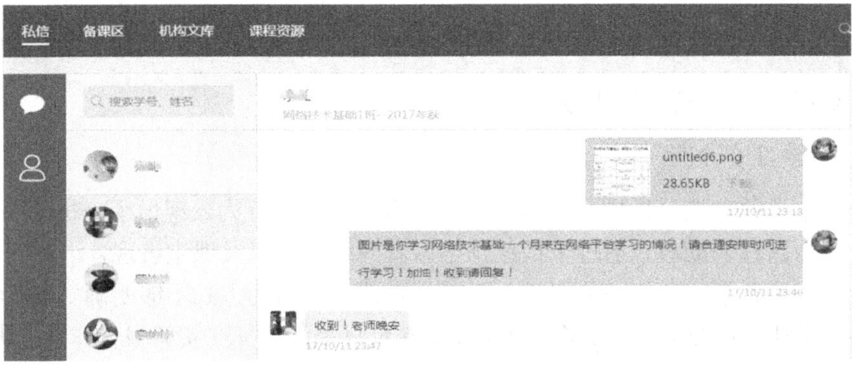

图 4-6　课程学习月报单发送图示

在课堂学习前，让每个学习者查看自己的月报单。同时强调线上课程学习参与的重要性，并且明确话题的参与、单元自测题等线上课程活动均会计入平时成绩；在课堂中，提醒学习者注意当前课堂中存在的玩手机、闲聊、打瞌睡的现象，并向学习者明确表示，后续课程学习过程中将会继续跟踪课堂行为表现和线上学习表现。

3）第一轮干预的评价

第一轮学习干预持续 2 周后，分析干预实施前后两周实验班的线上学习情况，结果呈现明显差异。学习者经过首轮干预，线上学习的人均登录次数、人均时间投入、人均资源访问次数和人均话题讨论次数有了显著增加，如图 4-7 所示。

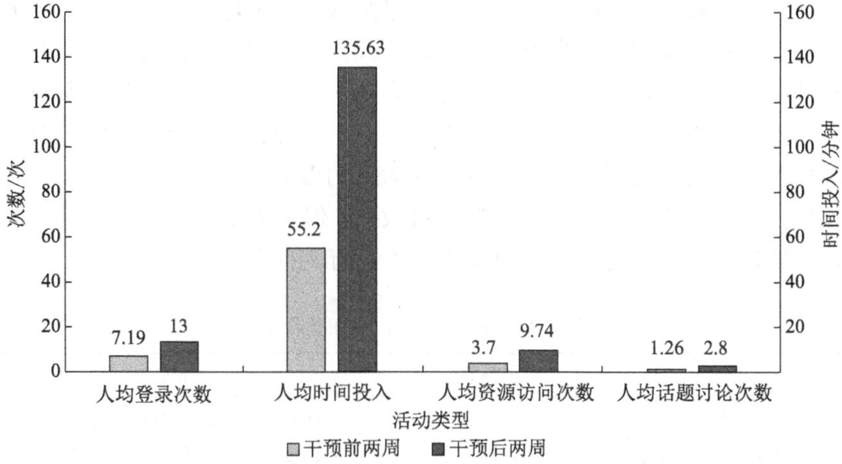

图 4-7　干预前后两周实验班线上学习情况对比

干预前两次实验报告成绩与干预后两次实验报告成绩对比情况如图 4-8 所示。从图中可以看出，干预后的两次实验报告成绩整体上比干预前的两次好，并且平均分均高于前两次。总体而言，第一轮的群体干预以提升线上课程参与度为主，对学习者明确线上学习要求、培养良好的线上学习习惯具有导向作用。分析结果表明，学习月报单以及课堂口头强调的干预策略对学习者群体起到了一定的积极作用，线上课程参与的整体趋势有明显的提升。

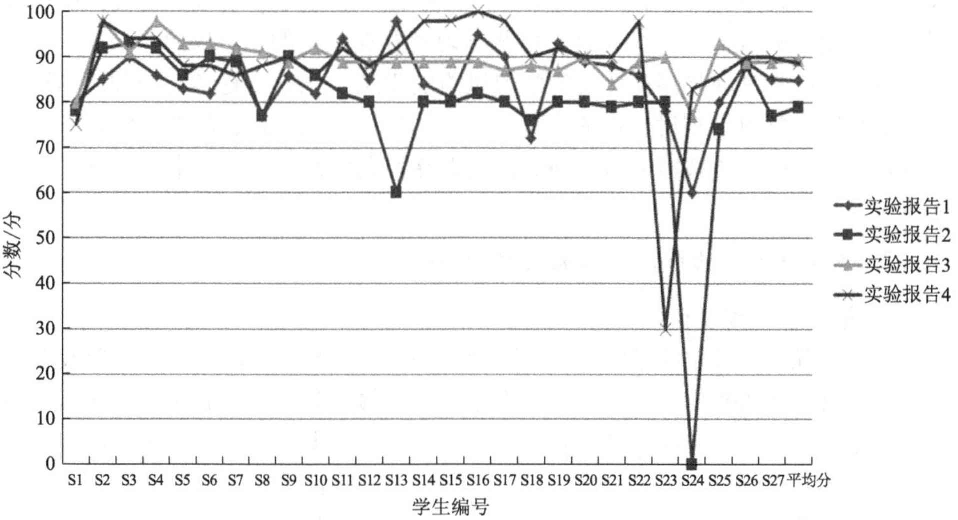

图 4-8　第一轮干预前两次实验报告（1、2）与干预后实验报告（3、4）成绩对比情况

需要说明的是，经过首轮干预，仍然有部分学习者没有按照要求完成线上学习任务。例如：章节自测题没有完成，话题参与深度不足；作业迟交、质量低下的问题仍然存在；课堂的不良习惯虽然有所改善，但依然存在玩手机、闲聊以及打瞌睡的现象。因此，首轮干预虽然较好地提升了学习者的线上学习参与度，但对话题参与深度以及自测题完成度等干预效果不明显；课堂上仅凭口头提醒未能明显改善部分学习者玩手机、闲聊以及打瞌睡的现象，如表 4-8 所示。第一轮学习干预虽然对线上学习产生了一定的积极效果，但还需要设计更有针对性的干预措施，以解决线上学习深度不足以及课堂不良行为问题。

表 4-8　第一轮干预后的效果评价

干预策略	干预效果	原因
注重线上课程学习的参与性	较好	学习月报单和教师口头提醒起到了促进作用
课程话题参与的深度以及自测题	效果不明显	学习者不重视单元自测题以及话题的讨论
改善课堂出现的不良行为	效果不明显	大部分学习者对课程的学习不够投入

4.3.3　第二轮学习干预

1. 学习者分析

经过第一轮的群体干预后，学习者线上的学习行为以及课堂表现有了一定的改善。但是，有部分学习者学习参与度较低，比如话题讨论不积极、自测题未完成、实验报告完成质量低、课堂注意力不集中等；还有部分学习者在实验操作过程中表现出不够自信等情绪问题，这些学习者存在一定的学习风险。

因此，需要对这些存在一定的学习风险的学生实施第二轮学习干预。本轮干预主要是针对学习参与度较低的学习者，目的是让他们重视课程的参与，干预措施包括定时提醒学生按时完成任务、积极引导话题讨论以及对课堂的不良表现加强监督等。

2. 第二轮干预的设计、实施与评价

1）第二轮干预设计

在设计第二轮干预之前，结合第一轮干预后全体学习者的学习行为数据，从实验班筛选出 80%共 22 名学生作为第二轮干预的对象，实施第二次干预。该阶段的学习投入程度如表 4-9 所示。针对第一轮干预后部分学习者还存在的学习问题，本轮干预对这一学习群体实施更为精准的干预措施，具体包括：提供更为详尽的学习报告单，明确指出学习者存在的具体问题，并提供针对性的学习建议。

表 4-9　第二轮干预对象课程投入度情况（两个月的学习数据）

学生编号	线上学习进度/%	登录次数/次	资源访问次数/次	话题浏览次数/次	发起话题次数/次	线上投入时间/分钟	实验报告平均分/分	自测题完成率/%	自测题平均分/分	课堂玩手机频率/%	课堂打瞌睡频率/%	课堂发呆走神频率/%	课堂闲聊频率/%
S1	59	28	51	1	0	377	78	87.5	79	3.78	0.00	0.00	2.23
S3	64	38	57	28	0	338	92	100	86	2.45	3.77	1.78	0.00
S4	63	43	65	10	0	586	92	100	86	8.77	0.00	0.00	2.12
S6	64	74	77	1	0	506	88	100	80	4.33	0.00	0.00	0.00
S7	52	47	42	55	0	515	89	100	77	4.65	0.00	5.76	0.00
S8	42	61	35	21	4	602	83	87.5	74	3.43	0.00	0.00	0.00
S10	51	35	51	73	0	394	86	87.5	60	7.57	0.00	0.00	0.00
S12	49	40	67	0	0	385	85	87.5	74	10.08	0.00	0.00	1.03
S13	64	46	107	30	1	616	84	100	82	5.10	0.00	0.00	3.10
S14	33	38	23	25	1	468	87	100	78	2.54	0.00	6.54	2.11
S15	40	33	41	0	0	338	87	100	86	5.44	0.00	0.00	0.00
S16	57	44	63	41	1	493	91	100	88	1.98	0.00	4.35	0.00
S17	47	41	62	0	0	442	88	100	85	2.32	0.00	2.12	0.00
S18	57	41	58	13	0	404	81	100	84	0.86	0.00	0.00	3.11
S19	43	55	47	40	7	737	85	100	76	8.13	0.00	1.09	0.00
S20	59	52	91	33	0	698	87	100	71	4.20	0.00	1.25	2.40
S21	51	54	64	62	2	530	85	62.5	39	2.44	0.00	0.00	0.00
S22	40	54	48	12	0	598	88	100	81	2.67	0.00	0.00	0.00
S23	37	25	15	0	0	163	69	37.5	28	15.78	0.00	0.00	0.87
S24	45	25	34	4	8	229	55	100	55	3.88	5.07	0.00	0.00
S25	55	73	120	26	2	471	83	75	49	1.57	0.00	2.75	3.98
S27	36	20	24	2	0	214	85	100	62	7.98	3.23	0.00	2.10

2）第二轮干预实施

针对不同的学习者发送不同的、个性化的学习月报单，如图 4-9 所示。

学习月报单的具体内容包括：①学习的整体评价。让学习者知道阶段性学习的整体情况。②Moodle 平台上学习者的学习表现。包括自测题得分情况以及完成情况、作业成绩、其他学习任务参与情况。通过图表可视化呈现，并跟班级平均水平做比较，让学习者了解自己的学习情况并通过对照班级的整体学习情况，达到自我警示和督促学习的目的。③课堂学习表现。记录学习者在课堂中的行为表现，目的是让他们意识到并改善不良的课堂行为，认真听课。④课程学习过程存在的问题。将学习者学习行为数据可视化，帮助他们认识当前学习过程中存在的问题。⑤学习建议以及寄语。对于每个学习者存在的学习问题，有针对性地提出个性化的学习建议，学习者可以根据学习建议进行有针对性的学习，尽快适应课程学习，减少学习困难，达到最优的学习效果。

“网络技术基础”课程学习月报单

201631400125 同学，这是你学习课程以来的表现：

学习的整体评价为：一般

Moodle 学习表现：

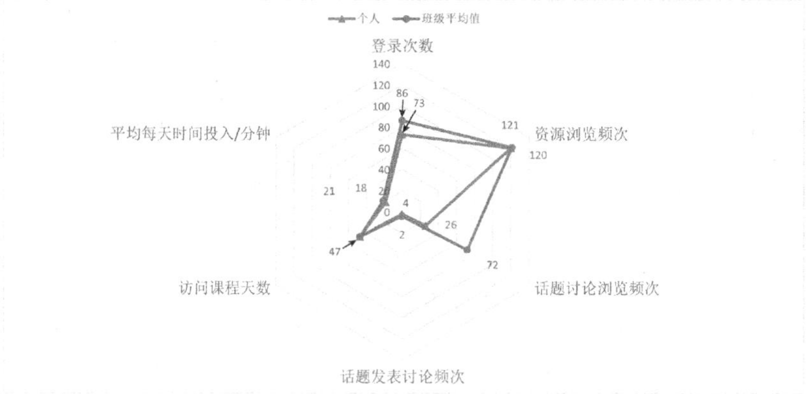

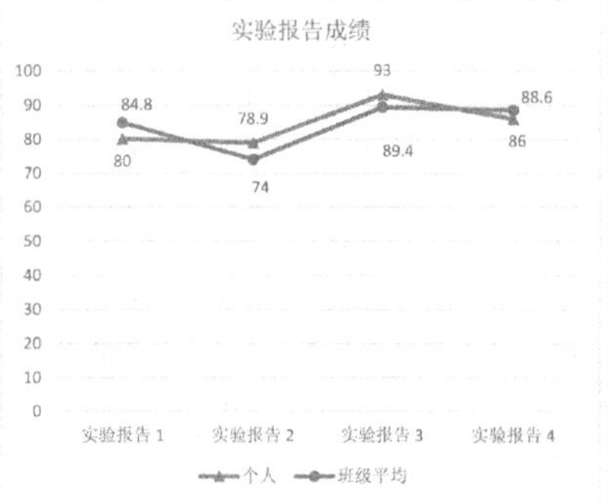

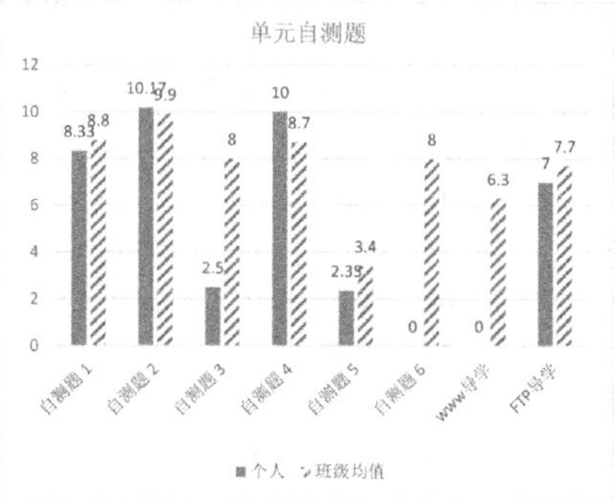

课堂学习表现

据老师观察，你在课堂学习过程中表现良好。听课过程较认真，实验操作协作能力也不错。只是你有时候会较长时间玩手机，如果能改变这个不良习惯会更加好！

课程学习过程存在的问题：

1. 从雷达图中看到，你线上学习的整体情况相对落后于班级平均水平。
2. 单元自测题完成较好，而自测题成绩不够理想且部分章节的自测题没有按时完成。
3. 实验报告整体成绩略低于班级的平均值，多次作业完成过于简单。比如，实验操作关键的步骤没有截图展示；实验问答题回答不够详细，实验反思不够认真。

给你的学习建议：

1. 请及时完成所要求的学习任务，其中包括：单元自测题，章节的话题讨论等。
2. 抽出时间复习所做过的自测题以及按时完成自测题，如有不理解的题目或者问题可以通过话题讨论提问老师和同学或者通过课堂派的私信提问老师。
3. 对于 4 次实验报告，请通过复习观看 Moodle 对应章节上的微视频(必须看)复习所做过的实验报告，整理操作的思路。
4. 在课堂中，先认真听老师讲解；在实验操作过程中，多动手操作，协助同学，如遇到不解的问题，及时请教同学或者老师。

对你的寄语：

1. 请参照本次个人课程学习月报单进行针对性的课程学习和复习，如有不理解的题目或者问题，可以通过话题讨论提问老师和同学或者通过课堂派的私信提问老师。
2. 在课程学习和复习的过程中，如有你想学习的内容而 Moodle 平台未提供到，可以通过话题讨论提问老师或者通过课堂派的私信问老师；对于本课程，如有好的建议或者意见，也可以通过话题讨论提问老师或者通过课堂派的私信问老师。

老师希望你认真复习课程所学过的内容，调整学习方式，加快学习进度，提高自身的网络技术技能，让期末考试和考核变得更加轻松。加油哦！

图 4-9　课程学习月报单（第二轮干预）

3）第二轮干预评价

经过第一轮的学习干预，学习者已能适应第二轮的干预提醒，部分学生的学习行为再次得到更多的改善。以学习月报单形式提醒一个月后，再次对学习者的学习行为数据进行收集、分析和可视化呈现。如图 4-10 所示，经过第二轮干预后，22 名学习者的线上学习情况有了极大改善，其登录次数、资源访问次数、话题讨论浏览与发表均有明显的上升。在线上投入时间方面，实施第二轮干预前一个月人均投入时间为 273 分钟，而实施第二轮干预后一个月人均投入时间上升到 441 分钟。这说明第二轮干预对学习者的线上学习行为改善取得较好成效。

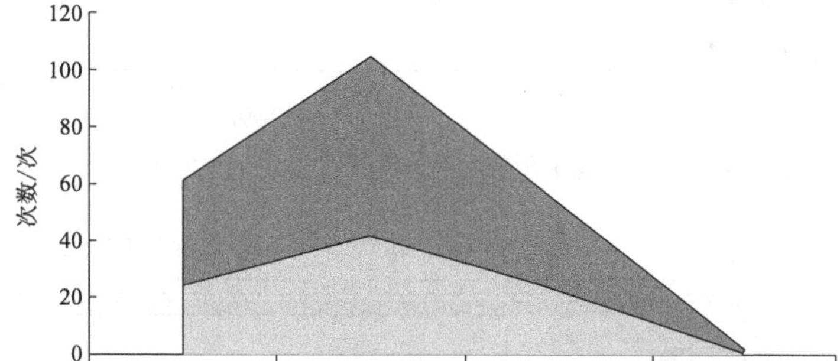

	登录次数	资源访问次数	话题讨论浏览	话题讨论发表
■第二轮干预后一个月	36.85	63.18	34.09	1.50
□第二轮干预前一个月	24.23	41.86	22.54	0.36

图 4-10　第二轮干预前后一个月线上学习情况对比分析图

通过月报单中的课堂行为表现提醒、教师在课堂中口头提示以及助教的强化指导和监督，课堂中出现的不良行为得到较大的改善。在第二轮干预后，笔者随机选取了两节课的课堂视频，对课堂视频进行 FIAS 编码，根据编码形成的学生课堂行为如图 4-11、图 4-12 所示。可以看出，在理论讲解课中，“玩手机”频率从原来的 26.64%降至 2.35%，“闲聊”频率从原来的 2.74%降至 1.08%，“发呆走神”频率从原来的 1.37%减到 1.06%，“打瞌睡”频率则从原来的 3.42%下降为 0.37%，而“听课”频率从原来的 62.06%上升到 81.96%，“提问老师”的频率从原来的 2.05%升至 7.83%，“回答老师”和“参与讨论”频率则从原来的 1.18%和 1.01%上升为 2.24%和 3.11%；同样地，实验操作课“玩手机”频率、“闲聊”频率、“发呆走神”频率从原来的 10.68%、12.70%、0.37%降至 2.01%、1.57%和 0，而相应的“参与实验”频率、“提问老师”频率、“参与讨论”频率从原来的 60.06%、8.10%、7.01%上升到 72.17%、10.85%和 12.34%。课堂中的不良行为均有所改善，这说明月报单的提醒对大部分学习者起着积极的作用，让学习者有自我提醒意识，改善课堂的不良行为。

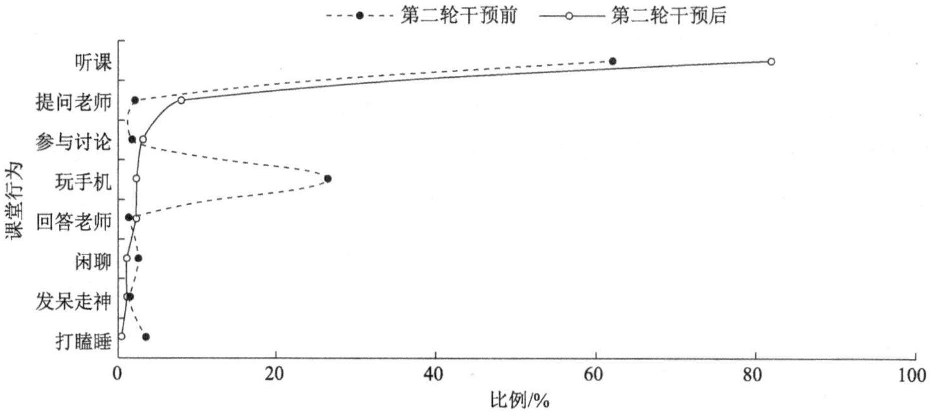

图 4-11　第二轮干预前后理论讲解课学生行为类别数据相对频度分布图

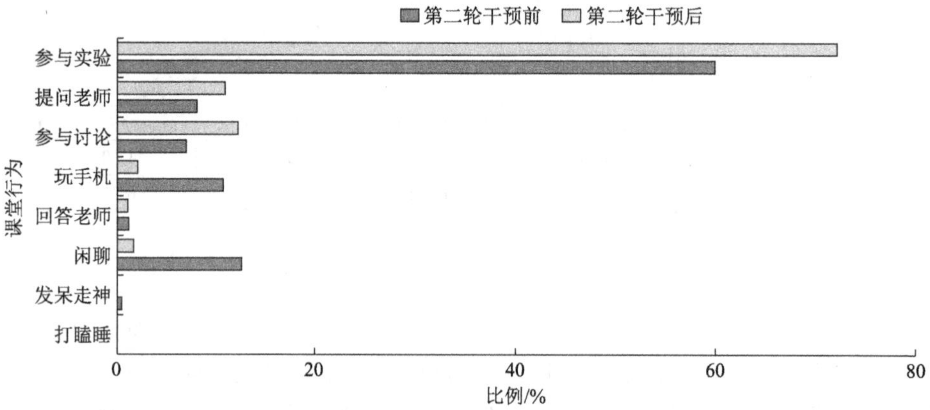

图 4-12　第二轮干预前后实验操作课学生行为类别数据相对频度分布图

第二轮干预前后一个月内，被干预学习者的四次实验报告平均成绩对比情况如图 4-13 所示。从图中看出，经过干预，绝大部分学习者实验报告能够准时提交且成绩均有较大的提升。

总体而言，第二轮的干预起到了较好的效果，部分学习者摆脱了可能存在的学习风险。第二轮干预效果如表 4-10 所示。但是，进一步的分析发现，S12、S23、S24、S27 这四名学习者仍存在较为严重的学习风险，会有课程不及格的可能，因此需要对他们采取更有针对性、个性化、高频率的干预措施。

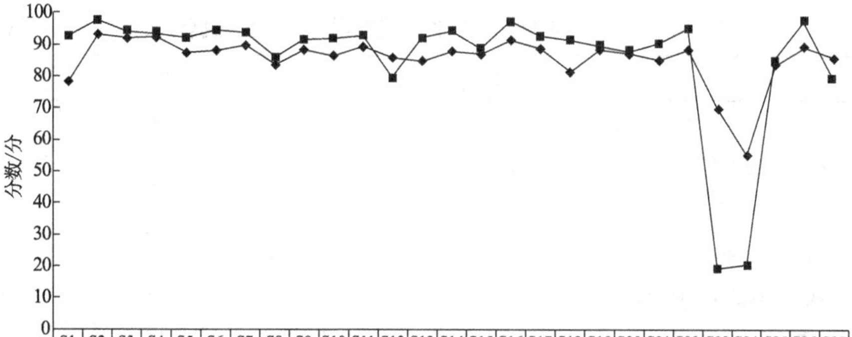

	S1	S2	S3	S4	S5	S6	S7	S8	S9	S10	S11	S12	S13	S14	S15	S16	S17	S18	S19	S20	S21	S22	S23	S24	S25	S26	S27
第二轮干预前	78.3	93.3	92	92.5	87.5	88.3	89.8	83.3	88.8	86.5	89.3	85.5	84.8	87.8	87	91.5	88.8	81.5	88	87.3	85.3	88.3	69.5	55	83.3	89	85.5
第二轮干预后	92.6	97.4	94.2	93.2	92.2	94.5	93.5	86.1	91.5	91.7	92.5	79.6	92.3	94	88.7	97	92.5	91.4	89.4	87.7	90.3	94.9	19.3	20.5	85.2	97	79.4

图 4-13　第二轮干预前后四次实验报告平均成绩对比

表 4-10　第二轮干预后的效果评价

干预策略	干预效果	原因
注重线上课程学习的参与性	良好	学习月报单提醒
课程话题参与的深度以及自测题	较良好	学习月报单提醒
改善课堂出现的不良行为	有所改善	学习报告单提醒、教师和助教的提示与监督

4.3.4　第三轮学习干预

1. 学习者分析

经过第一轮和第二轮的学习干预后，大部分学习者已经能够较好地适应课程教学要求和学习干预的措施。但仍有四名学习者的学习进度明显落后于班级的整体水平，被预测存在较为严重的学业风险。因此，需要对其设计更加强化的学习干预。

2. 第三轮干预的设计、实施与评价

1）第三轮干预设计

第三轮干预对象为极少数学习者，经过两次学习干预，他们依然存在学习参与积极性低、学习任务不能按时完成、课堂注意力不够集中等问题。因此，他们是该课程中学业风险最大的群体，需再设计新一轮的学习干预措施。在实施干预之前，分析这一群体的学习行为数据，结果如表 4-11 所示。从表中可以看出，四名学习者课程学习进度偏慢，自测题知识点掌握较差，且不管是 Moodle 平台的学习情况还是课堂中的行为表现，都跟班级其他同学有较大的差距，其中 S12、S23 有实验报告不按时提交的情况。

表 4-11　第三轮干预前学习者行为数据分析

项目	S12	S23	S24	S27
线上学习进度/%	70	73	58	77
登录次数/次	45	52	30	88
资源访问次数/次	88	121	45	151
话题浏览（发表）次数/次	12/1	30/0	27/8	44/2
线上日均投入时间/分钟	3.75	5.80	2.78	6.20
实验报告平均成绩/分	71（三次未交）	71.4（四次未交）	84.2	82.3
自测题平均分/分	28	55	49	62
课堂行为表现	较长时间玩手机，偶尔闲聊，听课注意力不够集中	较长时间玩手机，听课注意力不够集中	打瞌睡、较长时间玩手机，听课注意力不够集中	偶尔闲聊、玩手机，听课注意力不够集中

2）第三轮干预实施

本轮学习干预从两个方面进行。一方面通过课堂派的私信给 S12、S23、S24、S27 这四名学习者发送关于课程知识点、学习资源推荐的个性化学习报告单，报告单的内容具有很强的针对性，如图 4-14 所示。

该学习报告单包括的内容有：①自测题统计情况。统计学习者的自测题得分情况、班级平均得分情况。②实验报告成绩情况。学习者实验报告成绩与班级平均成绩相比较。③课程知识点掌握情况。统计学习者测试题知识点情况、实验操作过程情况和实验报告知识点情况，分析出该学习者对课程知识点的掌握情况，最后形成一个知识点掌握情况分析表和知识分析图。④推荐相关的学习资源。针对某些知识点掌握存在严重缺陷的情况，向学习者推荐相关的学习资源，便于对知识点进行补救学习。⑤学习建议。结合学习者存在的薄弱问题，给出有针对性的学习建议。

利用课堂派的私信功能，分别为不同学习者推送个性化的学习资源，包括课件、微视频、自测题错题集以及优秀案例等，同时，为 S12、S23、S24、S27 这四名学习者指定相应的学习任务，提醒课程的考核要求，并要求他们在讨论区中分享自己的学习过程以及遇到的学习问题等。在课堂中，助教根据报告单及时跟他们沟通和讨论他们存在的学习问题以及改进的建议，并对他们做得好的方面给予表扬等；教师以及助教对他们加强关注，引导他们参与实验过程并对其重点指导，帮助他们解决学习过程中的疑问，比如频繁鼓励他们参与互动，让他们操作演示给同学们看，给予正向的赞扬等。

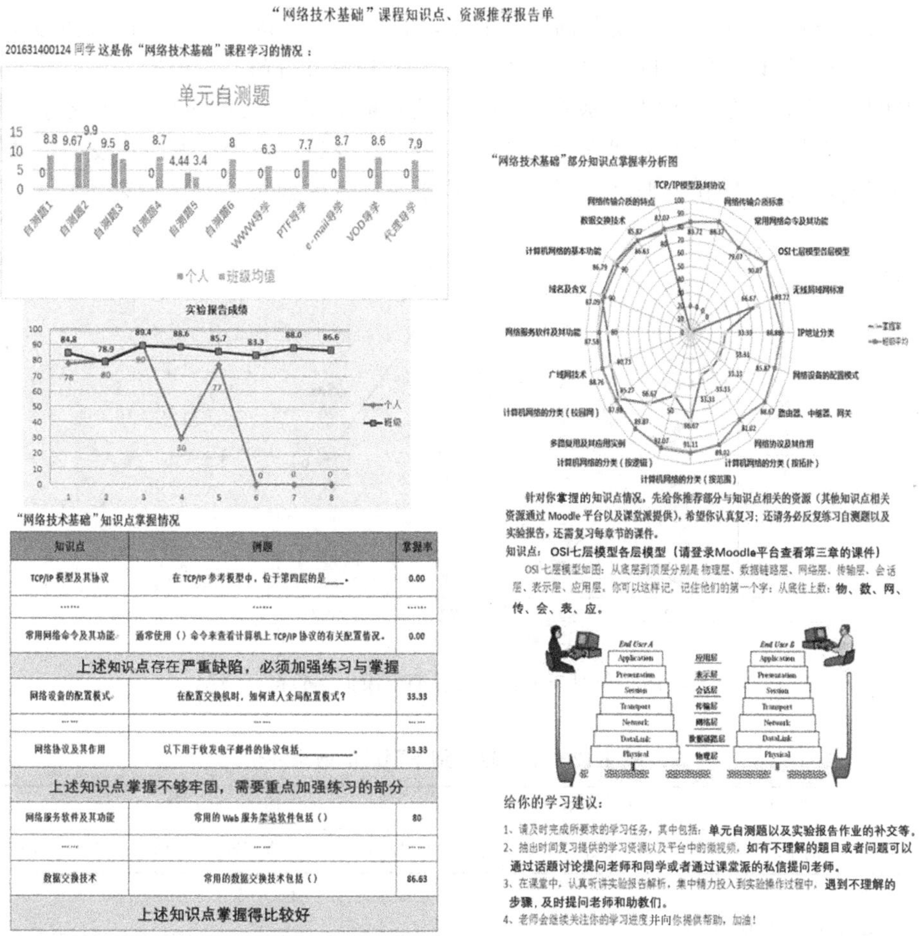

“网络技术基础”课程知识点、资源推荐报告单

201631400124 同学 这是你“网络技术基础”课程学习的情况：

“网络技术基础”知识点掌握情况

知识点	例题	掌握率
TCP/IP 模型及其协议	在 TCP/IP 参考模型中，位于第四层的是____。	0.00
……	……	……
常用网络命令及其功能	通常使用（）命令来查看计算机上 TCP/IP 协议的有关配置情况。	0.00
上述知识点存在严重缺陷，必须加强练习与掌握		
网络设备的配置模式	在配置交换机时，如何进入全局配置模式？	33.33
……	……	……
网络协议及其作用	以下用于收发电子邮件的协议包括__________。	33.33
上述知识点掌握不够牢固，需要重点加强练习的部分		
网络服务软件及其功能	常用的 Web 服务架站软件包括（）	80
……	……	……
数据交换技术	常用的数据交换技术包括（）	86.63
上述知识点掌握得比较好		

针对你掌握的知识点情况，先给你推荐部分与知识点相关的资源（其他知识点相关资源通过 Moodle 平台以及课堂派提供），希望你认真复习；还请务必反复练习自测题以及实验报告，还需复习每章节的课件。

知识点：**OSI七层模型各层模型（请登录Moodle平台查看第三章的课件）**

OSI 七层模型如图：从底层到顶层分别是 物理层、数据链路层、网络层、传输层、会话层、表示层、应用层，你可以这样记，记住他们的第一个字：从底往上数：**物、数、网、传、会、表、应。**

给你的学习建议：

1、请及时完成所要求的学习任务，其中包括：**单元自测题以及实验报告作业的补交等。**
2、抽出时间复习提供的学习资源以及平台中的微视频，**如有不理解的题目或者问题可以通过话题讨论提问老师和同学或者通过课堂派的私信提问老师。**
3、在课堂中，认真听讲实验报告解析，集中精力投入到实验操作过程中，**遇到不理解的步骤，及时提问老师和助教们。**
4、老师会继续关注你的学习进度并向你提供帮助，加油！

图 4-14　个性化学习报告单（第三轮干预）

3）第三轮干预评价

第三轮干预属于学习干预模型的最后一个干预层次，主要是针对学习者个体的干预，针对性较强。通过呈现学习者课程知识点分析情况以及知识分布图，让他们认识到自己知识点的掌握情况，提醒他们根据知识点掌握程度以及学习建议有针对性地进行学习，提高其学习效果。

经过三轮不同程度的学习干预，被干预者认可教师这种个性化的干预。期末模拟测验中，S12、S23、S24、S27 这四名学习者的得分情况如图 4-15 所示。

从图 4-15 中可以看出，S12、S23、S24、S27 这四名学习者在期末模拟测验中，均达到了考核及格的要求。这在一定程度上表明，个性化学习报告单以及推送的针对性学习资源，对学习者薄弱知识点的有效掌握起到了积极的作用；经过分析课堂行为表现发现，被个别干预的学习者逐渐能够认真听课并积极参与实验操作，玩手机以及闲聊的频率大幅度降低；线上参与话题也较积极，学习投入时间明显增多，能够自觉去完成自测题。需要说明的是，S23、S24 这两名学习者直到课程结束，仍有部分线上讨论主题未参加，少数作业未能按时提交，需要后续其他课程继续跟进。整体来看，第三轮学习干预的效果良好，如表 4-12 所示。

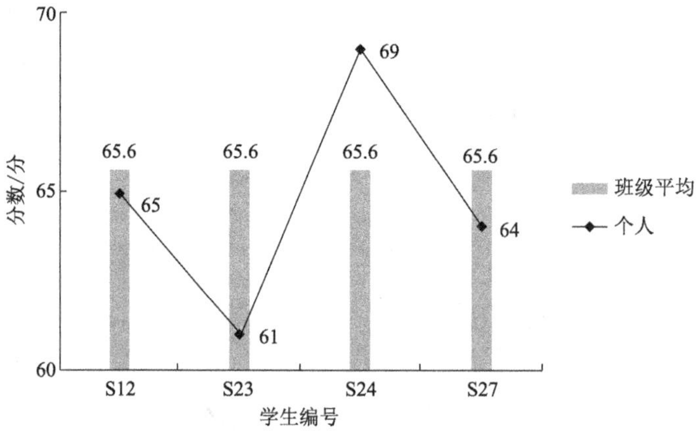

图 4-15　个别干预后学习者期末模拟测验得分情况

表 4-12　第三轮个别干预后的效果评价

干预策略	干预效果	原因
提升学习者的学习参与积极性	良好	学习报告单提醒、个性化学习资源推送、教师和助教的关注指导

4.3.5　实验总结

依据所构建的混合学习适应性干预模型，在学习者学习数据的驱动下，分别实施了三轮不同的学习干预措施，以提高学习者课程学习参与度、预防出现学业危机为干预目的；从第一轮干预、第二轮干预到第三轮干预，每一轮干预都逐步缩小范围，加大干预的准确度和强度，干预手段更加个性化。三轮的干预措施由浅入深，由群体到个体，逐步渗透到学习者中间，取得了较为明显的效果。

从整体来看，第一轮干预的策略是针对学习者群体，为他们的线上学习参与提供导向，并在课堂中告知学生学习干预的目的及要求，由于干预的手段及策略较简单，因此第一轮干预只在部分学习者中收到预期的干预效果。在第二轮干预中，干预的对象缩小至稍小范围群体，利用线上与线下结合，既分析了他们线上的学习参与情况，也分析了课堂中的学习行为表现，并有针对性地指出存在的学习问题，提供个性化的学习建议，干预效果较好。但有个别学习者对这次干预的反应不及时，依然存在学习参与积极性最低、学习任务不按时完成、课程知识点薄弱、课堂注意力不够集中等问题。第三轮干预是针对学习者个体的，通过有针对性地给他们发送有关课程薄弱知识点、学习资源推荐的个性化学习报告单，并在课堂中重点关注他们，尽可能督促他们完成课堂的任务。因此第三轮干预基本达到了预期的效果。

4.4　适应性干预实验的结果分析

依据混合学习适应性干预模型，本书在一门混合式课程中实施了多层次的学习干预模型构建实验。为了验证该模型的合理性，需要对干预效果进行评价。在研究过程中，分别在实验前以及实验后对两个班进行问卷调查，利用 SPSS 19.0 对实验数据进行处理分析，并对实验班部分同学进行访谈。

本节将从学习者学习动机、学习态度、自我效能感、线上自主学习能力、课堂行为表现、学业成绩方面进行分析与讨论，分析实验班与对照班的实验前后对比情况，并以此作为混合学习适应性干预模型改进完善的依据。

4.4.1　学习动机、学习态度和自我效能感

利用独立样本 t 检验的统计方法将实验班与对照班两组数据进行对比分析，具体的分析情况如下所示。

1. 实验班与对照班学习动机比较分析

从表 4-13 可以看出，实验班前测的平均值（M）为 22.000，对照班前测的平均值为 22.455，对照班略高于实验班，但相差甚微；同时，在表中也可以看出，二者 p 值为 0.409 且远大于 0.05，表明两个班级在前测中的学习动机不存在显著差异。因此，在实验前，实验班与对照班在“网络技术基础”这门课程中的学习动机基本一致，差别非常小。

表 4-13　实验班与对照班学习动机前测差异性分析

维度	班级	N/人	M±SD	t	p
学习动机	1 班（实验班）	27	22.000±1.840	−0.833	0.409
	2 班（对照班）	22	22.455±1.969		

注：M±SD 表示平均值加减标准差；t 表示的是对回归参数的显著性检验值，下同。

在实施干预实验后，实验班学习动机均值为 25.556，而对照班学习动机的均

值为 23.046，实验班明显高于对照班，具体如表 4-14 所示。再通过独立样本 t 检验结果可以看出，实验班和对照班在实验后学习动机方面存在显著性差异（p=0.000<0.01）；实验班学习者的学习动机明显高于对照班学习者的学习动机（t=4.656>0）。这也在一定程度上表明了学习者在干预后学习动机有了显著提升。

表 4-14　实验班与对照班学习动机后测差异性分析

维度	班级	N/人	M±SD	t	p
学习动机	1 班（实验班）	27	25.556±1.502	4.656	0.000
	2 班（对照班）	22	23.046±2.257		

2. 实验班与对照班学习态度比较分析

由表 4-15 可以看出，在实验之前，两个班级学习者的学习态度差距极小。实验班学习态度的前测均值为 22.778，略低于对照班学习态度前测均值的 22.955，但相差不大。对学习态度进行独立样本 t 检验后得出的结果是，p 值为 0.779 远大于 0.05，差异性不显著。这在一定程度上表明了两个班级学习者的学习态度在实验前没有很大的差距，基本持平。

表 4-15　实验班与对照班学习态度前测差异性分析

维度	班级	N/人	M±SD	t	p
学习态度	1 班（实验班）	27	22.778±2.259	−0.282	0.779
	2 班（对照班）	22	22.955±2.081		

对学习者进行学习干预后，他们的学习态度发生了相应的变化，如表 4-16 所示。通过实验后，实验班的学习态度均值达到了 25.667，而对照班的均值低于实验班，为 24.682。对学习态度进行独立样本 t 检验后得出的结果是，p 值为 0.035 小于 0.05，表明了在实验后两个班级的学习态度存在显著性差异。因此，本次的学习干预实验在一定程度上改善了学习者的学习态度。

表 4-16　实验班与对照班学习态度后测差异性分析

维度	班级	N/人	M±SD	t	p
学习态度	1 班（实验班）	27	25.667±2.259	2.175	0.035
	2 班（对照班）	22	24.682±0.995		

3. 实验班与对照班自我效能感比较分析

从表 4-17 可以看出，在实验之前，两个班级的学习者在“网络技术基础”这门课程的自我效能感较低。实验班的自我效能感均值为 19.556，且略低于对照班均值的 20.000。在独立样本 t 检验后得出，p 值为 0.648 远大于 0.05，表明实验之前两个班级的自我效能感没有显著差异，基本持平。

表 4-17　实验班与对照班自我效能感前测差异性分析

维度	班级	N/人	M±SD	t	p
自我效能感	1 班（实验班）	27	19.556±3.297	−0.460	0.648
	2 班（对照班）	22	20.000±3.450		

在实施干预实验后，实验班和对照班自我效能感的均值分别为 23.556、20.727，实验班明显高于对照班。如表 4-18 所示，对学习者自我效能感维度进行独立样本 t 检验后发现，p 值为 0.000，呈极其显著差异，这说明学习干预的实施对学生课程学习自我效能感的提升有很大的帮助。通过学习干预实验的实施，在一定程度上提高了实验班学生学习这门课程的自我效能感。

表 4-18　实验班与对照班自我效能感后测差异性分析

维度	班级	N/人	M±SD	t	p
自我效能感	1 班（实验班）	27	23.556±1.503	5.496	0.000
	2 班（对照班）	22	20.727±2.004		

4.4.2　线上自主学习能力

在实施学习干预之前、之后，分别对两个班级进行了关于线上自主学习能力维度的问卷调查，并在整个课程学习过程中收集整理了学生在 Moodle 平台学习参与的数据，具体分析如下。

1. 线上自主学习能力情况分析

由表 4-19 可知，实验前两个班级线上自主学习情况差不多，实验班线上自主学习前测问卷的均值为 21.444，对照班均值为 21.682，对照班略高于实验班。对线上自主学习维度进行独立样本 t 检验后，p 值为 0.785 远大于 0.05，没有显著性差异，说明了在实验之前，两个班级的学生在 Moodle 平台自主学习能力方面差异较小。

表 4-19　实验班与对照班线上自主学习能力前测差异性分析

维度	班级	N/人	M±SD	t	p
线上自主学习能力	1 班（实验班）	27	21.444±3.117	−0.274	0.785
	2 班（对照班）	22	21.682±2.885		

由表 4-20 可知，实验后两个班级的线上自主学习能力均有相应的提升，但实验班明显要高于对照班，其中前者均值为 26.296，后者均值为 22.818。通过独立样本 t 检验分析，p 值为 0.000，说明了经学习干预实验后，两个班级在线上自主学习能力方面产生了极其显著的差异。因此，这在一定程度上也表明了学习干预可以提升学生的线上自主学习能力。

表 4-20　实验班与对照班线上自主学习能力后测差异性分析

维度	班级	N/人	M±SD	t	p
线上自主学习能力	1 班（实验班）	27	26.296±0.823	8.434	0.000
	2 班（对照班）	22	22.818±1.943		

2. 线上学习参与度分析

学生线上学习过程的数据包括登录平台次数、课程时间投入、资源访问情况、话题讨论情况、章节自测题成绩以及实验报告成绩等，具体分析如下。

1）以“周”为单位统计登录平台次数、人均时间投入、资源访问次数

从首次上课到课程结束共计 18 周，第 19 周为考试周。以“周”作为时间单位对学生登录平台次数、人均时间投入、资源访问次数进行统计分析，如图 4-16 所示。

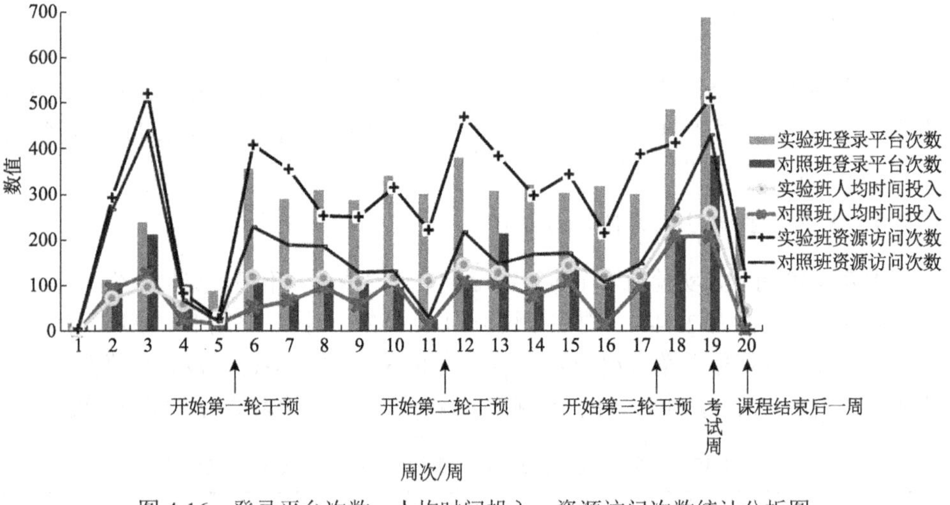

图 4-16　登录平台次数、人均时间投入、资源访问次数统计分析图

从图 4-16 可知，第 1 周学生登录平台次数、人均时间投入、资源访问次数都

较低。实验班第 1 周登录平台次数、人均时间投入、资源访问次数分别为 18 次、0.85 分钟和 6 次，而对照班则为 13 次、0.27 分钟和 3 次。这说明部分学生还没有投入平台课程的学习。登录平台次数、人均时间投入、资源访问次数从第 2 周、第 3 周开始大幅上升，从一定程度上反映出学生的学习积极性有所提升。第 5 周由于刚好处于假期，学生登录平台学习的较少，因此该周登录平台次数、人均时间投入、资源访问次数大幅下降。

就对照班而言，从第 6 周直到第 10 周，登录平台次数、人均时间投入、资源访问次数基本持平且总体低于第 2、3 周，从一定程度上说明进入学期中期学生线上参与学习的积极性下降；在教师安排学生自主学习的第 11 周即出现断崖式下降，第 12 周有所回升，第 18 周、第 19 周进入课程考核和期末考试，这段时间学生线上参与学习的积极性则大幅上升。从整个学期看，对照班的学生在平台投入的学习时间比较分散。

实验班在第 5 周结束后、第 11 周结束后、第 17 周结束后分别实施了第一轮、第二轮、第三轮学习干预。在学习干预下，学生登录平台次数、人均时间投入、资源访问次数从第 6 周开始大幅上升，且积极性能够持续保持，即使在教师安排学生自主学习的第 11 周，学生也能够保持一定的线上学习时间，而在课程期末考试后一周，依然有学生登录平台访问课程。

因此，学习干预在一定程度上可以提升学生线上学习的积极性，体现在平台登录的频率、学习资源的访问情况等，并在整个学期保持学习积极性。

2）在讨论区交互情况分析

在线上课程学习的过程中，主题讨论区是学生互动最为频繁的一个模块。通过分析学生在讨论区发帖、回帖以及浏览帖子的行为，可以揭示学生线上学习的一些交互特征。教师在 Moodle 平台的每个章节发主题帖，学生可以通过回帖或者发帖进行交流互动，发帖、回帖所建立的交互关系可视为一种社会网络。社会网络指的是社会行动者及其周围关系的集合。①在实验结束后，采用 UCINET 6 作为分析工具，对该课程的学生交互情况进行分析。

社会网络交互节点由师生群体构成，实验班共有 28 名成员，其中 1 名教师、27 名学生；对照班共有 23 名成员，其中 1 名教师、22 名学生。教师编号为 T，实验班学生编号分别为 S1,S2,⋯,S27；对照班学生编号分别为 C1,C2,⋯,C22。成员之间通过发帖和回帖建立社会网络。通过 UCINET 的 Visualize 分析分别形成了两个班的师生交互网络，如图 4-17 和图 4-18 所示。

① 刘军. 社会网络分析导论. 北京：社会科学文献出版社，2004.

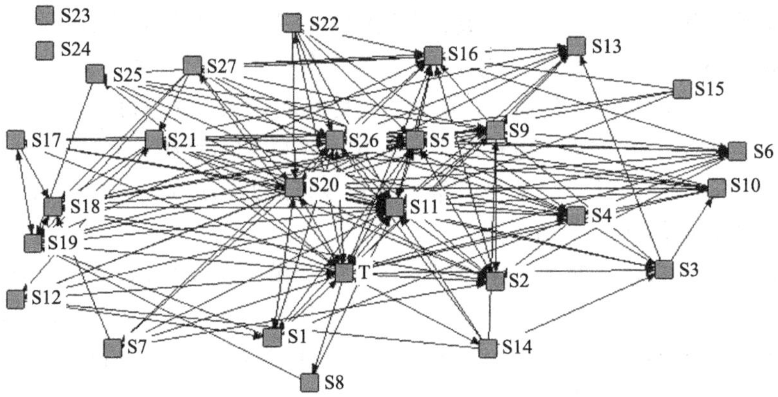

图 4-17 实验班师生交互网络图

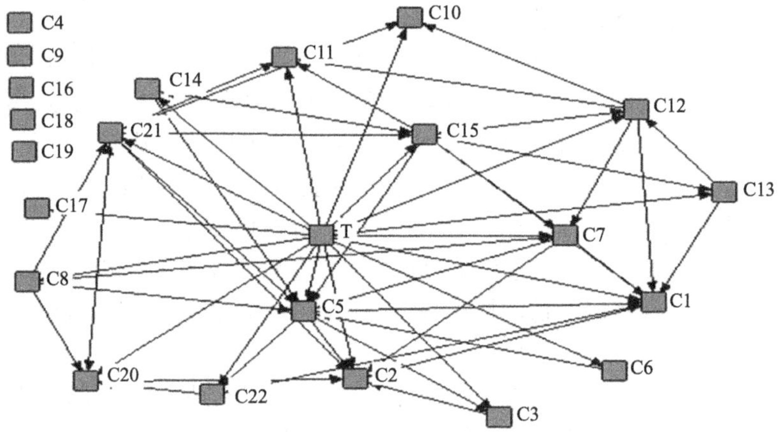

图 4-18 对照班师生交互网络图

从图 4-17 中可以发现，S26、S5、S9、S20、S11 与教师 T 都处于交互网络的中间位置，表明了这几名学习者积极与讨论区不同成员进行沟通，扮演了讨论区的领导者角色，而其他成员也较积极地参与了话题的讨论，但是依然有 2 名孤立成员，分别是 S23、S24，这两名孤立者不发帖子也从不参与他人讨论。相比较于实验班，对照班的交互强度明显较弱，如图 4-18 所示，学生的中间中心度明显要低于教师 T 的中间中心度，表明对照班的学生参与话题讨论的积极性不高，且有 5 名孤立者。由上述交互情况分析可知，学生在一定力度的学习干预下，参与论坛讨论的积极性会得到提升；让学生充分互动，论坛就可以变成一个再生的学习资源区。

整体来看，个性化、有针对性的学习干预，提高了学生学习的积极性，有助于促使学生保持一定的自主学习能力。经过三轮的学习干预后，实验班依然有

S23、S24 这两名学生存在线上学习不活跃、作业不交的情况。因此，本次实验线上学习行为并没有完全达到预期效果。但从两个班级的比较分析来看，一定程度的学习干预可以帮助学生提高其学习积极性。

4.4.3　课堂行为表现

在实施学习干预之前以及实施学习干预之后，分别对两个班级进行了关于课堂行为表现维度的问卷调查，并在整个实验过程中对学生在课堂上的行为表现进行了录制。在实验前以及实验过程中共选取了 16 节课（每节课为 45 分钟，共 720 分钟的课堂视频），利用 FIAS 进行了分析。

1. 实验班与对照班课堂行为表现问卷分析

由表 4-21 可知，实验前两个班级在课堂上的行为表现情况差不多，实验班课堂行为表现前测问卷的均值为 21.482，对照班均值为 21.636，对照班略高于实验班。对课堂行为表现维度进行独立样本 t 检验后，p 值为 0.845 远大于 0.05，没有显著性差异，说明了在实验之前两个班级的学生在课堂行为表现方面差异较小。

表 4-21　实验班与对照班课堂行为表现前测差异性分析

维度	班级	N/人	M±SD	t	p
课堂行为表现	1 班（实验班）	27	21.482±3.227	−0.196	0.845
	2 班（对照班）	22	21.636±2.013		

从表 4-22 可以看出，在经过实验之后，学生的课堂行为表现有一定的改善，实验班的均值为 23.741，对照班的均值则为 21.955，实验班明显要高于对照班。通过对课堂行为表现维度进行独立样本 t 检验后，得到 p 值为 0.015，小于 0.05，说明了在学习干预实验后，两个班级在课堂行为表现方面存在显著性差异。因此，这在一定程度上也表明学习干预可改善学生的课堂行为表现。

表 4-22　实验班与对照班课堂行为表现后测差异性分析

维度	班级	N/人	M±SD	t	p
课堂行为表现	1 班（实验班）	27	23.741±2.411	2.538	0.015
	2 班（对照班）	22	21.955±2.497		

2. 课堂中学生参与度分析

学生是知识建构的主体，其课堂行为表现可以反映出学生参与课程学习、建构知识的程度，而课堂视频可以有效记录学生课堂参与的过程，是课堂教学研究的新途径①。在实验前，笔者在实验班和对照班各选择了四节课堂视频，其中两节为理论讲解课，两节为实验操作课；实验过程中又在实验班和对照班各选择了四节课堂视频，其中两节为理论讲解课，两节为实验操作课。需要说明的是，选取的两个班级的课堂视频日期均为同步日期。再通过对课堂视频进行编码操作分析，得到图 4-19～图 4-22。

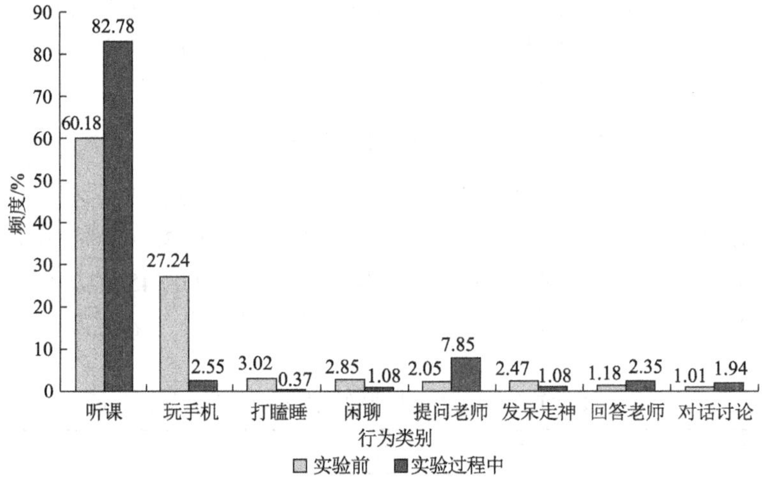

图 4-19 实验班理论讲解课中学生行为类别频度图

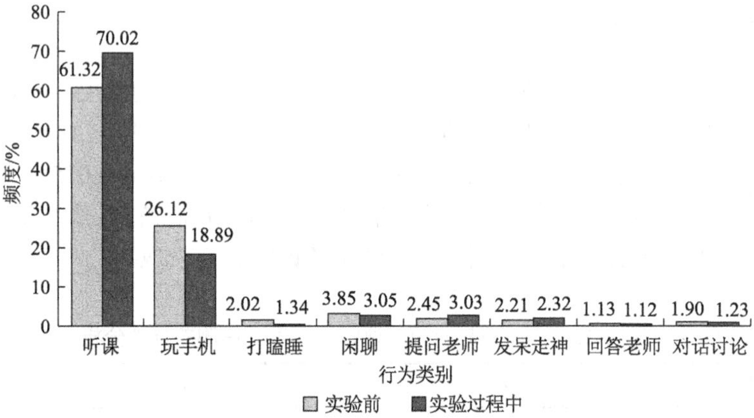

图 4-20 对照班理论讲解课中学生行为类别频度图

从图 4-19 和图 4-20 中可以看出，实验班与对照班在实验之前，以“听课”“玩手机”“打瞌睡”“闲聊”“提问老师”“发呆走神”“回答老师”“对话

① 斯海霞，叶立军. 基于视频案例下初中数学课堂学生参与度分析. 数学教育学报，2011，20(4)：10-12.

讨论”为编码内容的视频片段所占的比例相差不大。随着课堂学习进程的深入，课堂中学生参与度有所改善，而经过学习干预提醒后，实验班课堂参与度比对照班更高，其中实验班“玩手机”编码内容的视频片段所占的比例由原来的27.24%骤降至2.55%。

从图4-21和图4-22中可以看出，实验班与对照班在实验前的各类行为（如“参与实验”“闲聊”“玩手机”“对话讨论”“打瞌睡”等）的相对频度相差不大。实验班的学生在经过学习干预措施之后，在课堂中的一些不良行为有所改善，且改进的幅度比对照班大，但依然存在不良行为。

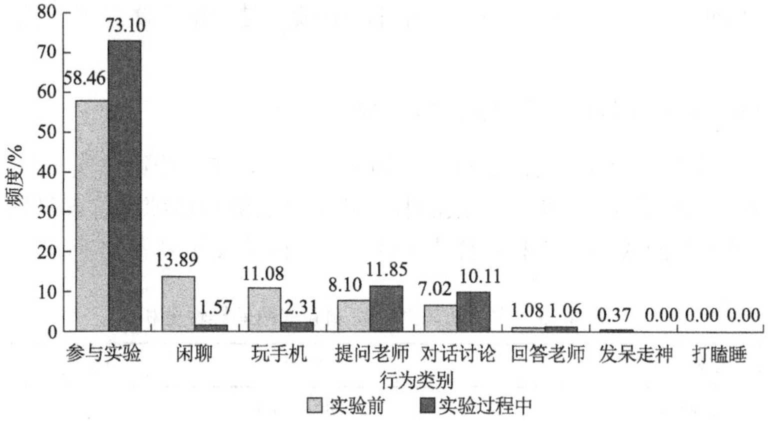

图4-21　实验班实验操作课中学生行为类别频度图

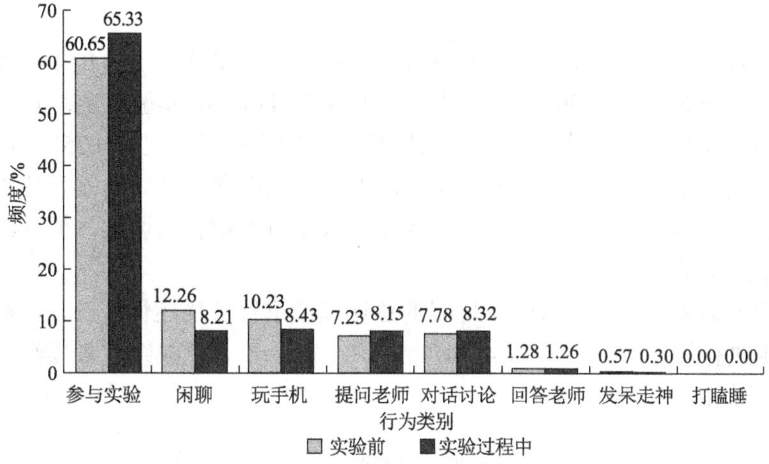

图4-22　对照班实验操作课中学生行为类别频度图

整体来说，经过学习干预提醒后，学生在课堂中的参与度得到了快速的提升，并呈现出积极的态度。依然存在不良的课堂行为表现，比如实验班还是会有人偷偷玩手机、闲聊，原因可能是课堂中的学习干预强度不够，也可能是学习干预措施的效果不够好，需要结合混合学习适应性模型在后续教学中加以改进。但是，学习干预提醒对改善学生在课堂中的不良行为的效果是值得肯定的，这也从侧面验证了混合学习适应性干预模型在课堂中的应用效果是良好的。

4.4.4 学业成绩数据

在“网络技术基础”课程中，学生的总评成绩由网上学习（30%）、实验报告（30%）、实验考核（10%）、期末成绩（30%）构成。衡量学生是否达到课程目标的标准之一是学生的成绩，同时各项成绩也是验证本次学习干预效果的重要指标。

1. 实验班与对照班学业成绩对比分析

为了了解学生在学习过程中对知识的掌握程度，在实施第二次干预前，即第10周，对两个班级统一实施了一次测验，两个班的测验成绩汇总表见附录4-2。对两个班级学生的成绩进行独立样本 t 检验，分析结果如表4-23所示。

表4-23 实验班与对照班测验成绩差异性分析

班级	N/人	M±SD	t	p
1班（实验班）	27	50.280±10.750	2.620	0.012
2班（对照班）	22	41.020±13.940		

可以看出，实验班成绩与对照班成绩存在显著性差异（p=0.012<0.05），实验班测验成绩的均值是50.280，对照班的均值为41.020，实验班的均值大于对照班，说明实验班的整体水平要高于对照班；实验班标准差是10.750，对照班为13.940，对照班的标准差要高于实验班，表明实验班学生之间的差异要小于对照班。这说明，第一轮学习干预对学生的学习效果有着积极的影响，但并没有达到统计学意义上的极其显著差异。

在学期结束后，笔者对两个班级的总评成绩进行了描述性统计，并对各项组成成绩也进行统计分析，如表4-24、表4-25所示。总评成绩、各项组成成绩汇总表见附录4-3和附录4-4。

表4-24 实验班与对照班总评成绩描述性统计

班级	N/人	均值/分	标准差	极小值	极大值
1班（实验班）	27	83.260	9.878	54	95
2班（对照班）	22	79.730	14.230	27	91

表 4-25 实验班与对照班各项成绩平均分对比统计

班级	N/人	网上学习（30%）/分	实验报告（30%）/分	实验考核（10%）/分	期末成绩（30%）/分
1 班（实验班）	27	86.070	87.070	72.220	79.720
2 班（对照班）	22	83.450	83.590	69.090	75.090

从表 4-24 分析的结果看出，实验班和对照班课程总评成绩均值分别为 83.260、79.730，实验班明显要高于对照班；实验班和对照班成绩的标准差分别是 9.878、14.230，实验班明显要低于对照班，说明了实验班学生之间的成绩比较集中且差距小于对照班。对两个班级的各项成绩进行统计分析，结果如表 4-25 所示。实验班的网上学习成绩、实验报告成绩、实验考核成绩及期末成绩均高于对照班，说明了实验班在各个方面的整体表现要好于对照班。再从两个班中的实验考核成绩分析，实验班在经过学习干预后，实验考核成绩比对照班的好，而 4.4.3 中也分析了实验班的课堂行为在学习干预后明显好于对照班，因此实验考核成绩与课堂行为表现具有一定的相关性。

2. 学生成绩与在线学习时间投入的相关性分析

为了解学生各项成绩与在线学习时间投入之间的关系，笔者以实验班各项成绩为例，与在线学习时间投入进行了相关性分析，分析结果如表 4-26 所示。

表 4-26 各项成绩与在线学习时间投入相关性分析

项目	网上学习	实验报告	实验考核	期末成绩	总评成绩
p	0.674**	0.559**	0.248	0.471*	0.684**

从表 4-26 可以看出，网上学习成绩、实验报告成绩、期末成绩、总评成绩与在线学习时间投入呈现显著的相关性，而实验考核是学生平时在课堂中进行实验操作的，因此与在线学习时间投入不呈现相关性。这说明了在一定程度上，愿意花时间去浏览课程相关资源等在线活动，对学生成绩的提升有着积极的作用。

3. 不同程度干预下学生的各项成绩分析情况

为了分析学生在不同程度干预下的成绩情况，对实验班中只接受过一次学习干预、接受过两次学习干预、接受过三次学习干预的学生的各项成绩以及时间投入分别进行统计分析，得表 4-27。可以看出，同一个班级的学生因干预层次不同，形成了三个不同的群体，即积极群体、较积极群体和一般积极群体。积极群体经过一次干预就能够保持较高的学习积极性，成绩方面也较好，而接受了三次干预的学生成绩相对还比较差，时间投入方面也少，课堂表现相对较差，因此需要接受更高层次的干预。

表 4-27　不同层次学习干预下学生各项成绩以及时间投入统计分析

类别	N/人	网上学习（30%）/分	实验报告（30%）/分	实验考核（10%）/分	期末成绩（30%）/分	总评成绩/分	平均时间投入/分钟
一次干预	5	97.2	92.8	74.0	82.7	89.2	2512.0
二次干预	18	88.6	88.6	72.8	80.8	84.7	1534.8
三次干预	4	61.0	73.0	67.5	71.0	68.3	1140.0

由上述对学生成绩的分析可以看出，经过不同程度的干预，学生在线学习时间投入增多，从一定程度上提高了学习成绩。因此，本次实验实施的学习干预方式从一定程度上提高了学生的学习成绩，也验证了混合学习适应性干预模型起到较好的效果。

4.4.5　学生访谈记录

为了进一步了解学习者对混合学习适应性干预模型的看法及感受，在实验结束后，随机选择接受了第一次学习干预的两名学习者，接受了第一次、第二次学习干预的两名学习者，接受了第一次、第二次、第三次学习干预的两名学习者进行了访谈，访谈提纲及受访者回答的主要内容如下。

（1）利用月报单的方式让你注意到自己的学习情况。你觉得月报单的方式对你学习有帮助吗？为什么？

答：我觉得月报单对自己的学习是有一定的帮助的，因为我们大多数人基本不会去整理自己每个月的学习情况，而月报单不仅能反馈自己一个月以来的学习情况，还能看到班级的平均水平，会鞭策我们更加努力学习，特别是课堂上的提示，让自己更加注意课堂的学习行为情况，做到认真听课。

（2）除了本课程的这种提醒形式，你希望其他老师使用这种提醒方式么？为什么？

答：我觉得这种提醒方式还挺好的，又比较隐私，而且还有反馈，信息也比较全面，可以让自己更加了解当前的学习情况，这个以前是没有的，所以比较喜欢这样的方式。

（3）除了月报单提到的内容，你还希望老师给你提供哪些学习方式？

答：教学内容要贴近现实生活，这样会让我们更感兴趣，建议根据课程知识迁移到实际生活中的一些例子，对我们可能帮助会更加大。

对整理的访谈内容进行文本分析后得到的结果如图 4-23 所示。根据观点提取以及词云分析可以看出，接受访谈的学习者认为月报单的方式是好的，信息全面，对自己的学习帮助是快速有效的，呈现的看法都倾向于积极方面的，说明学习者对这种学习干预的方式和内容持乐观的态度。从侧面表明了混合学习适应性干预对部分学生还是很有效的。

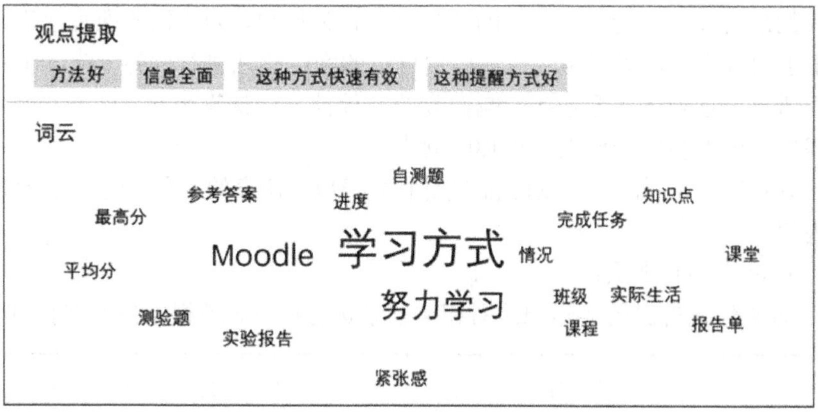

图 4-23　访谈内容观点提取和词云分析图

4.4.6　干预效果总结

本实验通过前后调查问卷、访谈以及学习行为等数据分析，证实学习干预措施可以促使学生保持学习的积极性并督促其改善不良的学习行为。从实验班学生访谈的结果来看，他们对这种学习提醒方式持积极的态度，可以督促他们跟上学习的进度；从前后测问卷分析、线上学习行为分析、课堂行为表现分析看到，经过学习干预之后，学习者个人对课程学习的效能感增强了，说明学习者对课程的内容以及学习方式有足够的认识，学习态度以及学习动机的提升说明学习者自己愿意付出更多的努力，主动跟同学以及老师交流，通过积极的态度去加深自己的学习，进一步提升自己。从课堂中的行为表现也可以看出，学生意识到自己课堂学习存在学习问题并尝试去改变。总体来说，经过学习干预后，大部分学习者从学习态度、学习动机、自我效能感上得到了较大的提升，结合学习者对自身不足的认识及改变，说明大部分学习者在学习行为、学业、能力发展上是往积极方向发展的。

但在三轮不同程度的学习干预下，最终仍有 1 名学生达不到预期的效果，该名学习者总评成绩为 54 分，未能有效规避学习风险。这表明本次的干预措施及策略对这名学生并没有起到理想的效果。结合课堂观察及访谈分析，了解到主要原因是该生自控能力很差，虽然三轮学习干预在一定程度上促使其积极参与学习，但最终未能充分激发该生的内部学习动机，有待后续进一步改进学习干预策略。

4.5 本章附录

附录 4-1 关于课程教学的问卷

亲爱的同学，你好！

我们想通过本问卷来了解你的课程学习行为情况，为我们的课程建设提供参考。由于回答不存在对或错，请你根据自己的实际想法进行回答。问卷填写不完整或者所有选项一致将会直接影响问卷的有效性，请认真填写。

我们保证不会向任何人提供你的问卷。

感谢你的支持，你的配合对我们的课程建设以及研究的顺利开展具有重要意义。

说明：

1. 此问卷共有 2 页；
2. 希望你按自己的实际想法对相关问题进行回答，请根据你的选择打“√”。

维度	题目	非常同意	同意	不确定	不同意	非常不同意
学习动机	1.在本课程中，我比较喜欢有挑战性的内容，因为这样我可以学到新东西					
	2.在本课程中，我比较喜欢能引起我好奇心的内容，即使困难也无所谓					
	3.我在本课程中能学到有用的东西，即使分数不是很高也可以接受					
	4.在本课程中得到好成绩，对我来说是件令人满足的事情					
	5.如果可以，我希望在本课程中取得全班最高的成绩					
	6.在老师、同学或者其他人面前展现自己的优秀能力，对我来说是很重要的					
学习态度	7.我觉得学习这门课程是有意义且值得的					
	8.我觉得学习跟这门课程有关的知识是值得的					
	9.我觉得把这门课程学好是值得的					
	10.我觉得学习和了解更多有关这门课程的内容是重要的					
	11.我想了解更多这门课程的学习内容					
	12.我会主动上网搜索更多与这门课程相关的内容					
自我效能感	13.我相信我可以在这门课程中得到优异的成绩					
	14.我确信我能够掌握这门课所教的方法技能					
	15.我预期能在这门课上拿到高分					
	16.我能理解这门课程最难的部分					

续表

维度	题目	非常同意	同意	不确定	不同意	非常不同意
自我效能感	17.我自信能学好这门课所教的知识					
	18.我自信能够把这门课程所指定的实验和操作部分做得很好					
线上自主学习	19.在线上学习中，我对学习任务设定了要达到的标准					
	20.在线上课程中，我对自己的学习表现有高标准的要求					
	21.除了线上课程中指定的问题，我会尝试解决其他问题，以熟悉课程教授的内容					
	22.在线上课程中，除了指定的时间，我会使用其他时间来进行学习活动					
	23.我会和同学在线上分享遇到的问题，并努力找到解决问题的方法					
	24.在线上学习过程中，我会通过与同学的讨论来了解自己学得好不好					
课堂行为表现	25.在课堂上，我所想的或做的都是与学习有关的事					
	26.在课堂上，我不需要老师或者同学的督促就会好好听讲					
	27.在课堂上，我总能按照老师的要求，开展相应的学习活动					
	28.在课堂上，我会积极同老师交流互动					
	29.在课堂讨论时，我积极参与其中，倾听他人意见					
	30.在课堂上，我经常会注意到老师提问的内容，可以回答相应的问题					

问卷到此结束，再次感谢你的支持！

附录 4-2　第一轮干预后两个班测试成绩汇总

实验班学生编号	实验班成绩/分	对照班学生编号	对照班成绩/分
S1	75	C1	32.5
S2	52.5	C2	35
S3	50	C3	37.5
S4	47.5	C4	45
S5	55	C5	45
S6	42.5	C6	50
S7	47.5	C7	45

续表

实验班学生编号	实验班成绩/分	对照学生编号	对照班成绩/分
S8	65	C8	15
S9	45	C9	30
S10	45	C10	55
S11	37.5	C11	27.5
S12	32.5	C12	30
S13	45	C13	77
S14	45	C14	47.5
S15	57.5	C15	35
S16	60	C16	37.5
S17	52.5	C17	57.5
S18	47.5	C18	17.5
S19	50	C19	55
S20	47.5	C20	47.5
S21	37.5	C21	45
S22	55	C22	35
S23	52.5		
S24	50		
S25	35		
S26	80		
S27	47.5		

附录 4-3　实验班学生成绩汇总

学生编号	网上学习/分	实验报告/分	实验考核/分	期末成绩/分	总评成绩/分
S1	99	85	60	61.5	80
S2	100	96	90	89	95
S3	94	94	70	87	90
S4	93	93	90	87.5	91
S5	98	91	70	70	85
S6	98	92	50	75.5	85
S7	85	93	60	71	81
S8	84	86	60	70	78
S9	90	91	60	81	85
S10	90	89	80	72.5	83
S11	100	92	80	83.5	91

续表

学生编号	网上学习/分	实验报告/分	实验考核/分	期末成绩/分	总评成绩/分
S12	80	79	70	75	77
S13	100	90	80	91	92
S14	86	92	70	81	85
S15	76	88	70	66	76
S16	95	95	90	86.5	92
S17	85	91	90	80	86
S18	82	89	70	88	85
S19	93	90	70	92.5	90
S20	100	90	100	92	95
S21	93	89	70	94	90
S22	93	92	60	81	86
S23	48	57	70	78	62
S24	50	44	60	67	54
S25	61	86	70	69	72
S26	98	94	70	90	92
S27	53	83	70	73	70

附录 4-4　对照班学生成绩汇总

学生编号	网上学习/分	实验报告/分	实验考核/分	期末成绩/分	总评成绩/分
C1	89	92	60	71	82
C2	88	87	60	54	75
C3	97	87	90	85	90
C4	76	71	60	77	73
C5	95	92	90	69	86
C6	92	87	70	63	80
C7	99	91	60	89	90
C8	71	81	60	61.5	70
C9	81	83	70	89	83
C10	93	90	60	82	86
C11	94	89	60	81.5	85
C12	100	92	80	80	90
C13	89	87	70	89	87
C14	100	94	60	85	90
C15	95	90	90	87	91

续表

学生编号	网上学习/分	实验报告/分	实验考核/分	期末成绩/分	总评成绩/分
C16	44	80	70	69	65
C17	75	82	60	61	71
C18	21	7	60	43.5	27
C19	66	82	70	64.5	71
C20	100	93	80	79	90
C21	80	91	70	78	82
C22	91	91	70	94	90

第5章

学习分析技术支持的元认知干预

5.1 元认知与元认知干预

信息时代的发展为学习者提供了越来越丰富的学习资源，社会对人才培养的要求也越来越高。自主学习与终身学习成为新时代的新需求，这要求学习者能够对自身知识水平有明确清晰的认知，具备合理规划、监控和调节自身学习的能力。然而，许多学习者受“填鸭式”教学影响，其自我调节学习的能力偏低。元认知是对当前认知活动的认知，是个体对自我学习过程的管理、监控和调节。因此，可以通过培养学习者的元认知水平来提升学习者的自主学习能力，从而使得学习者学会如何进行自我监控与调节。但是，目前关于教师如何在课堂上或潜在地实施元认知干预的研究还比较薄弱，关于如何有效进行元认知评估的研究也有待深入。

5.1.1 研究背景和意义

1. 元认知研究的背景

1）21世纪人才培养对自主学习能力提出了更高的要求

学会学习和自我调节学习被普遍认为是21世纪人才应该掌握的核心技能。[①]然而很多研究表明，目前大学生的调节性学习能力普遍偏低[②]，特别是面对复杂任务或解决复杂问题的时候，大多数学生不知道如何进行适应性的调节。通过培

① 吴希. PYP课程支持自我调节学习研究. 上海：华东师范大学, 2018.

② Lee H W, Lim K Y, Grabowski B. Improving self-regulation, learning strategy use, and achievement with metacognitive feedback. Educational Technology Research and Development, 2010, 58(6): 629-648.

养学习者的自主学习意识能够促使学习者学会学习和自我调节学习、提升其元认知水平。并且，自我调节学习是元认知层次的学习[①]，元认知的计划、监控与调节过程是调节学习的核心要素。[②]元认知被认为是批判性思维、自我调节学习和终身学习的基本技能[③]，它能帮助学习者改善自身的学习策略、监控并调节学习过程。

目前，受应试教育的影响，大多数学习者习惯了教师的“填鸭式”教学方式。同时，教师忽略了对学习方法及策略选择的指引，导致许多学习者缺乏对学习过程的自我监控和调节的能力。因此，大学生的元认知能力的培养成为值得关注的问题，设计在实际教学中具体可行的元认知干预策略成为亟待解决的问题。

2）学习分析技术的发展为元认知测评提供了客观依据

学习分析技术即收集学习者在学习活动中的数据，继而运用多种方法和工具手段对其进行全面解读的技术。[④]学习行为被认为是学习者真实思维和学习情况的外在表现[⑤]，较难通过可视化等方式将其抽象表现。随着学习分析、数据挖掘等技术的日益成熟，为通过学习行为的分析来解析学习者内在思维等提供了技术支持，也为元认知干预的分析提供了新的机遇。郁晓华和顾小清认为可以通过学习分析技术分析学习者的学习行为，通过倒溯的方式来探究包含在行为中的思想等内隐元素。[⑥]为此，本章设计了元认知干预模型，继而将其应用于真实教学环境中，尝试通过元认知干预来改善学习者的学习效果、提高其元认知水平；并将学习分析技术与问卷调查等传统测量方法相结合，以求客观真实地测评学习者的元认知水平。

2. 元认知研究的意义

本章从学习分析的角度出发，构建元认知干预模型，以学习分析技术和可视化技术等为工具来收集、整理和分析学习者在学习任务、活动等过程中产生的大量学习行为数据，与问卷调查等传统测量方式相佐证，力求更客观、真实地测量学习者的元认知水平，探究哪种元认知干预方式更加有效，并通过实验研究分析

---

① Jrvel S, Hadwin A. New frontiers: Regulating learning in CSCL. Educational Psychologist, 2013, 48(1): 25-39.

② Hadwin A F, Järvelä S, Miller M. Self-regulated, co-regulated, and socially shared regulation of learning// Zimmerman B J, Schunk D H (Eds.), Handbook of Self-regulation of Learning and Performance. Oxford: Taylor & Francis, 2011: 65-84.

③ Medina M S, Castleberry A N, Persky A M. Strategies for improving learner metacognition in health professional education. American Journal of Pharmaceutical Education, 2017, 81(4): 78-92.

④ 潘青青，杨现民，陈世超. 国际学习分析技术研究进展与趋势分析：基于 2014 年至 2016 年 *Journal of Learning Analytics* 论文分析. 中国远程教育，2019，(3)：14-22，92.

⑤ 胡艺龄，顾小清，赵春. 在线学习行为分析建模及挖掘. 开放教育研究，2014，20(2)：102-110.

⑥ 郁晓华，顾小清. 学习活动流：一个学习分析的行为模型. 远程教育杂志，2013，31(4)：20-28.

哪种形式的干预能够帮助学习者提升其元认知水平，分析不同形式的学习干预对学习者元认知能力发展的效果差异，以期将研究结果应用于教学实践，帮助教师有效实施元认知干预，从而提升学习者的元认知水平，并增强学习者自主学习的意识。

随着时代的发展，自主学习和终身学习已成为现代社会对人才培养的新要求。要提升学习者的自主学习能力，提升学习者的元认知水平是其中一个重要且有效的途径。相比中小学校而言，高校课程的学习方式和学习情境对学习者的自主性以及自我监控能力要求更高。元认知是人对认知活动的自我意识和自我调节，换而言之，它是人类思维的监控系统，并且它在学习活动中起着至关重要的作用，因此关注如何培养学习者的元认知能力具有重要的理论与实践意义。

5.1.2 相关概念界定

1. 元认知

元认知被许多学者认为是一种复杂模糊的结构，具有多种不同的含义。美国心理学家 Flavell 被认为是第一个提出元认知概念的学者，元认知一词是他从元记忆这个词衍生出来的。虽然不同的学者对元认知的定义各不相同，但最为常见的是将元认知定义为个体对其认知结构有一定的认知，并能够组织这种认知结构。[①②③]

Flavell 将元认知定义为个体对自身认知过程、结果或与之相关的任何事物的认知。[④]随后 Flavell 研究了儿童是否能够意识到理解控制他们的记忆和认知，并得出儿童拥有反映其自身认知过程的能力的结论，最终将元认知定义为学习者对自身认知的信息。Brown 在 Flavell 之后又进行了大量的研究，将元认知定义为学习者在学习和解决问题的情境中所使用的思维过程的意识和组织[⑤]，是个体对自我学习过程的管理和控制。[⑥]另外，Swanson 认为元认知是指个体对自身学习活

---

① Flavell J H. Metacognition and cognitive monitoring: A new area of cognitive-developmental inquiry. American Psychologist, 1979, 34(10): 906-911.

② Schraw G. The effect of metacognitive knowledge on local and global monitoring. Contemporary Educational Psychology, 1994, 19(2): 143-154.

③ Georghiades P. From the general to the situated: Three decades of metacognition. International Journal of Science Education, 2004, 26(3): 365-383.

④ Flavell J H. Metacognitive aspects of problem solving. The Nature of Intelligence, 1976, (12): 231-235.

⑤ Brown A L. Technical Report No. 47. Knowing when, where, and how to remember: A problem of metacognition//Glaser R (Ed.), Advances in Instructional Psychology. Hillsdale: Lawrence Erlbaum Associates, 1977: 8-13.

⑥ Brown A L. Bransford J D, Ferrara R A, et al. Technical Report No. 244. Learning, remembering, and understanding//Flavell J H, Markman E M (Eds.), Carmichael's Manual of Child Psychology. New York: Wiley, 1982: 85-87.

动过程的监控、调节和控制。[①]Wilson 则认为元认知是对学习者思维过程和学习策略的知识和认知。[②]国内也有一些学者提出了自己对元认知的见解和观点，如董奇认为元认知是人类对认知活动的自我意识和自我调节[③]，而汪玲等人认为元认知是个体对当前认知活动的认知调节。[④]

尽管不同研究者对元认知提出了不同定义，但本质上都将其视为一种观察、监控学习者自身学习过程并调节其学习行为和策略的能力。[⑤]综合前述研究的各种观点，本书将元认知界定为学习者对自身表现能力的感知和对自身学习过程监控的一种能力，这种能力帮助学习者理解和优化学习、记忆和表现的方式，使学习者避免使用过去无效的学习策略或产生消极的学习行为。

2. 元认知干预

元认知被认为是学习者进行自我调节学习、终身学习的一项基本技能，它有助于学习者进行理解和解决问题的监控和调节。[⑥]本书基于上文中关于元认知的概念，将元认知干预界定为教师选择恰当的干预策略，或与其他干预措施（如解决问题、加深概念理解等）相结合，通过精心设计的学习活动，帮助学习者在学习过程中发展元认知技能。本书期望通过对元认知的干预来增强学习者对学习过程中的行为表现等的有意识的监控与调节，从而丰富学习者的元认知知识，丰富学习者的元认知体验，并促进学习者的元认知监控。

5.1.3 元认知干预研究现状

元认知干预能促使学习者对自身学习情况等进行自我监控与反思，从而调动其元认知意识，使其能够进行更合理的自主调节学习和规划。同时，已有研究证明，提升学习者的元认知水平能够有效改善学习者在学习过程的表现和学习结果。[⑦⑧]例如，Chevalier 和 Blaye 通过探索 6 岁和 10 岁儿童在完成任务过程中的

---

① Swanson H L. Influence of metacognitive knowledge and aptitude on problem solving. Journal of Educational Psychology, 1990, 82(2): 306-314.

② Wilson J. Assessing metacognition: Legitimising metacognition as a teaching goal. Reflect, 1998, 4(1): 14-20.

③ 董奇. 论元认知. 北京师范大学学报，1989，(1)：68-74.

④ 汪玲，郭德俊. 元认知的本质与要素. 心理学报，2000，32(4)：458-463.

⑤ Bonner J. Implications of cognitive theory for instructional design: Revisited. Educational Communication and Technology: A Journal of Theory, Research, and Development, 1988, 36(1): 3-14.

⑥ Medina M S, Castleberry A N, Persky A M. Strategies for improving learner metacognition in health professional education. American Journal of Pharmaceutical Education, 2017, 81(4): 78-92.

⑦ Read T, Barcena E. Metacognition as scaffolding for the development of listening comprehension in a social MALL App. RIED Revista Iberoamericana de Educación a Distancia, 2016, 19(1): 103-120.

⑧ Cunningham N R, Eastin M S. Second screen and sports: A structural investigation into team identification and efficacy. Communication & Sport, 2017, 5(3): 288-310.

元认知策略与学习投入的关系发现，其元认知策略能够有效调节学习投入。[①]根据 Ackerman 和 Goldsmith 的研究，学习者对自身表现能力的自我感知与他们监控学习过程的能力（即元认知能力）有关，并最终影响他们自己的知识学习。[②]还有研究者观察研究了七十多位被试完成指定学习任务的过程，并经过分析发现，元认知策略能够显著影响学习者的学习投入，从而影响其学习效果。[③]

早在 1976 年，Flavell 便提出了相应的观点，认为通过反复的训练可以促使学习者形成元认知意识，并能够在后续学习过程中成为学习者的习惯性行为。Azevedo 和 Cromley 通过研究发现，不同学科领域的学习者在不同阶段接受元认知提升训练，均有助于提高其学习效果，并增加其主动调整学习策略的次数。[④]有研究者认为，学习者如果知道他们所掌握知识的情况，那么他们就会有意识地思考他们自己在做什么，使得学习更有意义，而元认知能够使学习者进行反思性思考，从而帮助学习者解决问题、了解问题的背景。[⑤]Kramarski 等通过研究发现，经过元认知训练的学习者在问题解决、自我管理等方面的能力均优于那些没有经过元认知训练的学习者。[⑥]Macaro 和 Erler 提出，元认知教学可以帮助学习者提高他们的学习表现[⑦]，然而学习者往往不懂得如何使用执行任务的知识和策略，因此，教师通过元认知干预提高学生的元认知水平对促进学生的学习起着至关重要的作用。[⑧]

综上所述，元认知的调控特别是元认知的监控和计划相结合，可以提高学习者的学习成绩。前述相关研究均表明了元认知干预的可行性，教师及研究人员可以通过元认知干预来帮助学习者提升元认知水平并获取自主监控、调节学习的技

---

① Chevalier N, Blaye A. Metacognitive monitoring of executive control engagement during childhood. Child Development, 2016, 87(4): 1264-1276.

② Ackerman R, Goldsmith M. Metacognitive regulation of text learning: On screen versus on paper. Journal of Experimental Psychology: Applied, 2011, 17(1): 18-32.

③ Gavric D, Moscovitch D A, Rowa K, et al. Post-event processing in social anxiety disorder: Examining the mediating roles of positive metacognitive beliefs and perceptions of performance. Behaviour Research and Therapy, 2017, 91: 1-12.

④ Azevedo R, Cromley J G. Does training on self-regulated learning facilitate students' learning with hypermedia? Journal of Educational Psychology, 2004, 96(3): 523-535.

⑤ Nurkaeti T, Turmudi T, Karso K. How to use metacognitive strategy in the open-ended approach? Journal of Physics: Conference Series, 2019, 1157(2): 1-6.

⑥ Kramarski B, Mevarech Z R. Enhancing mathematical reasoning in the classroom: The effects of cooperative learning and metacognitive training. American Educational Research Journal, 2003, 40(1): 281-310.

⑦ Macaro E, Erler L. Raising the achievement of young-beginner readers of French through strategy instruction. Applied Linguistics, 2008, 29(1): 90-119.

⑧ Lee L, Mak P. Metacognition and metacognitive instruction in second language writing classrooms. TESOL Quarterly, 2018, 52(6): 1085-1097.

能。然而，关于教师如何在课堂上实施元认知训练的研究较为缺乏。大多数论文都缺少关于教师如何进行元认知干预或元认知评估的详细论述。[①]因此，本章将构建一个元认知干预模型，并将其应用到实际教学环境中，以期为后续在实际教学中实施元认知干预训练提供参考。

5.1.4 元认知测评

1. 元认知的传统测评方式

以往传统的元认知测评方法大多为问卷调查法、出声思维法和自我报告法[②]，在实践教学环境中，通过学习者的一些外显情况难以直接判断其元认知水平，也较难对其元认知进行直接干预。[③]

1）问卷调查法

问卷调查法是研究元认知问题的常用方法，采用结构良好的问卷来测量个体有关心理特征或学习行为态度，这种测量方法不仅可以反映出关于学习者记忆和心理等方面的信息，还能获得无法通过直接观察所得的元认知过程的信息。例如在化学教育研究中的元认知评价大多采用自我报告问卷，如元认知活动量表（MCAI）问卷、Wandersee 的阅读策略问卷或学习过程问卷等。[④⑤]

目前，由 O'Neil 编制的元认知问卷[⑥]和 Sperling 编制的儿童元认知意识问卷[⑦]均得到了普遍应用。Kleitman 编制了一份能够检测认知主体对自身元认知知识的掌握程度和学习中调节意识的强弱的调查问卷。[⑧]Cartwright-Hatton 和 Wells 于 1997 年编制了元认知调查问卷[⑨]，并通过验证，取得了良好的信度和效度，但题

① Lavi R, Shwartz G, Dori Y J. Metacognition in chemistry education: A literature review. Israel Journal of Chemistry, 2019, 59: 583-597.

② Bannert M, Mengelkamp C. Assessment of metacognitive skills by means of instruction to think aloud and reflect when prompted. Does the verbalisation method affect learning? Metacognition and Learning, 2008, 3(1): 39-58.

③ Vukman K B, Licardo M. How cognitive, metacognitive, motivational and emotional self-regulation influence school performance in adolescence and early adulthood. Educational Studies, 2010, 36(3): 259-268.

④ Cooper M M, Sandi-Urena S, Stevens R. Reliable multi method assessment of metacognition use in chemistry problem solving. Chemistry Education Research and Practice, 2008, 9(1): 18-24.

⑤ Wandersee, J. H. Ways students read texts. Journal of Research in Science Teaching, 1988, 25: 69-84.

⑥ O'Neil H F, Brown R S. Differential effects of question formats in math assessment on metacognition and affect. Applied Measurement in Education, 1998, 11(4): 331-351.

⑦ Sperling R A, Howard B C, Miller L A, et al. Measures of children's knowledge and regulation of cognition. Contemporary Educational Psychology, 2002, 27: 51-79.

⑧ Kleitman S, Stankov L. Self-confidence and metacognitive processes. Learning and Individual Differences, 2007, 17(2): 161-173.

⑨ Cartwright-Hatton S, Wells A. Beliefs about worry and intrusions: The meta-cognitions questionnaire and its correlates. Journal of Anxiety Disorders, 1997, 11(3): 279-296.

量较多。2004 年该问卷通过修订，提出了一个更加简短的版本，即 MCQ-30，问卷总计只有 30 题。[①]Spada 等通过对 420 位研究对象进行调查，最终检测出了被试的元认知与负面情绪、压力知觉之间的关系。[②]Chen 等编制了可以用于测量学生元认知变化情况的元认知量表[③]，该量表共由 12 个项目组成，重点在于测量学习者的元认知监控与调节，可以被用来测量学习者在参与学习活动后元认知监控水平是否有所提升。

在国内，也有部分学者编制修订了用于测量学习者元认知的问卷，如汪玲等人编制了适用于中学生和大学生群体的元认知问卷，该问卷共包含了元认知的三个维度[④]，并通过 LISREL 8.02 对问卷收集的数据进行了验证性因素分析，最终结果表明，元认知知识、体验和监控这三个维度与数据间有较好的拟合度，且三个维度的假设比两个维度的假设与数据之间有着更佳的拟合度。张雅明和俞国良通过对现有的元认知概念体系的分析、整合，设计了适用于小学高年级学生的《儿童元认知问卷》，并取得了良好的信度和效度。[⑤]唐剑岚等基于数学学科的特性设计了用于探究数学问题解决中的元认知问卷量表。[⑥]范文超等对 Cartwright-Hatton 和 Wells 提出的 MCQ-30 问卷进行了翻译与修订，并在大学生群体中发放，考察其信度和效度，为开展元认知测评相关研究提供了有效工具。[⑦]

2）出声思维法

出声思维法由德国心理学家 Duncker 提出，后被认知心理学家 Newell 和 Simon 加以利用。[⑧]它是用于认知心理学研究的一种基本方法，要求学习者在进行任务操作的过程中，用言语表达自己正在进行的行为和思维，依靠录音等设备将记录保存下来，研究者以此来进行后期的整理、分析[⑨]，来推断学习者的元认知水平。Veenman 利用出声思维法测试大学生的元认知能力，发现元认知技能与智力同时发展，但并不完全依赖于智力；元认知技能具有普遍性，但对于低年级学

① Wells A, Cartwright-Hatton S. A short form of the metacognitions questionnaire: Properties of the MCQ-30. Behaviour Research and Therapy, 2004, 42(4): 385-396.

② Spada M M, Nikevi A V, Moneta G B, et al. Metacognition, perceived stress, and negative emotion. Personality and Individual Differences, 2008, 44(5): 1172-1181.

③ Chen C H, Chiu C H. Collaboration scripts for enhancing metacognitive self-regulation and mathematics literacy. International Journal of Science and Mathematics Education, 2016, 14(2): 263-280.

④ 汪玲，郭德俊，方平. 元认知要素的研究. 心理发展与教育，2002，(1)：44-49.

⑤ 张雅明，俞国良. 《儿童元认知问卷》的编制与修订. 应用心理学，2005，(3)：51-56，74.

⑥ 唐剑岚，周莹，汤服成. 数学问题解决中的元认知问卷量表的设计. 数学教育学报，2005，(4)：48-52.

⑦ 范文超，符仲芳，徐慰，等. 元认知问卷在中国大学生中的修订. 中国临床心理学杂志，2017，(3)：448-452.

⑧ 王甦，汪安圣. 认知心理学. 北京：北京大学出版社，1992：14-16.

⑨ 韩青青，韩芳芳. 出声思维法：研究网络用户信息行为的有效方法. 新世纪图书馆，2013，(6)：70-72，79.

习者存在一定的领域相关性。[①]Madden 通过出声思维法探究 15 位儿童在完成任务过程中使用的策略，让他们对其行为进行解释，最终研究结果显示，出声思维法可以对儿童的内在认知进行探究测量。[②]Cullum 利用出声思维法帮助五年级学生寻找出其阅读策略的问题，以帮助其更好地完成阅读任务。[③]Ericsson 和 Simon 的研究表明，出声思维法并不会改变研究对象的思维过程，相反，它是研究学习者内隐认知过程的一种可靠方法。[④]因此，出声思维法能够实现对学习者元认知监控过程的实时描述，从而避免问卷调查产生的评估偏差，但这种测量方式会分散学习者执行学习任务的注意力，对学习者造成一定的干扰。

3）自我报告法

自我报告法是学习者在完成指定任务过程中通过问题的形式进行报告，从而实现对其元认知活动情况的了解。自我报告法常常以提问的方式辅助完成，如 Collins 等通过自我报告法对教师对教学意义的五种不同观点进行了评估，从而促进了研究对象进行自我反思。[⑤]还有研究者通过自我报告法观察了 64 名儿童在不同学习情境中的元认知水平差异，最终发现儿童在同伴学习的情境下学习效果最佳。[⑥]

2. 学习分析技术支持下的元认知测评

元认知作为一种高阶思维，被认为是表征学习者认知过程的能力，其作用过程发生于学习者内部心理，因此，在教学实践中较难根据学习者的外显情况对其进行准确的测量与评估。[⑦]以往对学习者元认知水平的测量多采用问卷调查、出声思维法和自我报告法等，这些方法均由学习者根据记忆、主观感受完成，缺乏对元认知水平测量的客观依据，因此存在较多的主观因素（如自身性格、社

---

① Veenman M V J, Spaans M A. Relation between intellectual and metacognitive skills: Age and task differences. Learning and Individual Differences, 2005, 15(2): 159-176.

② Madden A D, Ford N, Miller D, et al. Children's use of the internet for information-seeking: What strategies do they use, and what factors affect their performance? Journal of Documentation, 2006, 62(6): 744-761.

③ Cullum L. Encouraging the reluctant reader: Using a think-aloud protocol to discover strategies for reading success. Report for Department of English, Indiana University of Pennsylvania, 1998.

④ Ericsson K A, Simon H A. How to study thinking in everyday life: Contrasting think-aloud protocols with descriptions and explanations of thinking. Mind, Culture, and Activity, 1998, 5(3): 178-186.

⑤ Collins J B, Pratt D D. The teaching perspectives inventory at 10 years and 100,000 respondents: Reliability and validity of a teacher self-report inventory. Adult Education Quarterly, 2011, 61(4): 358-375.

⑥ Shamir A, Mevarech Z R, Gida C. The assessment of meta-cognition in different contexts: Individualized vs. peer assisted learning. Metacognition and Learning, 2009, 4(1): 47-61.

⑦ Bakracevic Vukman K, Licardo M. How cognitive, metacognitive, motivational and emotional self-regulation influence school performance in adolescence and early adulthood. Educational Studies, 2010, 36(3): 259-268.

会因素等）影响。[①]学习行为可以从侧面体现出学习者在学习中产生的内在思维与情感[②]，因为它是学习者内在认知的外在表现，是学习者学习情况与内在思维的客观事实记录。同时，邓国民等认为，教育大数据和学习分析技术提供了比传统的基于态度的调查和出声思维法等基于事件的研究方法更为详细的过程及事件数据。[③]

当代大学生的学习环境与中小学的学习环境相比，较为轻松自由，缺乏教师的强制灌输与指导，因而基本是依靠自我认知、自我引导、自我反思进行学习的，大学生的学习行为需要在自身元认知的指引下进行。随着学习分析技术等的蓬勃发展，在线学习平台可以跟踪记录学习者的行为顺序、参与内容等。研究者可以通过深入挖掘与分析海量的学习者学习行为数据，实现对学习者内在的、隐性的思维与情感的深层次探究，这为元认知的研究带来了新的契机。

已有多名研究者做出相关研究，如 Tuysuzoglu 等通过研究发现，自适应元认知行为的频率与学习呈正相关，即元认知监控促使学习者的行为类型及顺序的改变，进而影响学习者的自我调节学习结果。[④]Durall 等认为，学习分析可以为学生提供反思学习和发展元认知技能的机会，能够作为一种工具来支持自我指导和自我调节的学习。[⑤]李士平等验证了数据表征元认知的方法，以 Moodle 平台的日志为主要数据源，经研究分析发现，查阅作品、查看自身学习情况、参与交互等三类学习行为数据与学习者的元认知水平呈现显著相关，可以将其作为反映元认知水平的重要指标。[⑥]杨雪等运用学习分析技术对行为日志数据进行分析，最终研究表明，基于学习分析的干预策略能够有效提高时间管理能力、自我效能与正确认知，维持学习动机，提高自我调节能力。[⑦]毛刚通过对大学生阅读行为的研究发现，基于学习行为数据的分析与反馈可以作为学习者元认知反思的支架。[⑧]

从上述文献发现，学习者的学习行为与元认知间具有一定的关联性，学习者

① Veenman M V, Bavelaar L, De Wolf L, et al. The on-line assessment of metacognitive skills in a computerized learning environment. Learning and Individual Differences, 2014, 29: 123-130.

② 胡艺龄，顾小清，赵春. 在线学习行为分析建模及挖掘. 开放教育研究，2014，20(2)：102-110.

③ 邓国民，周楠芳. 国际自我调节学习研究知识图谱：起源、现状和未来趋势. 中国远程教育，2018，(7)：33-42.

④ Tuysuzoglu B B, Greene J A. An investigation of the role of contingent metacognitive behavior in self-regulated learning. Metacognition and Learning, 2015, 10(1): 77-98.

⑤ Durall E, Gros B. Learning analytics as a metacognitive tool//Proceedings of the 6th International Conference on Computer Supported Education. Setubal: SCITEPRESS, 2014: 380-384.

⑥ 李士平，赵蔚，刘红霞，等. 数据表征元认知：基于学习分析的网络自主学习行为研究. 电化教育研究，2017，38(3)：41-47.

⑦ 杨雪，姜强，赵蔚，等. 大数据时代基于学习分析的在线学习拖延诊断与干预研究. 电化教育研究，2017，38(7)：51-57.

⑧ 毛刚. 学习分析作为元认知反思支架的效能研究. 电化教育研究，2018，39(9)：22-27.

在学习过程中的行为表现等数据能够更加客观地反映学习者的元认知水平。因而，本章将通过学习分析技术来分析学习者的学习过程数据，并与传统的元认知测量方式相结合来评估学习者元认知水平，以使结果更加客观全面。

5.2 元认知干预的模型构建

5.2.1 模型构建的理论基础

1. 元认知理论

在研究早期，元认知结构是元认知理论的重要部分，国内外研究者在元认知结构上也存在着较大分歧。Flavell 认为，元认知由元认知知识和元认知体验两大部分构成。[1]Brown 则认为，元认知应由元认知知识和元认知调节两部分构成[2]。在国内，大部分学者更倾向于董奇对元认知做出的分类，认为元认知由以下三部分组成：元认知知识、元认知体验和元认知监控。[3]汪玲等从实证的角度探讨了元认知三要素假设的合理性，编制了一份元认知问卷，最终为元认知三要素的假设提供了实证支持。[4]目前，研究者普遍认同元认知结构的三要素分法，如图 5-1 所示。

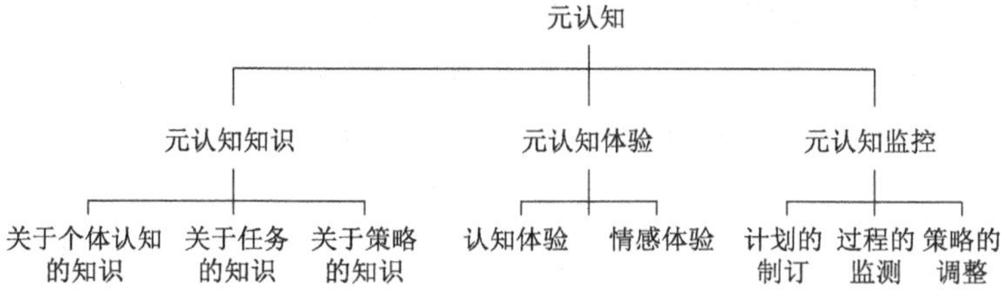

图 5-1 元认知的结构图

元认知知识主要是学习者关于认知活动的一般性知识，主要是学习者在日常学习过程中学习经验的逐步积累。可以将其分为以下三类：关于个体认知的知识、关于任务的知识、关于策略的知识。一般而言，学习者在学习任务中多次经历认

① Flavell J H. Metacognition and cognitive monitoring: A new area of cognitive-developmental inquiry. American Psychologist, 1979, 34(10): 906-911.

② Brown A L, Bransford J D, Ferrara R A, et al. Technical Report No. 244. Learning, remembering, and understanding//Flavell J H, Markman E M (Eds.), Carmichael's Manual of Child Psychology. New York: Wiley, 1982: 85-87.

③ 董奇. 论元认知. 北京师范大学学报(社会科学版)，1989，(1)：68-74.

④ 汪玲，郭德俊，方平. 元认知要素的研究. 心理发展与教育，2002，18(1)：44-49.

知活动后便会逐渐积累元认知知识。元认知体验包含认知体验与情感体验，它被定义为学习者在活动过程中对认知环境和认知活动的主观感受。[①]其中，认知体验指的是学习者在学习过程中产生的对知识点的理解、吸纳或茫然不解的体验，而情感体验则是指学习者在倾尽全力最终解决了一个难题后产生的自我满足感、愉悦感等情感，抑或是学习者在付出巨大努力却仍未解决难题后产生的焦虑、沮丧等情感。元认知监控指的是学习者在进行认知活动时，不断地对其进行监控、调节的过程[②]，主要包含计划的制订、过程的监测和策略的调整等行为。

元认知知识、元认知体验和元认知监控这三部分在实际学习过程中是相互联系、相互制约的一体，三者的关系如图 5-2 所示。首先，元认知知识指引元认知监控，为其提供了知识基础，同时也影响学习者当前的元认知体验；其次，元认知体验过程可以激活学习者的元认知知识，两者共同指引着元认知监控，并为元认知监控活动提供所需信息；最后，元认知监控过程能够激发学习者的元认知体验，继而帮助丰富学习者的元认知知识。一方面，元认知监控在元认知知识和元认知体验的指引下进行；另一方面，元认知监控的过程本身也是一种体验，因而在这个过程中，学习者在获得更多元认知知识的同时，会不断产生更丰富的元认知体验。[③]

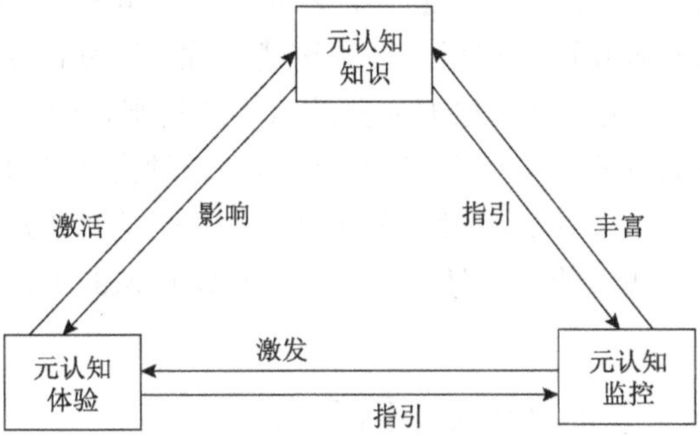

图 5-2　元认知三要素的关系

2. 社会认知理论

社会认知理论起源于社会心理学，是社会心理学的经典理论之一。其奠基人班杜拉认为，社会学习是信息加工理论和行为强化理论的综合过程。[④]该理论强调了学习者的行为反应并不是受到外部环境的刺激引发的，而是由学习者被刺激后自我激发引起的。外部环境等的刺激使得学习者意识到某些学习行为的改变能

---

① 吴效锋. 教师的使命：指导学生高效率学习. 沈阳：辽宁大学出版社，2008：162-164.
② 汪玲，郭德俊. 元认知的本质与要素. 心理学报，2000，(4)：458-463.
③ 肖武云. 元认知与外语学习研究. 上海：上海交通大学出版社，2011：13-92.
④ 赵艳. 学习分析视角下中小学教师在线自我调节学习干预研究. 长春：东北师范大学，2017.

够更进一步地达到预期目标，从而促使学习者自主调节其行为。[①]

学习者的学习行为不仅受到外部环境等因素的影响，还会受到内部心理等因素的影响。元认知作为学习者对自身认知过程的认知，是学习者个体对自我认知过程的思考与监控，是个体的内部因素。因此，本书认为，根据社会认知理论的观点，与元认知特征相结合，教师给予的元认知干预属于外部环境的影响因素，学习者对自身学习过程的认知监控与调节属于个体内部影响因素，而学习者在学习过程中表现出的学习行为属于行为因素。因而，教师给予的恰当的元认知干预帮助学习者提高元认知水平，进而激发学习者的内部因素变化，使得学习者的学习行为表现发生变化。

3. 建构主义学习理论

众所周知，建构主义是行为主义过渡到认知主义后的又一深度发展，建构主义理论的内容丰富、流派较多，但普遍认同的主要观点是：学习是一个有意义的构建过程。[②]该理论源自心理学家皮亚杰的儿童认知发展理论，他认为学习者的知识并非单纯地由外界灌输所得，而是在外界帮助下，学习者有意识地在头脑中构建而成的。[③]建构主义可以理解为一种信念，即所有的知识必然都是学习者自己认知行为的产物。[④]概括地说，建构主义将学习者作为学习的主体，并认为学习活动其实是学习者对知识的积极主动的构建过程，学习者并不是被动地接受外部环境给予的信息，而是主动地根据先前的认知结构来构建当前事物的意义。[⑤]元认知则是学习者感知自我和监控自我学习过程的一种内在的能力，由学习者主动激发产生。因此，本章将借鉴建构主义学习理论，通过元认知干预策略为学习者营造刺激其主动构建知识的学习环境，从而在构建知识的过程中自发地进行自我监控、管理和调节。

5.2.2 基于学习分析的元认知干预模型

元认知的传统测评方式多采用问卷调查法、访谈、出声思维法和自我报告法等方法，但这些方法均较为主观，由学习者根据主观意向所完成，因此可能会受到自身性格等方面的些许影响。[⑥]已有研究表明，学习者在进行元认知水平测量

① Schultz D P, Schultz S E. 现代心理学史（第十版）. 叶浩生，杨文登，译. 北京：中国轻工业出版社，2014：8-53.

② 陈威. 建构主义学习理论综述. 学术交流，2007，(3)：175-177.

③ Bodner G M. Constructivism: A theory of knowledge. Journal of Chemical Education, 1986, 63(10): 873-878.

④ Narayan R, Rodriguez C, Araujo J, et al. Constructivism-constructivist learning theory//Irby B J, Brown G, Lara-Alecio R, et al (Eds.), The Handbook of Educational Theories. Charlotte: Information Age Publishing, 2013: 169-183.

⑤ 温彭年，贾国英. 建构主义理论与教学改革：建构主义学习理论综述. 教育理论与实践，2002，(5)：17-22.

⑥ Veenman M V, Bavelaar L, De Wolf L, et al. The on-line assessment of metacognitive skills in a computerized learning environment. Learning and Individual Differences, 2014, (29): 123-130.

时，会更倾向于朝着比实际情况更有利的方向表达。[①]随着学习分析技术的发展，不少研究者发现，可以利用学习分析技术来收集、分析学习者的行为数据，从而反映学习者的内在思维、能力与情感。[②③]例如，Panaoura 等通过研究证明了学习者的自主学习的过程行为可以作为反映其自律能力的支撑。[④]刘红霞等将对学习者学习的过程性数据的挖掘分析结果作为问卷调查的辅助证明。[⑤]因而，本书将学习分析技术融入元认知测评当中，以期利用学习分析技术收集、分析学习过程数据并辅助问卷调查法来测评学习者的元认知水平。

目前，国内外有不少研究者都构建了学习分析模型来描述数据收集、处理和分析过程及核心要素。学习分析的最早研究者 Siemens 等提出了学习分析过程模型，将学习者参与的网络教学平台和社交平台上的行为日志、个人信息等，以及学习者的课程学习数据等进行整合分析，基于此对学习者进行学习干预。[⑥]Khalil 和 Ebner 提出的学习分析模型包含学习环境、数据、行为和分析四部分。[⑦]国内也有研究者提出了应用于不同情境的学习分析模型，如李艳燕等的学习分析概念模型[⑧]、郁晓华等的基于学习活动流的分析框架[⑨]、花燕锋等的多元同心学习分析模型[⑩]以及姜强等的个性化自适应学习系统模型。[⑪]

齐默曼（Zimmerman）等提出了著名的自我调节学习过程模型，他将自我调节学习过程分为计划、执行和反省三个阶段[⑫]，如图 5-3 所示。

---

① Gaviria C, Corredor J. Illusion of explanatory depth and social desirability of historical knowledge. Metacognition and Learning, 2021: 1-32.

② 胡艺龄，顾小清，赵春. 在线学习行为分析建模及挖掘. 开放教育研究，2014，20(2)：102-110.

③ 多召军，赵蔚，任永功. 移动网络学习社区构建新范式：大学生自我调节学习效能感培养视角. 现代远距离教育，2019，(1)：10-17.

④ Panaoura A, Gagatsis A, Demetriou A. An intervention to the metacognitive performance: Selfregulation in mathematics and mathematical modeling. Acta Didactica Universitatis Comenianae Mathematics, 2009, (9): 63-79.

⑤ 刘红霞，赵蔚，李士平. 学习分析视角下学习设计对大学生学业自我效能的影响研究：兼论学习设计与学习分析的一致性. 现代远距离教育，2017，(5)：58-65.

⑥ Siemens G, Baker R. Learning analytics and educational data mining: Towards communication and collaboration//Proceedings of the 2nd International Conference on Learning Analytics and Knowledge, New York: ACM, 2012: 252-254.

⑦ Khalil M, Ebner M. Learning analytics: Principles and constraints//Proceedings of EdMedia 2015—World Conference on Educational Media and Technology. Waynesville: Association for the Advancement of Computing in Education (AACE), 2015: 1789-1799.

⑧ 李艳燕，马韶茜，黄荣怀. 学习分析技术：服务学习过程设计和优化. 开放教育研究，2012，18(5)：18-24.

⑨ 郁晓华，顾小清. 学习活动流：一个学习分析的行为模型. 远程教育杂志，2013，31(4)：20-28.

⑩ 花燕锋，张龙革. 基于 MOOCs 的多元同心学习分析模型构建. 远程教育杂志，2014，32(5)：104-112.

⑪ 姜强，赵蔚，王朋娇，等. 基于大数据的个性化自适应在线学习分析模型及实现. 中国电化教育，2015，(1)：85-92.

⑫ Zimmerman B J. Becoming a self-regulated learner: An overview. Theory into Practice, 2002, 41(2): 64-70.

其中，计划阶段是指在学习之前所发生的过程和信念。计划阶段包括任务分析和学习信念激励，其中，任务分析要求学习者能够实现对目标的合理设定以及对学习策略的有效规划，这一深谋远虑的过程是对自我学习信念及动机的激励（即自我效能感）、对学习结果的预期以及内在的学习兴趣和目标取向。

执行阶段是指在学习过程中发生的自我控制和自我观察的过程。自我控制主要是指帮助学习者把注意力集中在学习任务上，选择恰当的学习策略进行学习，主要包括自我指导、意象、注意力聚焦和任务策略选择四种自我控制技术。自我观察是围绕自身情况的观察，例如学习行为表现等，并以此来了解自身学习情况，进而导向系统的自我记录或自我实验的产生。

反省阶段是指在参与学习活动之后进行自我判断和自我反应，进而起到反思和评价的积极作用。其中，自我判断指的是学习者肯定或否定自身的学习成效，并进行原因探究的过程。自我反应一方面是指学习者对自我学习成果表示肯定，因而产生自我满足感、愉悦的情感；另一方面是指学习者通过努力学习后仍未达到预期目标而及时调整学习策略，并期待调整学习策略后的效果能够令人满意。当然也有部分学习者可能会因为未达到预期目标而调整行为后再次产生消极影响。

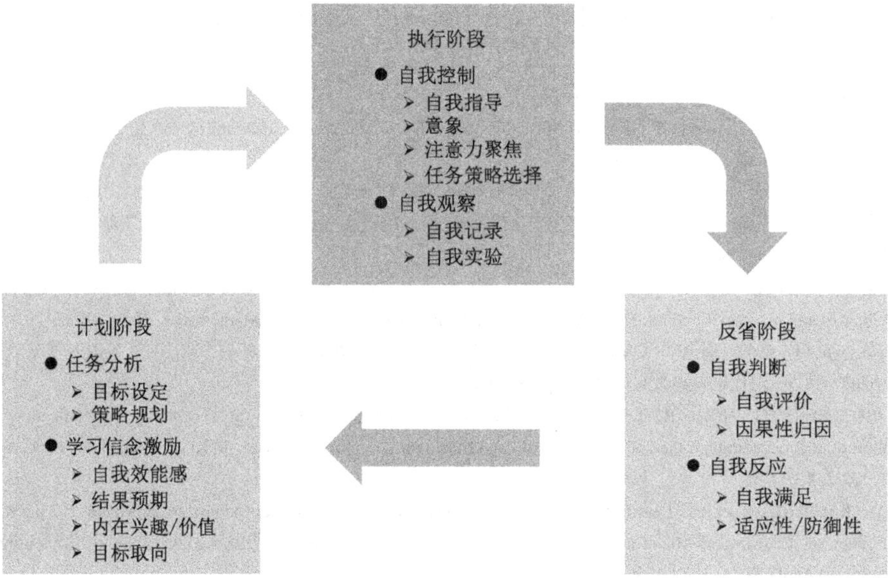

图 5-3 齐默曼自我调节学习过程模型①

① Zimmerman B J, Campillo M. Motivating self-regulated problem solvers//Davidson J E, Sternberg R J (Eds.), The Psychology of Problem Solving. Cambridge: Cambridge University Press, 2003: 233-262.

根据文献分析得知，元认知的计划、监控和控制被认为是自我调节学习的核心。[①]因此，本书的元认知干预过程将重点参考齐默曼提出的自我调节学习过程模型，在分析学习者学习特点的基础上，将元认知干预过程划分为预先计划阶段、执行表现阶段和自我反省阶段。同时，充分借鉴已有研究者提出的学习分析模型，将其与元认知干预过程相结合，提出学习分析技术支持下的元认知干预模型，具体如图 5-4 所示。

本书构建的元认知干预模型将自我调节学习过程与学习分析过程相结合，在实施元认知干预之前，先通过数据采集工具对网络学习平台的学习者学习数据进行数据采集、筛选，再利用学习分析技术进行数据的处理与分析，初步评估学习者的元认知水平，并挖掘出目前学习者在学习中可能存在的影响元认知水平的因素。根据学习者的自我调节学习过程模型，结合现实情况，在元认知干预的不同阶段设计并采取不同的干预措施。为探究在不同阶段，干预对学习者元认知知识、元认知体验、元认知监控的影响，本书将整个干预过程分为三个阶段，而在每个阶段内又保持着计划、执行和反省的循环。选择合适的元认知干预阶段，设计并实施元认知干预措施，以此影响学习者的元认知水平，继而将学习者在学习平台中的过程性数据与结果数据进行收集、处理并分析，最终与问卷、访谈等调查结果相互佐证，测评学习者的元认知水平，以期通过学习者的表现数据更客观、真实地反映其元认知水平。

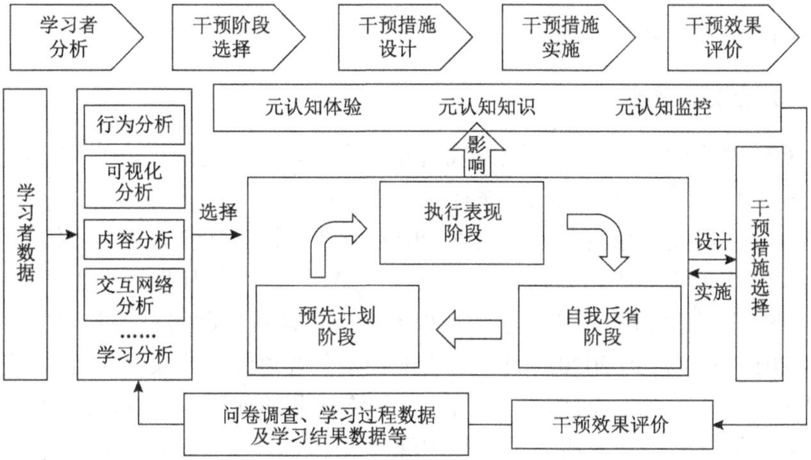

图 5-4　学习分析技术支持下的元认知干预模型

① Hadwin A F, Järvelä S, Miller M. Self-regulated, co-regulated, and socially shared regulation of learning//Zimmerman B J, Schunk D H (Eds.), Handbook of Self-regulation of Learning and Performance. Florence: Routledge, Taylor & Francis Group, 2011: 65-84.

5.3 元认知干预实验设计与实施

5.3.1 实验设计

5.3.1.1 实验目的

目前关于元认知干预类型、干预方式划分的研究明显缺乏，同时关于教师如何在课堂上实施元认知干预或评估的研究也较少[①]。结合社会认知理论，本书认为学习者的学习策略选择等行为是由教师指导等外部条件触发学习者内部元认知能力的自我调节而产生的。在实际教学中，一些教师未能给予学习者有效的指导，或者要求学生通过自主调节学习来提升自身的元认知水平。因而本书将元认知干预划分为以教师指导为主的指导型干预和以学生自主调节为主的自主型干预，来探究不同类型的元认知干预方式对学习者元认知水平的影响。结合本书构建的元认知干预模型，选取两个实验班分别实施不同类型的元认知干预，综合应用问卷、访谈和学习分析技术等，实现对学习者在每个阶段的元认知水平的主客观评估。本实验研究的目的归纳如下：①探讨不同类型的元认知干预方式对学习者元认知能力发展的影响差异；②探究不同类型的元认知干预方式对学习者行为和学习成绩的影响差异；③探究不同干预阶段，学习者的元认知能力、行为和学习成绩的变化差异。

5.3.1.2 实验方案

1. 实验实施流程

本实验将不同的元认知干预方式贯穿整个学习过程的始终，在不同的阶段实施不同的干预措施，具体实施方案如图 5-5 所示。

本实验的研究对象为某师范大学 2018 级教育技术学专业两个班级的学生。两个教学班均为实验班，分别为实验 1 班（N=23，以教师指导为主）和实验 2 班（N=25，以学生自主调节为主）。以专业选修课程“网络技术基础”为内容，实验从 2019 年 9 月到 2020 年 1 月，历时 18 个教学周。该课程不仅涉及计算机网络技术的基本概念、原理，还包括常见网络设备的使用方法及常用网络服务的应用技巧。要求学生在对所学理论知识深度理解的基础上，通过实验操作逐渐掌握常用的网络技术及其应用方法，培养学生敢于探究的精神、灵活多变的问题解决能力，以及善于通过团队协作来解决复杂问题的意识。这是一门理论与实践并

① Lavi R, Shwartz G, Dori Y J. Metacognition in chemistry education: A literature review. Israel Journal of Chemistry, 2019, 59(6-7): 583-597.

重的课程，要求学习者理解基础理论知识并逐步内化为实践操作技能。在以往课程教学中发现，学习者在进行这门课程的学习时总是习惯于被动地接受理论讲授和实验操作示范，缺乏对课程内容的理解以及自身的知识建构，缺乏足够的元认知和自主学习能力。因此，本实验计划通过元认知干预提升学习者的元认知能力，促进学习者对课程知识的深入理解与实践技能的掌握。

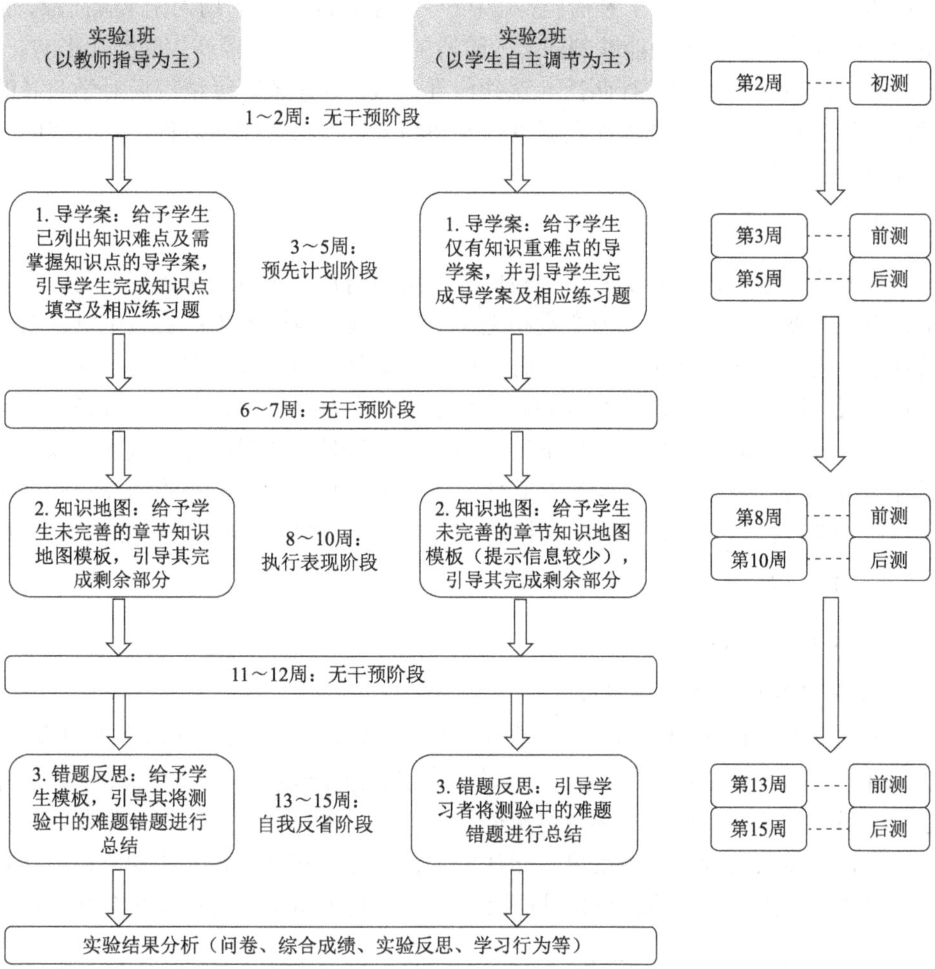

图 5-5　元认知干预实验实施流程图

本实验的主要目的是探究以教师指导为主和以学生自主调节为主这两种干预方式哪种更有效，并探究在各个干预阶段，两种不同的元认知干预方式对学习者元认知能力及其各个维度的影响。因而本实验将分别对预先计划、执行表现与自我反省三个干预阶段的元认知干预效果进行评测和分析。在三个不同干预阶段分别实施相应的元认知策略。本实验的前两周为无干预阶段，将不给予学习者元认知干预，使学习者能够完全按照自己的意愿与习惯进行课程学习，并在第一周课上给学习者发放元认知调查问卷，以测试学习者的基础元认知水平是否基本一致。3～5 周为预先计划阶段，这一阶段将导学案作为元认知干预措施；8～10 周为执行表现阶段，采用知识地图作为元认知干预措施；13～15 周为自我反省阶段，采用错题反思作为元认知干预措施；其中 6～7 周和 11～12 周均为无干预阶段，希望通过两周的无干预阶段能够削弱上一阶段的干预对下一阶段产生的叠加影响。

每一阶段的实验均进行两次元认知问卷调查，并在各阶段结束后对学习者的学习行为、测验成绩等过程性数据进行整理和分析，综合评估两种不同方式的元认知干预的应用效果。

2. 实验变量控制

在本次实验中，采取了两个实验班分别实施两种干预方式来进行对比，实验中共有三类变量：自变量、因变量和无关变量。其中自变量为：实验 1 班采取以教师指导为主的元认知干预方式，而实验 2 班采取以学生自主调节为主的元认知干预方式。因变量则为：学习者的元认知水平、学习行为表现及学习成绩。本实验的无关变量，即干扰变量，包括授课的环境、课时、授课内容及教师，以及教学评价方式等。为避免无关变量对其他变量的干扰与影响，本实验选择的两个实验班所上课程内容一致，授课教师相同，授课环境、课时与教学评价方式均一致。

5.3.1.3 实验准备

1. 元认知问卷

1）元认知问卷设计与发放

本实验的元认知调查问卷设计参考借鉴了 Schraw 等的元认知意识问卷[①]、O'Neil 等的自我评估问卷[②]和状态元认知问卷[③]、Sperling 的元认知意识问卷[④]，并进行了适当的改编（问卷具体内容见附录 5-1）。该问卷旨在调查学习者的元认知水平，问卷共包含了三个维度：元认知知识、元认知体验和元认知监控。共有 37 个题项，其中元认知知识的题目共有 13 个，元认知体验的题目共有 9 个，元

---

① Schraw G, Dennison R S. Assessing metacognitive awareness. Contemporary Educational Psychology, 1994, 19(4): 460-475.

② O'Neil H F, Abedi J. Reliability and validity of a state metacognitive inventory: Potential for alternative assessment. The Journal of Educational Research, 1996, 89(4): 234-245.

③ O'Neil H F, Brown R S. Differential effects of question formats in math assessment on metacognition and affect. Applied Measurement in Education, 1998, 11(4): 331-351.

④ Sperling R A, Howard B C, Miller L A, et al. Measures of children's knowledge and regulation of cognition. Contemporary Educational Psychology, 2002, 27(1): 51-79.

认知监控的题目共有 15 个。问卷采用利克特五点量表法，每个题项均包含“一点也不符合”“不符合”“一般”“符合”“非常符合”5 个选项，按学习者的符合程度对应标记为 1～5 分。为确保该问卷的有效性，本实验通过“问卷星”进行问卷预发放，去除掉 5 份无效问卷后，最终回收有效问卷 107 份。

2）信度分析

信度分析能够反映问卷编制的科学性和合理性，本实验使用 SPSS 20.0 对预发放的问卷回收结果进行可靠性分析，具体结果如表 5-1 所示。由表格结果可以看出，元认知三个维度的克龙巴赫 α 系数值分别为 0.872、0.663、0.870，总体问卷的克龙巴赫 α 系数值为 0.924，说明该问卷较为可靠，信度也较高。

表 5-1　预测试问卷信度检验结果

项目	元认知知识	元认知体验	元认知监控	总体
克龙巴赫α 系数	0.872	0.663	0.870	0.924
项数/个	13	9	15	37

2. 数据采集与学习分析工具

本实验运用 Moodle 平台及相应插件进行学习过程数据的收集，并结合微信等平台向学生发放任务及提供反馈信息。在实验中，通过 Moodle 平台的行为日志获取学习者的学习行为数据，并通过阶段性的单元自测题来获取学习者的学习成绩数据，以及通过平台的作业模块获取学习者的平时作业完成情况等作业数据。最终将学习行为、学习成绩与平时作业完成情况等用来辅助验证研究结果，与问卷、访谈法等调查结果相结合，以求更加客观、真实、多元地测量学习者的元认知水平，反映元认知干预实验的效果。

对学习者的学习行为数据将采用滞后序列分析法进行学习行为分析，探究各阶段元认知干预前后学习者的学习行为差异。本实验使用交互序列分析软件 GSEQ 5.1 作为观察、分析行为数据的工具，它应用顺序数据交换标准来直接观察个体或群组获得的行为数据。

3. 行为分析编码体系

本实验对学习者学习行为的分析具体参考国内学者郑兰琴提出的自我调节学习行为编码体系，[①]并根据本实验中学习者产生的学习行为、特点等进行改编，最终确定本实验的学习行为编码表，如表 5-2 所示。两名具有专业基础的研究人员共同参与了编码工作，并对编码结果进行了一致性检验。

---

① 郑兰琴. 调节性学习技能的评价与干预研究. 北京：人民邮电出版社，2019.

表 5-2　学习行为编码表

分类	行为	编码
策略选择	查看资源（view resources）	VR
	查看当前状态（current state）	CS
	查看实验指导（experiment guidance）	EG
	自测题（self-test）	ST
	讨论区交流（forum communication）	FC
	作业提交（homework submit）	HS
反思调节	重新提交作业（re-homework-submit）	RH
	实验反思（experimental reflection）	ER
	测验反思（feedback report）	FR
	重新自测（re-self-test）	RT

5.3.2　预先计划阶段干预实验

1. 学习者数据分析

在实验前，利用元认知调查问卷对学习者进行了元认知水平初测，并进行了分析比较。同时，通过单元自测题对两个班级学习者的能力水平进行了初步了解，以确保实验开始前两个班级的元认知初始水平处在差不多的层次。对元认知初测问卷结果数据进行独立样本 t 检验，最终的分析对比结果如表 5-3 所示。

表 5-3　无干预阶段两个实验班初测问卷分析

维度	班级	N/人	M±SD	t	p
元认知整体水平	实验 1 班	23	3.430±0.276	0.655	0.515
	实验 2 班	25	3.365±0.392		
元认知知识	实验 1 班	23	3.552±0.302	1.033	0.307
	实验 2 班	25	3.443±0.413		
元认知体验	实验 1 班	23	3.295±0.241	−0.371	0.712
	实验 2 班	25	3.333±0.442		
元认知监控	实验 1 班	23	3.406±0.371	0.756	0.454
	实验 2 班	25	3.317±0.434		

从表 5-3 中可以看出，预先计划阶段干预实验前两个班级学习者的元认知整体水平差异不大，实验 1 班的问卷均值为 3.430，标准差为 0.276，实验 2 班的均

值为 3.365，标准差为 0.392，差异较小。且整体数据显示，两个班级的整体元认知水平的 p 值为 0.515 大于 0.05，未达到统计学意义，表明这两个班级整体学习者的元认知水平不存在显著性差异。同样，从元认知三个维度的分析结果来看，两个班级学习者的元认知知识、元认知体验及元认知监控均相差不大（p 值均大于 0.05）。这说明两个实验班的学习者在未接受元认知干预时的元认知水平处于较为均衡的状态，没有显著性差异。

为判断两个班级的学习群体在学习成绩方面是否存在差异，本实验在实施干预前一周对学习者进行了单元自测，并对自测结果数据进行独立样本 t 检验，得出结果如表 5-4 所示。分析数据可以看出，实验 1 班的均值为 39.328，实验 2 班的均值为 40.000，两班成绩的标准差分别为 12.306 和 16.337。并且两班学习者成绩的 p 值为 0.874 大于 0.05，未达到统计学上的显著性差异。这说明两个实验班的学习者的成绩差异不大。

表 5-4　预先计划阶段两个实验班干预前学习成绩分析

班级	N/人	M±SD	t	p
实验 1 班	23	39.328±12.306	−0.160	0.874
实验 2 班	25	40.000±16.337		

根据学习者的前期分析数据，可以发现两个班级学生的知识基础水平基本相同，元认知水平也基本持平。这说明可以进入实验阶段。

2. 干预实验设计与实施

1）预先计划阶段干预的设计

预先计划、执行表现以及自我反省三个阶段是一个息息相关的循环的整体，而预先计划阶段将聚焦元认知干预，以探究该阶段的元认知干预对学习者元认知的哪些维度产生影响。

预先计划阶段的干预主要是指在学习的初始阶段，为了帮助学习者明确学习任务与学习目标，使得学习者更加顺利地进入学习状态而进行的干预设计。在这个阶段重点希望学习者通过预先计划过程对该课程的内容学习产生内在兴趣，增强学习者的学习积极性，并明白课程的内在价值及学习目标取向。同时，也期望学习者能够通过该阶段的干预，在今后的学习过程中形成学习规划的好习惯，使其能够主动参与学习，并为接下来的学习做好准备。

导学案可以作为学习者的学习支架[①]，要求学习者根据导学案的指引自觉预

① 章飞，顾继玲. 指向认知地图形成的初中数学学案设计. 教学与管理，2019，(10)：62-64.

习学习内容并主动发现和思考问题，进而帮助学习者自主学习。因此，导学案被认为是引导学习者自主学习、培养学习者综合思维能力的一种教学手段。[①]故预先计划阶段设计的干预策略将采用导学案这一教学手段，具体干预过程如图 5-6 所示。

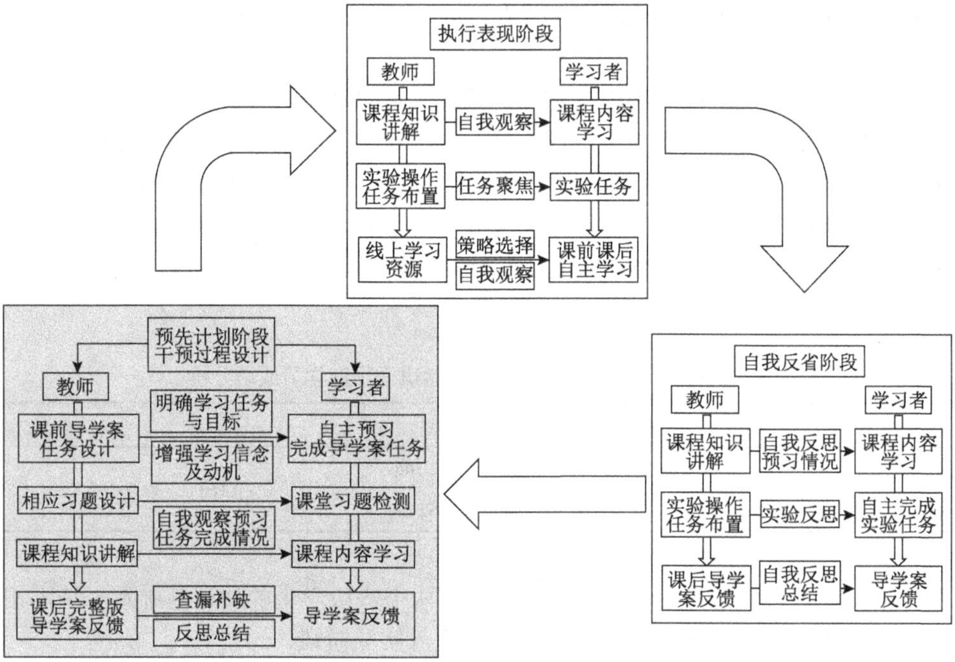

图 5-6 预先计划阶段干预过程设计

2）预先计划阶段干预的实施

第一阶段为预先计划阶段，目的在于引导学习者为学习任务做好预先准备的习惯。以导学案为元认知干预策略，学习者在完成导学案的任务过程中了解学习目标、学习内容等，从而促使其对接下来的学习形成一定的计划。为探究不同干预方式的效果差异，实验 1 班采用以教师指导为主的干预方式，而实验 2 班采用以学生自主调节为主的干预方式。因此，在设计导学案时，给予实验 1 班的学习提示信息更多，实验 2 班则给学生自主归纳总结的空间更多，导学案设计如图 5-7 所示（具体导学案设计案例可见附录 5-3）。

在授课教师的协助下，通过班级微信群分别给两个实验班的每个学习者发布导学案的任务，并要求学习者在规定时间内完成并上传至 Moodle 平台，以确保及时收集到每个学习者的数据。为避免两个班级学生私下的沟通与交流，本实验

① 许琴，李俊峰. 基于综合思维培养的高中区域地理导学案编写策略. 地理教学，2018，(3)：52-54.

将两个班级发布导学案任务的时间错开，先将教师提示信息较少的导学案发放给实验 2 班，并在收集完该班所有人完成的导学案后，再将提示信息较多的导学案发放给实验 1 班并要求在规定时间内完成上传，如图 5-8 所示。

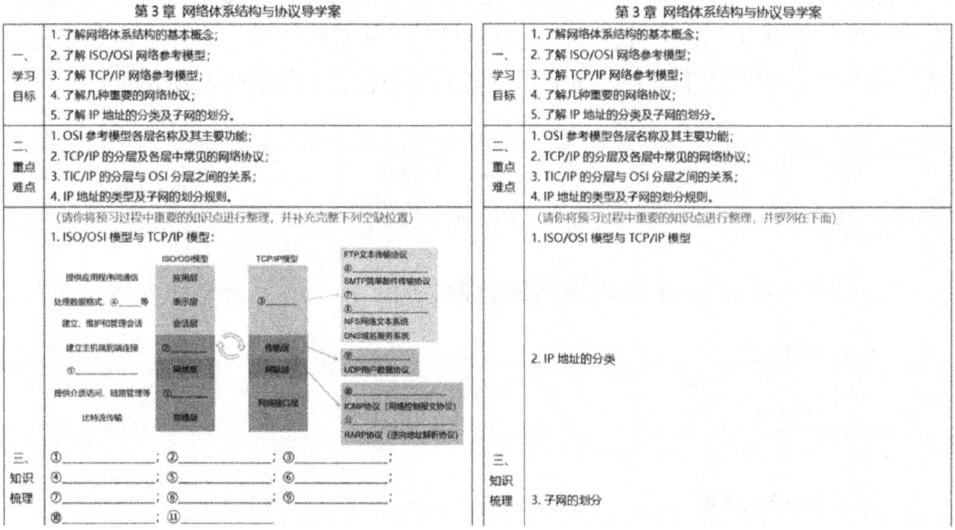

第 3 章　网络体系结构与协议导学案

一、学习目标	1. 了解网络体系结构的基本概念； 2. 了解 ISO/OSI 网络参考模型； 3. 了解 TCP/IP 网络参考模型； 4. 了解几种重要的网络协议； 5. 了解 IP 地址的分类及子网的划分。
二、重点难点	1. OSI 参考模型各层名称及其主要功能； 2. TCP/IP 的分层及各层中常见的网络协议； 3. TIC/IP 的分层与 OSI 分层之间的关系； 4. IP 地址的类型及子网的划分规则。
三、知识梳理	（请你将预习过程中重要的知识点进行整理，并补充完整下列空缺位置） 1. ISO/OSI 模型与 TCP/IP 模型： ①______；②______；③______； ④______；⑤______；⑥______； ⑦______；⑧______；⑨______； ⑩______；⑪______

(a) 实验 1 班

第 3 章　网络体系结构与协议导学案

一、学习目标	1. 了解网络体系结构的基本概念； 2. 了解 ISO/OSI 网络参考模型； 3. 了解 TCP/IP 网络参考模型； 4. 了解几种重要的网络协议； 5. 了解 IP 地址的分类及子网的划分。
二、重点难点	1. OSI 参考模型各层名称及其主要功能； 2. TCP/IP 的分层及各层中常见的网络协议； 3. TIC/IP 的分层与 OSI 分层之间的关系； 4. IP 地址的类型及子网的划分规则。
三、知识梳理	（请你将预习过程中重要的知识点进行整理，并罗列在下面） 1. ISO/OSI 模型与 TCP/IP 模型 2. IP 地址的分类 3. 子网的划分

(b) 实验 2 班

图 5-7　导学案设计示意图

图 5-8　导学案学习任务发送通知

在新课讲授前，将进行一次章节自测，检验学习者完成导学案的情况，并将单元自测成绩作为预先计划阶段元认知干预效果的佐证。在课后教师将完整版导学案反馈给学习者，促使学习者元认知监控过程的产生，审视自己构建的知识体系是否存在不足，从而为下一章节的预习准备工作做出合理的规划。在每一节理论讲授完后都有实验操作内容，要求学习者自主完成实践任务并提交实验报告，便于教师观察学习者的学习表现。教师也会给予实验报告问题诊断意见和学习建议，以期在后续学习过程中有助于学习者的反思监控，如图 5-9 所示。

图 5-9　教师批改学习者实验报告示例

3. 干预效果评价

第一阶段的干预实验共持续三周，在干预实验开始前后均进行了元认知问卷调查，并将两个班级的前后测试问卷调查数据进行统计分析和对比。

1）实验 1 班干预前后元认知各维度变化

预先计划阶段干预前后，实验 1 班学习者的元认知水平变化如表 5-5 所示。

表 5-5　实验 1 班预先计划阶段干预前后元认知水平变化

项目	N/人	均值	标准差	标准误	t	p
元认知整体水平后测	23	3.525	0.349	0.073	1.656	0.112
元认知整体水平前测	23	3.430	0.276	0.058		

续表

项目	N/人	均值	标准差	标准误	t	p
元认知知识后测	23	3.605	0.383	0.080	0.732	0.472
元认知知识前测	23	3.552	0.302	0.063		
元认知体验后测	23	3.488	0.376	0.078	3.014	0.006*
元认知体验前测	23	3.295	0.241	0.050		
元认知监控后测	23	3.478	0.380	0.079	1.043	0.308
元认知监控前测	23	3.406	0.371	0.077		

对实验 1 班学习者的元认知整体水平前后测数据进行配对样本 t 检验，p 值为 0.112，大于 0.05，说明实验 1 班学习者元认知水平在预先计划阶段干预前后未产生显著变化。细看元认知各个维度的变化可发现，通过元认知体验的前后测数据对比（p=0.006<0.05），说明以教师指导为主的导学案干预策略使实验 1 班学习者的元认知体验显著提升。

2）实验 2 班干预前后元认知各维度变化

预先计划阶段干预前后，实验 2 班预先计划阶段干预前后元认知水平变化如表 5-6 所示。对实验 2 班学习者的元认知整体水平前后测数据进行配对样本 t 检验，p 值为 0.009，小于 0.05，达到统计学意义上的显著，说明在预先计划阶段干预后，实验 2 班学习者的元认知水平发生了显著变化，且 t 值小于 0，说明实验 2 班学习者的元认知整体水平在经过干预后明显下降。细看元认知的三个维度发现：将元认知知识与元认知监控的前后测数据对比，p 值分别为 0.002 和 0.014，均小于 0.05，且 t 值均小于 0，说明以学生自我调节为主的导学案干预策略对实验 2 班学习者产生消极影响，使学习者的元认知知识与元认知监控水平下降。

表 5-6　实验 2 班预先计划阶段干预前后元认知水平变化

项目	N/人	均值	标准差	标准误	t	p
元认知整体水平后测	25	3.219	0.350	0.070	−2.846	0.009*
元认知整体水平前测	25	3.365	0.392	0.078		
元认知知识后测	25	3.194	0.445	0.089	−3.420	0.002*
元认知知识前测	25	3.443	0.413	0.083		
元认知体验后测	25	3.360	0.352	0.070	0.377	0.709
元认知体验前测	25	3.333	0.442	0.088		
元认知监控后测	25	3.157	0.364	0.073	−2.640	0.014*
元认知监控前测	25	3.317	0.434	0.087		

3）实验 1 班和实验 2 班干预前后元认知各维度变化

利用独立样本 t 检验的方法将两个班级的后测问卷调查结果数据进行对比分析，具体如表 5-7 所示。两个实验班相比，元认知整体水平呈现显著性差异，实验 1 班的均值为 3.525，标准差为 0.349，实验 2 班的均值为 3.219，标准差为 0.350，实验 1 班的均值高于实验 2 班，且两班元认知整体水平的 p 值为 0.004，远远小于 0.05，达到统计学意义上的显著差异，说明实验 1 班的元认知整体水平显著高于实验 2 班。同样，两班学习者的元认知知识和元认知监控也均呈现出显著性差异（p 值分别为 0.001 和 0.005，均远远小于 0.05，达到统计学意义上的显著差异）。这在一定程度上表明，在预先计划阶段，以教师指导为主的方式比以学生自我调节为主的方式对学习者的元认知水平提升更加有效。两种不同的元认知干预方式干预以后，学生的元认知水平已经呈现出显著差异，以教师指导为主进行元认知干预的实验 1 班元认知水平明显高于以学生自我调节为主进行实验干预的实验 2 班，尤其是在元认知知识和元认知监控维度。

表 5-7　预先计划阶段两个班级干预后测问卷分析

维度	班级	N/人	M±SD	t	p
元认知整体水平	实验 1 班	23	3.525±0.349	3.029	0.004*
	实验 2 班	25	3.219±0.350		
元认知知识	实验 1 班	23	3.605±0.383	3.422	0.001***
	实验 2 班	25	3.194±0.445		
元认知体验	实验 1 班	23	3.488±0.376	1.218	0.229
	实验 2 班	25	3.360±0.352		
元认知监控	实验 1 班	23	3.478±0.380	2.987	0.005*
	实验 2 班	25	3.157±0.364		

***p<0.001，下同。

4）干预后两班学习者成绩对比

在预先计划阶段要求学习者在课前进行单元自测题检验。将干预后两班学习者多个单元自测题的平均分进行独立样本 t 检验，具体的分析情况如表 5-8 所示。

表 5-8　预先计划阶段两个班级干预后学习成绩分析

班级	N/人	M±SD	t	p
实验 1 班	23	50.730±10.371	4.465	0.000***
实验 2 班	25	37.320±10.417		

经过预先计划阶段的元认知干预之后，两个实验班的自测题成绩产生了显著差异，p 值为 0.000，远远小于 0.01，达到了统计学意义上非常显著的差异。实验 1 班的自测题均值为 50.730，实验 2 班的自测题均值为 37.320，实验 1 班的均值大于实验 2 班，说明实验 1 班的整体水平高于实验 2 班，说明在预先计划阶段，以教师指导为主的干预方式对学生的学习效果有着更积极的影响。

5）实验 1 班干预前后学习行为变化

从实验 1 班随机选取部分学习者，对其干预前后的学习行为数据进行滞后序列分析，得出该班学习者的学习行为转换图，如图 5-10 所示。

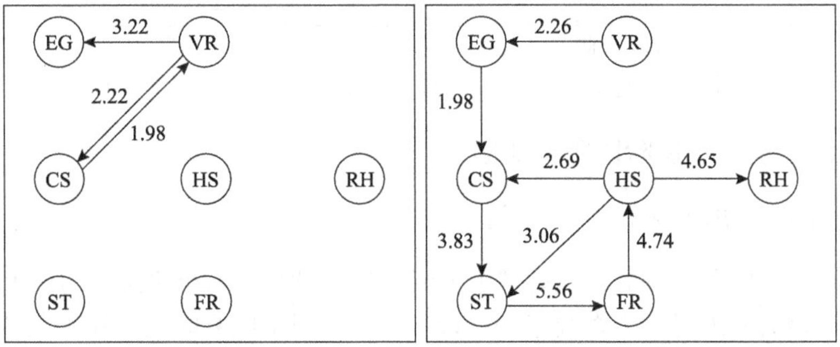

(a) 干预前　　(b) 干预后

图 5-10　实验 1 班预先计划阶段干预前后学习行为转换图

注：箭头表示学习行为方向，数字表示行为的显著程度，下同。

由图 5-10 发现，经过预先计划阶段的干预，实验 1 班学习者具有显著意义的学习行为变得更加丰富，测验题以及作业相关的行为路径由不显著变为显著。这说明学习者在经过预先计划阶段的元认知干预后更加重视通过自测题来检验了解自身知识点掌握情况这一学习策略，并会在自测之后产生查看测验反思简报，以及在作业提交后再次检查、重新提交这两种反思调节行为。由此可见，以教师指导为主的元认知干预方式对学习者的学习行为造成了一定的积极影响，教师给予的指导这一外部刺激，激发了学习者内部的元认知监控与调节，从而产生了更多的反思调节行为。

6）实验 2 班干预前后学习行为变化

采用相同方法从实验 2 班随机选取部分学习者，对预先计划阶段干预前后的学习行为数据进行滞后序列分析，生成相应的学习行为转换图，如图 5-11 所示。对比实验 2 班学习者在预先计划阶段干预前后的学习行为转换图，发现经过元认知干预后，实验 2 班学习者的行为路径同样变得更加复杂、丰富。在预先计划阶段的干预下，实验 2 班学习者选择的学习策略的种类变得更加多元化，行为路径间的转换更加频繁，同时也更关注查看测验反思简报这一反思调节行为。由此可见，元认知干预后，学习者的学习行为朝着有利方向发展，即以学生自主调节为主的元认知干预方式对学习者的学习行为也具有一定的积极影响。

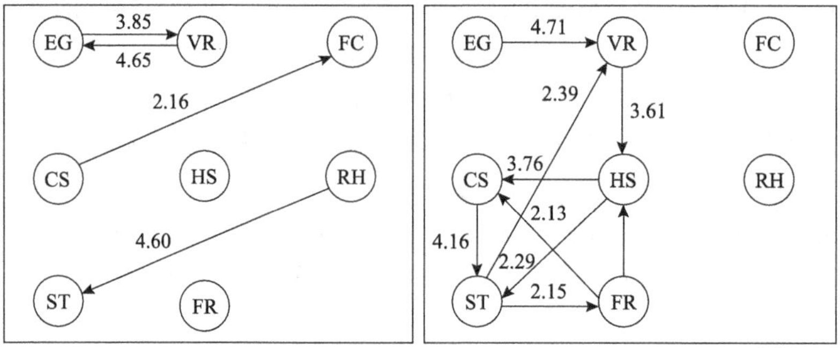

(a) 干预前　　(b) 干预后

图 5-11　实验 2 班预先计划阶段干预前后学习行为转换图

5.3.3　执行表现阶段干预实验

1. 学习者数据分析

经过第一阶段（预先计划阶段）的元认知干预后，两个班级学习者的学习成绩已产生显著性差异，为探究下一阶段（执行表现阶段）的元认知干预效果，本实验将停止两周的干预，以调整、缩小两班学习者的差异，尽量避免对下一阶段实验的影响。两周调整结束后，在下一阶段实验开始前进行了一次元认知问卷调查，作为执行表现阶段干预实验的初测。为更准确判断是否存在上一阶段实验的累积效应影响，使用协方差分析（ANCOVA）对问卷结果数据进行分析对比，结果如表 5-9 所示。

表 5-9　执行表现阶段干预前测问卷差异性分析

班级	N/人	均值	标准差	调整后均值	标准误	F	p	η^2
实验 1 班	23	3.559	0.364	3.422	0.047	0.009	0.927	0.000
实验 2 班	25	3.303	0.371	3.429	0.045			

注：η^2 简称为效应量，是衡量统计结果差异是否显著的参数之一；F 值为组间与组内的离差平方和与自由度的比值

表 5-9 显示，调整后两个实验班的元认知水平均值几乎相同，说明经过两周的无干预调整期后，两个班级学习者的元认知水平差异回到原先的均衡状态（F=0.009，p=0.927>0.05），说明可以进行下一阶段的干预实验。

2. 干预实验设计与实施

1）执行表现阶段干预的设计

本次干预将聚焦于执行表现阶段的元认知干预，以探究该阶段的元认知干预

对学习者元认知的哪些维度产生影响。

执行表现阶段的干预主要是指在学习者明确学习任务与学习目标，顺利进入学习状态之后，为保障学习者后续学习的顺利开展而进行的干预设计。在这个阶段重点希望学习者通过课中学习过程对该课程的内容有初步的了解与掌握，同时，也希望学习者能够在本阶段干预过程中实现对自我的观察和监控，从中监控自身对课堂学习内容的学习情况及知识点掌握情况，继而实现对后续学习的自我监督。

知识地图是一种以可视化的形式来帮助学习者呈现并理清各知识点之间关系的有效工具。虽然不同的学者对知识地图的理解有差异，但也存在着相似之处，可以将知识地图理解为学习者用来梳理知识脉络的工具。知识地图的最早提出者布鲁克斯认为人类的客观知识结构可以绘制成以各个单元概念为节点的学科认识图。[①]Vail 将知识地图看作知识管理的一种工具，可以帮助学习者进行知识的收集和整合。[②]Wexler 认为，知识地图是知识编码的另一种表现形式，且其展示出的内容不仅仅是知识本身，还是一种“关于知识的知识”。[③]

由此可见，知识地图的绘制有助于学习者掌握知识脉络，进而帮助学习者对某节新课程内容的学习状况进行自我诊断与监控。因此，本阶段设计的干预策略将采用知识地图这一知识管理教学手段，具体干预过程设计如图 5-12 所示。并且，由于该课程本身的特殊性，课程知识点较难理解，操作性较强，因而，本阶段在教师对理论知识讲解完毕之后，利用知识地图帮助学习者梳理本节内容的知识脉络，进而有助于学习者接下来的实践操作，帮助其对该课程内容有更深刻的认知与掌握，而不是传统操作类课程学习者被动接受教师的实验操作示范，导致大多数学习者缺乏对实验原理、内容的理解与思考。

2）执行表现阶段干预的实施

本实验第二阶段为执行表现阶段，目的在于引导学习者进行自我观察，实现对自身学习行为、学习表现等学习情况进行记录与观察。本阶段实验以知识地图为元认知干预策略，实验 1 班和实验 2 班仍然分别采用以教师指导为主和以学生自主调节为主的干预方式。在授课教师的协助下，根据讲授内容将需要掌握的知识点绘制成知识地图（附录 5-4），继而根据不同的干预方式挖空，要求学习者填写。

---

① 张凌，朱礼军. 国外知识地图研究现状分析. 情报理论与实践，2015，38(11)：76-81，86.

② Vail E F. Knowledge mapping: Getting started with knowledge management. Information Systems Management, 1999, 16(4): 16.

③ Wexler M N. The who, what and why of knowledge mapping. Journal of Knowledge Management, 2001, 5(3): 249-264.

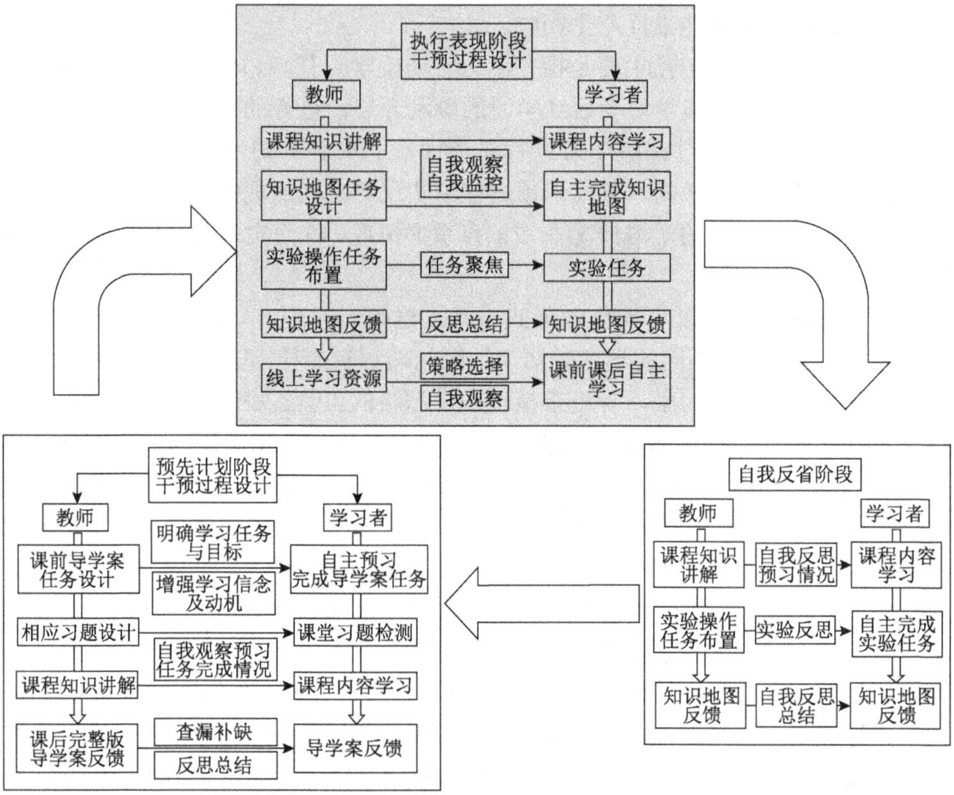

图 5-12　执行表现阶段干预过程设计

在这一阶段保留了每章节的导学案与自测题，但仅将其投放到学习平台上作为日常学习可选任务未做强制要求，如图 5-13 所示。本阶段的干预实验从课程教学的第 8 周开始，在教师新课内容讲授完之后，将纸质版的知识地图以当堂小练习的形式发给每一位学习者，要求其在规定时间内自行回忆课上教师讲解内容以及对实验操作内容的理解，填写知识地图，尽可能地补充完整，以检测其元认知知识掌握情况，帮助学习者回顾、整理自身知识脉络。在教师讲解完新课内容之后将有一节实践操作课，要求学习者根据实验讲义要求的内容动手实践，学习者吸收教师所讲授的理论内容的同时，在实践中进一步领会理论知识内容。

该节课程结束后，将通过班级微信群分别给两个实验班的学习者反馈本次课的知识地图，如图 5-14 所示。给予学习者知识地图的反馈，学习者能够对照自己所画知识地图对该节内容做进一步的梳理与总结，针对有疑惑或不同意见之处可以私聊任课教师或助教求助。同时，通过对知识地图的再梳理强化学习者的元认知知识，并使其在这个过程中实现对自身的元认知监控的指引，从而丰富元认知体验。

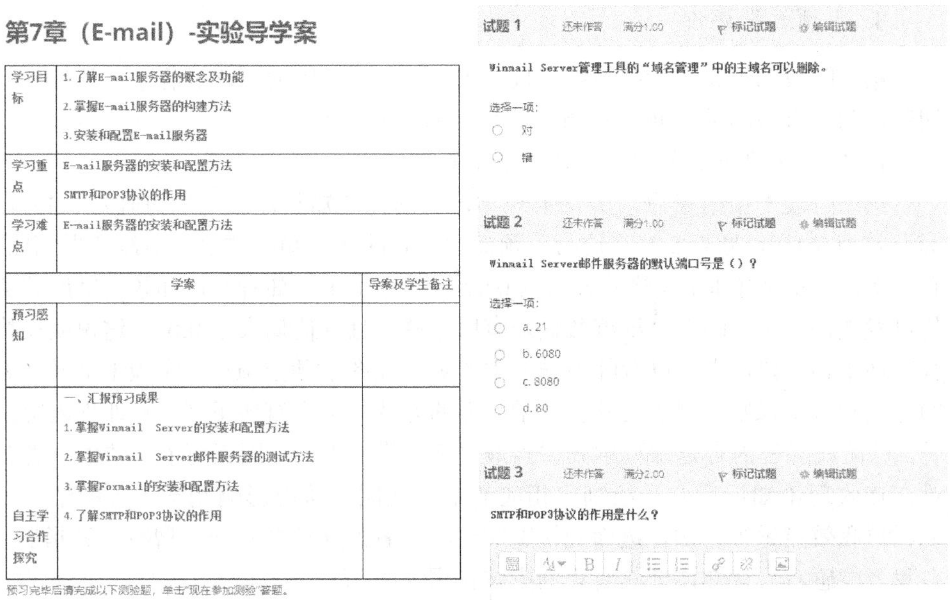

图 5-13　执行表现阶段导学案及自测题示例

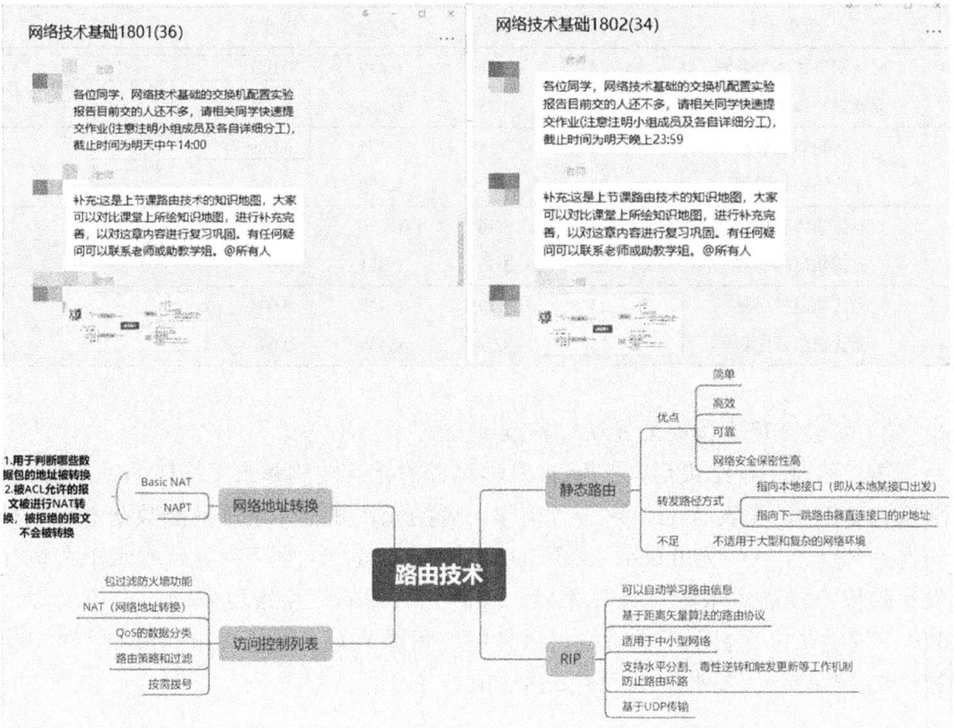

图 5-14　知识地图反馈

3. 干预效果评价

第二阶段的干预实验共持续三周，在干预实验开始前后均进行了元认知问卷调查，两个班级的前后测问卷调查结果分析如下。

1）实验 1 班干预前后元认知各维度变化

第二阶段干预结束后，实验 1 班学习者的元认知整体水平平均值为 3.463，标准差为 0.419，见表 5-10。这与干预前学习者的元认知整体水平前测数据相比，有所下降，配对样本 t 检验后 p 值为 0.078，大于 0.05。细看元认知各个维度的变化可发现，元认知的三个维度数据均有所下降，且 p 值均大于 0.05，这说明在执行表现干预阶段，实施以教师指导为主的知识地图干预措施后，实验 1 班学习者的元认知水平未发生显著变化，且学习者的元认知水平有所下滑。从课程内容来看，该阶段课程内容是课程中知识点最复杂难懂的部分，因而可能导致学习者较难在接收理论知识后立马绘制出相应的知识地图，从而影响到学习者的学习动机、自我效能感等感知，进而间接影响到学习者的元认知水平。曾有学者指出，自我效能感对元认知调节具有正向影响作用。[①]

表 5-10　实验 1 班执行表现阶段干预元认知水平变化

班级	N/人	均值	标准差	标准误	t	p
元认知整体水平后测	23	3.463	0.419	0.087	−1.850	0.078
元认知整体水平前测	23	3.559	0.364	0.076		
元认知知识后测	23	3.545	0.477	0.099	−1.494	0.149
元认知知识前测	23	3.629	0.379	0.079		
元认知体验后测	23	3.464	0.376	0.078	−1.052	0.304
元认知体验前测	23	3.531	0.371	0.077		
元认知监控后测	23	3.391	0.449	0.094	−1.850	0.078
元认知监控前测	23	3.516	0.430	0.090		

2）实验 2 班干预前后元认知各维度变化

第二阶段干预结束后，实验 2 班学习者的元认知整体水平均值为 3.320，标准差为 0.347，见表 5-11。对干预前学习者的元认知整体水平前测数据进行配对样本 t 检验后，p 值为 0.664，大于 0.05，说明实验 2 班学习者元认知水平在执行表现阶段干预前后未产生显著差异。细看元认知的三个维度发现，p 值均大于 0.05，说明在执行表现干预阶段，以学生自我调节为主的元认知干预方式对实验 2 班学习者的元认知水平未产生显著影响。

① 郑兰琴. 调节性学习技能的评价与干预研究. 北京：人民邮电出版社，2019.

表 5-11　实验 2 班执行表现阶段干预元认知水平变化

班级	N/人	均值	标准差	标准误	t	p
元认知整体水平后测	25	3.320	0.347	0.069	0.440	0.664
元认知整体水平前测	25	3.303	0.371	0.074		
元认知知识后测	25	3.354	0.422	0.084	0.308	0.761
元认知知识前测	25	3.332	0.395	0.079		
元认知体验后测	25	3.444	0.406	0.081	0.901	0.376
元认知体验前测	25	3.404	0.434	0.087		
元认知监控后测	25	3.216	0.397	0.079	0.000	1.000
元认知监控前测	25	3.216	0.402	0.080		

3）两个实验班干预前后元认知各维度变化

将两个班级的执行表现阶段干预后问卷调查结果数据进行协方差分析（执行表现阶段前测问卷调查结果数据为协变量），具体如表 5-12 所示。

表 5-12　执行表现阶段干预后测问卷差异性分析

维度	班级	N/人	均值	标准差	调整后均值	标准误	F	p	η^2
元认知整体水平	实验 1 班	23	3.463	0.419	3.348	0.047	1.318	0.257	0.028
	实验 2 班	25	3.320	0.347	3.426	0.045			
元认知知识	实验 1 班	23	3.545	0.477	3.415	0.067	0.373	0.545	0.008
	实验 2 班	25	3.354	0.422	3.474	0.064			
元认知体验	实验 1 班	23	3.464	0.376	3.414	0.052	1.081	0.304	0.023
	实验 2 班	25	3.444	0.406	3.490	0.050			
元认知监控	实验 1 班	23	3.391	0.449	3.271	0.061	0.403	0.529	0.009
	实验 2 班	25	3.216	0.397	3.326	0.058			

从表 5-12 中内容可以得出，两班的元认知整体水平没有显著性差异，实验 1 班、实验 2 班的均值分别为 3.463、3.320，调整后均值分别为 3.348、3.426，标准误分别为 0.047、0.045，两班之间差异不大，并且 p 值为 0.257，大于 0.05，说明实验 1 班与实验 2 班的元认知水平整体处于均衡状态，未产生显著差异。根据分析结果，元认知的三个维度均未产生显著差异。这在一定程度上表明，执行表现阶段的元认知干预对两个实验班产生的影响并不明显，使得实验 1 班和实验 2 班的元认知水平整体上未发生显著变化。原因在于这一阶段教学内容较难理解，导致学习者较难在短时间内构建知识地图，高难度且紧凑的课程内容可能影响了

学习者的自我效能感，从而影响到本阶段实验结果。

4）干预前后两班学习者成绩对比

在执行表现阶段实施干预后对两个实验班的学习者进行了一次小测验。试题内容涵盖了整个阶段的三章课程内容的重要知识点。将两个班级学习者的测试成绩与第一阶段结束时测试成绩进行协方差分析（以预先计划阶段的成绩为协变量），结果如表 5-13 所示。

表 5-13　执行表现阶段干预后学习者成绩差异性分析

班级	N/人	均值	标准差	调整后均值	标准误	F	p	η^2
实验 1 班	23	56.522	7.839	53.368	2.120	0.677	0.415	0.127
实验 2 班	25	53.080	12.000	55.982	2.018			

经过干预之后，实验 1 班的均值为 56.522，标准差为 7.839，实验 2 班的均值为 53.080，标准差为 12.000，而调整后均值分别为 53.368、55.982，标准误分别为 2.120、2.018。就整体上而言，两个班级的学习者的学习成绩不存在显著性差异（p=0.415>0.05，未达到统计学意义上的显著差异）。说明执行表现阶段的元认知干预实验后，两班学习者的学习成绩并没有显著性差异。

（1）实验 1 班干预前后学习行为变化。

为探究执行表现阶段元认知干预对学习者学习行为变化的影响，从实验 1 班随机选取部分学习者，对其干预前后的学习行为数据进行滞后序列分析，生成相应的学习行为转换图，如图 5-15 所示。

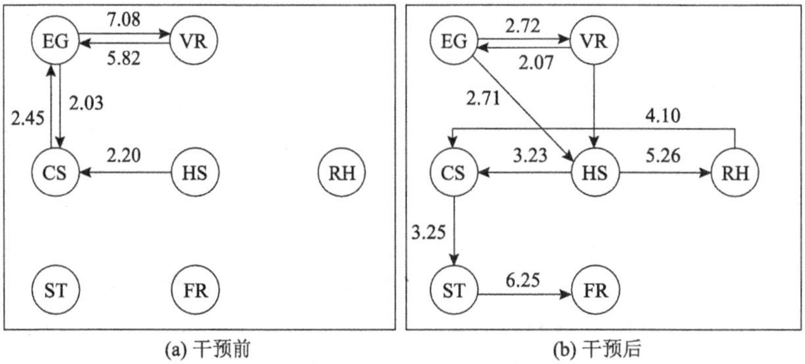

图 5-15　实验 1 班执行表现阶段干预前后学习行为转换图

从图 5-15 中可以看出，干预后实验 1 班学习者的行为路径变化较为明显，主要是增加了进行线上自测、查看测验反思简报和重新提交作业等显著行为序列。课堂上知识地图的填写让学习者对本节课程内容的自身掌握情况有所了解，而教师于课堂上的观察发现，学生对知识地图填写情况较不理想，这一外部干预刺激学习者进行了内在元认知的调节，促使实验 1 班学习者课后更加频繁地进行章节知识自测以及反思，说明在执行表现阶段，以教师指导为主的元认知干预方式对学习者的学习行为表现、策略选择等方面均有积极影响。

（2）实验 2 班干预前后学习行为变化。

从实验 2 班随机选取部分学习者对其学习行为数据进行滞后序列分析，从而生成该班学习者在干预前后的学习行为转换图，如图 5-16 所示。对比执行表现阶段干预前，干预后学习者的行为转换路径更为复杂、多元，各种学习策略路径间的跳转更为频繁，且学习者的反思调节行为也明显增多。知识地图的绘制引导学习者内省课上知识掌握状况，同时督促学习者在接受知识的同时，进行自我监控。学习者在课后对照完整版知识地图进行查漏补缺以及完成实验任务时，通过选择多种学习策略来巩固在学习过程中存在的迷惑不解的或未掌握的知识点，如在查看线上学习资源进行巩固学习后，参与讨论后完成实验报告并提交等行为。这说明在执行表现阶段，以学生自主调节为主的元认知干预方式对学习者的行为表现、策略选择方面均有积极影响。

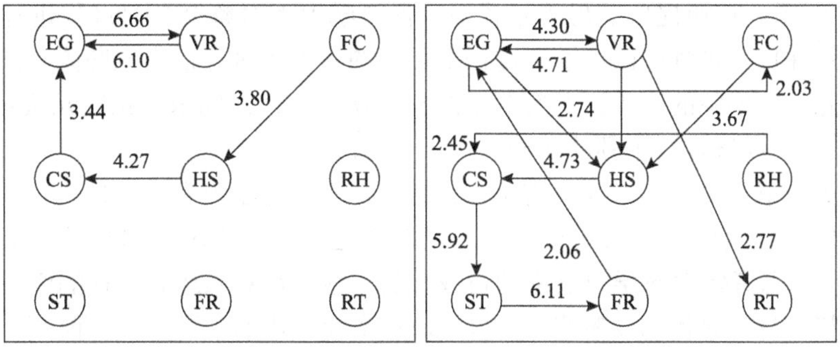

(a) 干预前　　(b) 干预后

图 5-16　实验 2 班执行表现阶段干预前后学习行为转换图

5.3.4　自我反省阶段干预实验

1. 学习者数据分析

上一阶段干预实验结束时，分别对两个班级的学习者的元认知前测与后测问卷以及学习者的测试题成绩进行对比分析，发现第二阶段结束后两个班级的学习者之间并没有产生显著性差异。元认知问卷的前测与后测结果协方差对比分析后，p 值为 0.804，大于 0.05，学习者成绩对比分析后 p 值为 0.415，大于 0.05，说明两个实验班元认知水平差异仍处于原先的均衡状态，可以直接进行下一阶段的干预实验。

2. 干预实验设计与实施

1）自我反省阶段干预的设计

自我反省阶段的干预主要是指在学习者完成某个学习活动之后，为促进学习者客观评价自身的学习效果，并反思其学习过程而进行的干预设计。在这个阶段希望学习者通过自我反省过程对该课程的学习情况有更进一步的了解与掌握，同时，也希望学习者能够在本阶段干预过程中实现对自我的观察和监控，注重对自身学习过程的反思与总结。

不少研究者都将反思作为培养训练学习者元认知的一种有效策略，如 Kramarski 和 Mizrachi 发现，在网络学习中对中学生进行反思学习过程等元认知训练能够提高学习者的学习兴趣和学习效果，继而表现出更多的元认知行为。[①]有研究者认为，教师可以通过精心设计的课程学习活动，如有意识的提问和反思等，帮助学习者在课堂等环境中发展元认知技能。[②]Nurkaeti 等使用元认知策略促使学习者进行反思性思考，从而寻求最佳的问题解决方案，并认为反思性思维可以帮助学习者解决问题、更加了解问题的背景。[③]

故本阶段设计的干预策略将采用错题反思这一学习活动，具体干预过程如图 5-17 所示。教师提供反思提示模板，促进学习者对整个学习过程进行自我反思及自我评价，并对自己在学习过程中出现的错题等进行恰当地归因与反思，从而促进元认知体验的产生，并有利于进一步激活元认知知识，触发元认知监控。

2）自我反省阶段干预的实施

本实验第三阶段为自我反省阶段，目的在于引导学习者进行自我反省，本阶段实验以错题反思为元认知干预策略，以期通过对前段时间测验题中错题的反思，帮助学习者实现对学习过程的自我反省，继而针对未达到预期的学习目标而及时调整自身学习行为及策略。实验 1 班和实验 2 班的干预方式与前两个阶段相同。授课教师将两班的错题反思案例放置于 Moodle 平台中供学习者参考（附录 5-5），学习者仅能看到所在班级的反思示例。在课堂上教师将强调反思对课程学习的重要性，以及对培养自主学习能力的重要性。本实验阶段已进入课程的期末复习阶段，继而将错题反思作为课后作业，要求学习者独立完成并提交至学习平台。期望学习者通过对前期知识点的反思归纳总结，更加深入地理解未解

---

① Kramarski B, Mizrachi N. Online interactions in a mathematical classroom. Educational Media International, 2006, 43(1): 43-50.

② Medina M S, Castleberry A N, Persky A M. Strategies for improving learner metacognition in health professional education. American Journal of Pharmaceutical Education, 2017, 81(4): 78-90.

③ Nurkaeti N, Turmudi T, Karso K. How to use metacognitive strategy in the open-ended approach? Journal of Physics: Conference Series, 2019, 1157(2): 022119.

知识点，进而在期末考试中取得好的成绩。在这一阶段的实验中仍保留了每个章节的导学案与自测题，但并未对学习者做强制性要求，允许学生自行选择是否完成。

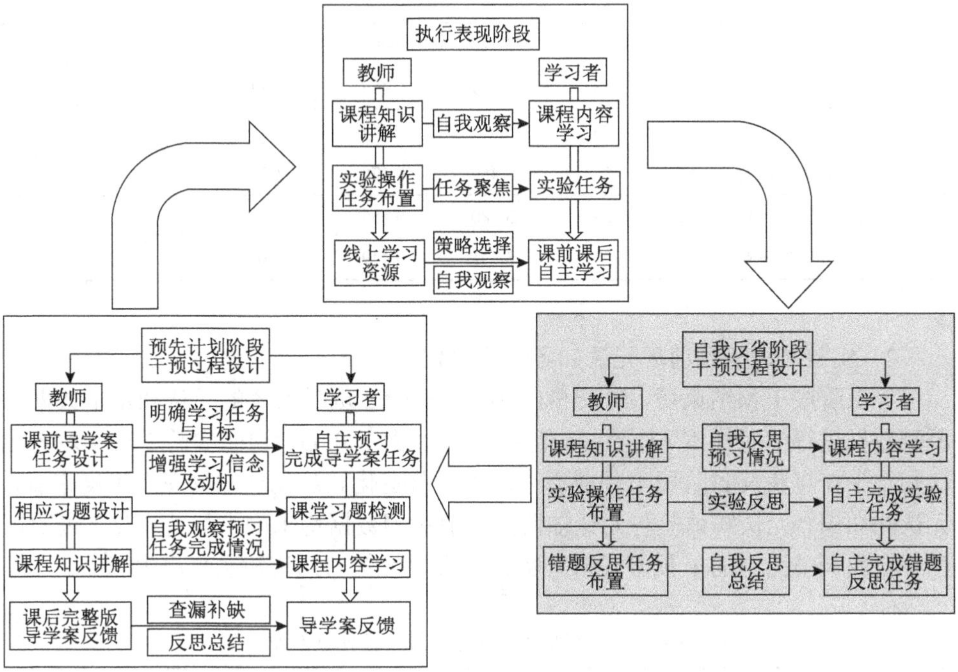

图 5-17　自我反省阶段干预过程设计

3. 干预效果评价

第三阶段的干预实验共持续三周，在干预实验开始前后均进行了元认知问卷调查，数据分析结果具体情况如下。

1）实验 1 班干预前后元认知各维度变化

第三阶段干预结束后，实验 1 班学习者的元认知整体水平均值达到 3.659，标准差为 0.399，见表 5-14。学习者的元认知整体水平数据较干预前有所提升，配对样本 t 检验后 p 值为 0.002，小于 0.01。说明该班学习者的元认知水平在自我反省阶段干预前后产生了非常显著的变化。从元认知各个维度的变化来看，对元认知知识、元认知体验和元认知监控的前后测问卷数据配对样本 t 检验后，p 值分别为 0.006、0.008 和 0.007，均远远小于 0.01，说明在自我反省干预阶段，以教师指导为主的错题反思干预策略促使实验 1 班学习者的元认知水平的各个维度均有所提高。

表 5-14 实验 1 班自我反省阶段干预元认知水平变化

班级	N/人	均值	标准差	标准误	t	p
元认知整体水平后测	23	3.659	0.399	0.083	3.602	0.002*
元认知整体水平前测	23	3.463	0.419	0.087		
元认知知识后测	23	3.746	0.401	0.084	3.053	0.006*
元认知知识前测	23	3.545	0.477	0.099		
元认知体验后测	23	3.667	0.444	0.093	2.910	0.008*
元认知体验前测	23	3.464	0.376	0.078		
元认知监控后测	23	3.580	0.455	0.095	2.953	0.007*
元认知监控前测	23	3.391	0.449	0.936		

2）实验 2 班干预前后元认知各维度变化

第三阶段干预结束后，如表 5-15 所示，实验 2 班学习者的元认知水平数据与前测数据进行配对样本 t 检验，p 值为 0.292，大于 0.05，说明实验 2 班学习者元认知水平在自我反省阶段干预前后未产生显著变化。从元认知的三个维度来看，元认知知识、元认知体验与元认知监控的前后测数据均未产生显著变化，说明以学生自我调节为主的干预方式未对实验 2 班学习者的元认知水平产生影响。

表 5-15 实验 2 班自我反省阶段干预元认知水平变化

班级	N/人	均值	标准差	标准误	t	p
元认知整体水平后测	25	3.366	0.390	0.078	1.077	0.292
元认知整体水平前测	25	3.320	0.347	0.069		
元认知知识后测	25	3.397	0.438	0.088	0.767	0.451
元认知知识前测	25	3.354	0.422	0.084		
元认知体验后测	25	3.396	0.450	0.090	−0.803	0.430
元认知体验前测	25	3.444	0.406	0.081		
元认知监控后测	25	3.323	0.421	0.841	1.709	0.100
元认知监控前测	25	3.216	0.397	0.079		

3）两个实验班干预前后元认知各维度变化

对第三阶段两个班级的后测问卷调查结果数据进行协方差分析（以执行表现阶段后测为协变量），具体如表 5-16 所示。

表 5-16　自我反省阶段干预后测问卷差异性分析

维度	班级	N/人	均值	标准差	调整后均值	标准误	F	p	η^2
元认知整体水平	实验 1 班	23	3.659	0.399	3.597	0.049	6.412	0.015*	0.125
	实验 2 班	25	3.366	0.390	3.424	0.047			
元认知知识	实验 1 班	23	3.746	0.401	3.674	0.058	6.853	0.012*	0.132
	实验 2 班	25	3.397	0.438	3.463	0.055			
元认知体验	实验 1 班	23	3.667	0.444	3.658	0.066	7.872	0.007*	0.149
	实验 2 班	25	3.396	0.450	3.403	0.063			
元认知监控	实验 1 班	23	3.580	0.455	3.510	0.063	1.959	0.168	0.042
	实验 2 班	25	3.323	0.421	3.387	0.060			

从表 5-16 中可知，两班元认知整体水平呈现出显著性差异。其中实验 1 班、实验 2 班学习者的元认知整体水平调整后均值分别为 3.597、3.424，*p* 值为 0.015，小于 0.05，说明实验 1 班与实验 2 班的元认知整体水平产生了显著性差异。再分别从元认知知识、元认知体验和元认知监控三个维度来看，其中元认知知识和元认知体验的 *p* 值分别为 0.012 和 0.007，均远远小于 0.05，达到统计学意义上的显著差异。这在一定程度上表明，在自我反省阶段，以教师指导为主的元认知干预方式对学习者的元认知知识和元认知体验方面的影响较为明显，更有助于提升学习者的元认知水平。

4）干预前后两班学习者成绩对比

在自我反省阶段实施干预后对两个实验班级学习者进行了一次期末模拟测验，试题内容涵盖了整个学期全部课程内容的重要知识点。将两个班级学习者的测试成绩与执行表现阶段结束时学习者成绩进行协方差分析（以执行表现阶段的成绩为协变量），具体的分析情况如表 5-17 所示。

表 5-17　自我反省阶段干预后学习者成绩差异性分析

班级	N/人	均值	标准差	调整后均值	标准误	F	p	η^2
实验 1 班	22*	58.640	13.443	57.615	2.508	0.043	0.837	0.055
实验 2 班	25	56.000	12.738	56.899	2.351			

注：实验 1 班有 1 名学习者未完成测验，仅 22 人取得有效成绩

第三阶段两个班级的测验成绩分析结果显示，实验 1 班和实验 2 班的得分均值为 58.640、56.000，标准差分别为 13.443、12.738，调整后均值分别为 57.615、56.899，*p* 值为 0.837，这表明两个班级的学习成绩不存在显著性差异（$p>0.05$）。

5）实验 1 班干预前后学习行为变化

从实验 1 班随机选取部分学习者，对其干预前后的学习行为进行滞后序列分

析，生成的学习行为转换如图 5-18 所示。

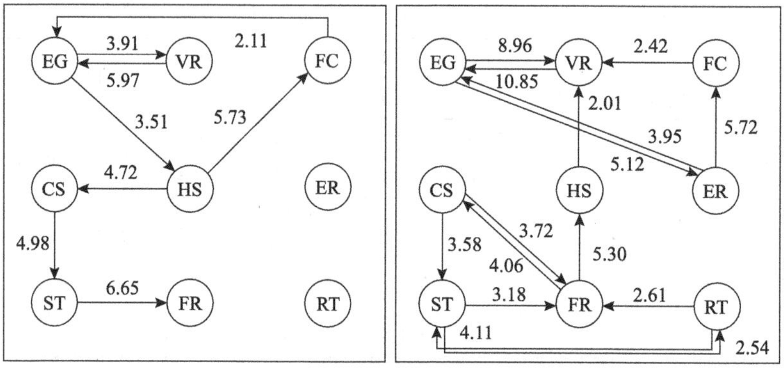

(a) 干预前　　(b) 干预后

图 5-18　实验 1 班自我反省阶段干预前后学习行为转换图

观察实验 1 班的学习行为转换图发现，干预后对比干预前增加了查看实验反思和重新自测的相关行为，而其他行为间的转换变得更加频繁。在错题反思这一干预措施下，实验 1 班学习者产生了更多的关于查看自测题反思简报的具有显著意义的行为（如查看课程状态后查看自测题反思简报、重新自测后查看自测题反思简报）；与此同时，学习者产生了反复查看实验指导和实验反思的显著行为。说明在自我反省阶段，错题反思的元认知干预措施对学习者的行为具有积极影响，其中对学习者的反思行为更具指导意义。

6）实验 2 班干预前后学习行为变化

从该班级随机选取部分学习者，对其学习行为进行滞后序列分析，生成的学习行为转换路径如图 5-19 所示。对比干预前和干预后的行为转换路径发现，实验

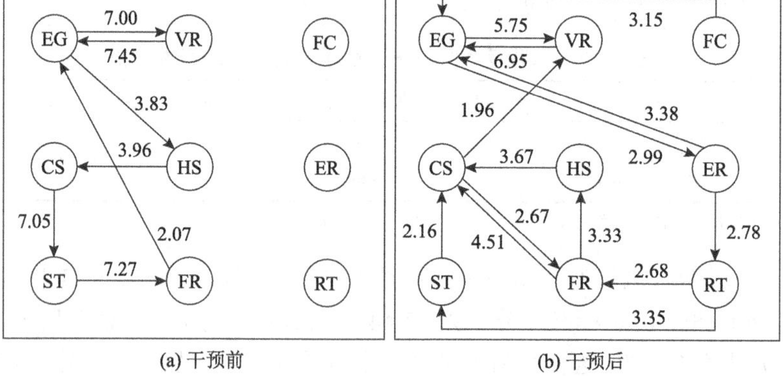

(a) 干预前　　(b) 干预后

图 5-19　实验 2 班自我反省阶段干预前后学习行为转换图

2 班学习者的学习行为在干预后有着明显改变，其中较为明显的是增加了与讨论区、实验反思和重新自测相关的行为序列。错题反思这一干预措施使得实验 2 班学习者对未掌握知识点进行重新构建，对自测题反思简报进行反复查看，重新进行自测题测试，以及反复查看实验反思与指导。说明在自我反省阶段，以学生自主调节为主的元认知干预方式对学习者的行为表现同样具有一定的积极影响。

5.4　元认知干预实验结果分析

5.4.1　元认知知识、元认知体验和元认知监控

利用统计方法将实验 1 班与实验 2 班的实验初测和最后一次后测两组数据进行对比分析，具体的分析情况如下所示。

1. 实验 1 班干预前后元认知各维度变化

实验结束后，实验 1 班的元认知整体水平均值由 3.430 提升到 3.659，前后测两组数据进行配对样本 t 检验，p 值为 0.001，小于 0.01，达到了统计学意义上的显著差异。如表 5-18 所示，元认知知识、元认知体验和元认知监控三个维度的 p 值均小于 0.05，说明以教师指导为主的元认知干预方式对学习者的元认知各个维度均有积极影响。

表 5-18　实验 1 班干预前后元认知水平变化

班级	N/人	均值	标准差	标准误	t	p
元认知整体水平后测	23	3.659	0.399	0.083	3.640	0.001*
元认知整体水平前测	23	3.430	0.276	0.058		
元认知知识后测	23	3.746	0.401	0.083	2.606	0.016*
元认知知识前测	23	3.552	0.302	0.062		
元认知体验后测	23	3.667	0.444	0.093	4.809	0.000***
元认知体验前测	23	3.295	0.241	0.050		
元认知监控后测	23	3.580	0.455	0.095	2.317	0.030*
元认知监控前测	23	3.406	0.371	0.077		

2. 实验 2 班干预前后元认知各维度变化

由表 5-19 可以看出，实验 2 班的元认知整体水平均值并未产生较大变化。将前后测两组数据进行配对样本 t 检验之后，p 值为 0.988，大于 0.05，未产生统计

学意义上的显著性变化。此外，元认知知识、元认知体验和元认知监控三个维度的 p 值均大于 0.05，表明以学生自主调节为主的元认知干预方式对学习者的元认知各个维度均未产生明显影响。

表 5-19　实验 2 班干预前后元认知水平变化

班级	N/人	均值	标准差	标准误	t	p
元认知整体水平后测	25	3.366	0.390	0.078	0.015	0.988
元认知整体水平前测	25	3.365	0.392	0.078		
元认知知识后测	25	3.397	0.438	0.088	−0.616	0.544
元认知知识前测	25	3.443	0.413	0.083		
元认知体验后测	25	3.396	0.450	0.090	0.725	0.476
元认知体验前测	25	3.333	0.442	0.088		
元认知监控后测	25	3.323	0.421	0.084	0.066	0.948
元认知监控前测	25	3.317	0.434	0.087		

5.4.2　线上学习行为

为了深入分析学习者的自我调节、监控的过程和结果，采用追踪数据的方法来分析由学习平台系统自动记录的学习行为。这种分析方法相较于传统的问卷调查法、访谈法、出声思维法要更加客观、真实，因为该方法通过 Moodle 平台把学习者在学习平台中的每一步骤操作都记录下来，如图 5-20 所示。通过深入分析学习者在平台中的操作行为，可以掌握学习者的元认知自我监控与调节的学习行为。

本实验分别选取干预前及干预后相同时间长度的学习者行为日志进行编码，然后通过滞后序列分析法来分析学习者学习行为的变迁和转移状况，并分别绘制了不同时间阶段的行为序列转换图。这是一种分析行为序列的变化和状态转移的方法，可以深入分析学习者潜在的行为模式，并以可视化的方式呈现行为转换路径图，如图 5-21 所示。在无干预阶段，两个班级的学习者的行为转换序列基本相同，在线上学习过程中选择并应用的策略较为单一，且均未产生反思调节的行为，仅有资源的查看、实验指导的查看、提交作业、讨论区的参与几种策略选择的行为。对比干预后两班学习者的行为转换情况，行为种类与频次明显增加，加入了自测题测试这一策略选择行为和实验反思、试题反思、重新测验等反思调节行为。说明在三个阶段的元认知干预实验结束后，学习者的学习行为均有所改善，更加注重学习过程中的反思与学习策略的调整。

Date	Time	User full name	Event context	Component	Event name
19/09/04	07:33	201831400130	Course: 网络技术基础 --2019年秋	System	Course viewed
19/09/04	07:34	201831400130	Course: 网络技术基础 --2019年秋	System	Course viewed
19/09/10	14:01	201831400130	Course: 网络技术基础 --2019年秋	System	Course viewed
19/09/15	19:31	201831400130	File: 实验报告模板--	File	Course module viewed
19/09/15	19:31	201831400130	Course: 网络技术基础 --2019年秋	System	Course viewed
19/09/15	19:31	201831400130	Course: 网络技术基础 --2019年秋	System	Course viewed
19/09/15	19:34	201831400130	Course: 网络技术基础 --2019年秋	System	Course viewed
19/09/15	19:34	201831400130	Forum: 实验一 问题汇总区	Forum	Discussion viewed
19/09/15	19:34	201831400130	Course: 网络技术基础 - 2019年秋	System	User profile viewed
19/09/15	19:34	201831400130	Forum: 实验一 问题汇总区	Forum	Course module viewed
19/09/15	19:34	201831400130	Course: 网络技术基础 2019年秋	System	Course viewed
19/09/15	19:34	201831400130	Folder: 本课程常用软件下载	Folder	Course module viewed
19/09/15	19:35	201831400130	File: 实验讲义--实验1 认识网络机房及其	File	Course module viewed
19/09/15	20:47	201831400130	Assignment: 实验报告1 请点击这里递交	Assignment	Submission form viewed.
19/09/15	20:47	201831400130	Assignment: 实验报告1 请点击这里递交	Assignment	The status of the submission has been viewed.
19/09/15	20:47	201831400130	Course: 网络技术基础 --2019年秋	System	Course viewed
19/09/15	20:47	201831400130	Course: 网络技术基础 --2019年秋	System	Course viewed
19/09/15	20:49	201831400130	Assignment: 实验报告1 请点击这里递交	Assignment	The status of the submission has been viewed.
19/09/15	20:49	201831400130	Assignment: 实验报告1 请点击这里递交	Assignment	A submission has been submitted.
19/09/15	20:49	201831400130	Assignment: 实验报告1 请点击这里递交	Assignment	The user has accepted the statement of the submission.
19/09/15	20:49	201831400130	Course: 网络技术基础 --2019年秋	Level up!	User leveled up
19/09/15	20:49	201831400130	Assignment: 实验报告1 请点击这里递交	File submissions	Submission created.
19/09/15	20:49	201831400130	Assignment: 实验报告1 请点击这里递交	File submissions	A file has been uploaded.
19/09/15	20:49	201831400130	Assignment: 实验报告1 请点击这里递交	Assignment	Submission form viewed.
19/09/17	13:59	201831400130	Assignment: 实验报告1 请点击这里递交	Assignment	The status of the submission has been viewed.
19/09/17	13:59	201831400130	Course: 网络技术基础 --2019年秋	System	Course viewed
19/09/17	13:59	201831400130	Course: 网络技术基础 --2019年秋	System	Course viewed
19/09/17	14:01	201831400130	Course: 网络技术基础 --2019年秋	System	User profile viewed
19/09/17	14:04	201831400130	Forum: 实验一 问题汇总区	Forum	Discussion viewed
19/09/17	14:05	201831400130	Forum: 实验一 问题汇总区	Forum	Discussion viewed
19/09/17	14:24	201831400130	Quiz: 第2章 自测题	Quiz	Quiz attempt viewed
19/09/17	14:24	201831400130	Quiz: 第2章 自测题	Quiz	Quiz attempt started
19/09/17	14:24	201831400130	Quiz: 第2章 自测题	Quiz	Course module viewed

图 5-20　学习者学习日志行为图示

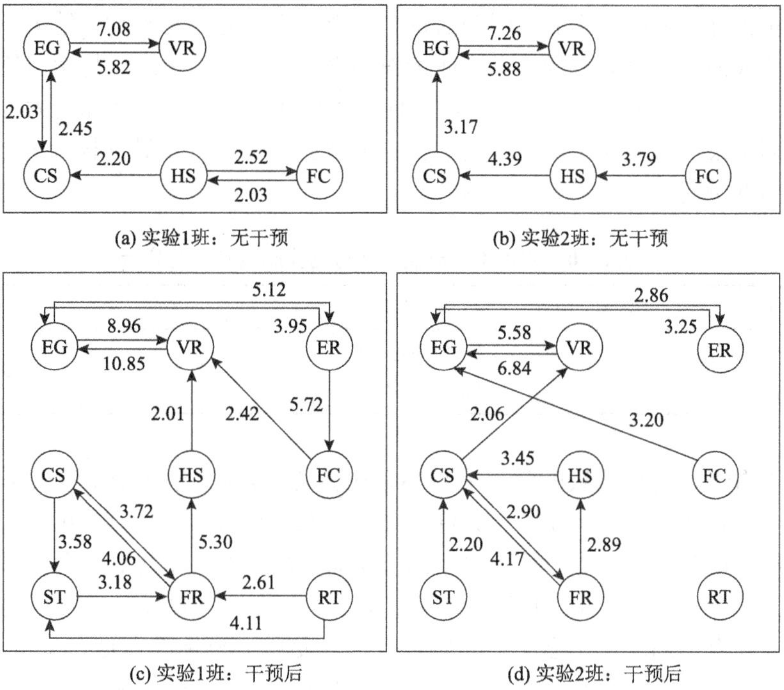

图 5-21　干预前后两个班级学习者行为转换对比图

横向对比两班学习者在干预后的学习行为转换图发现，两班学习者的行为转换序列大致相似，但仍有些许不同。较为明显的是，实验 1 班学习者在进行测试题测试过程中会较为专注于这一模块的行为。如图 5-21 中所示，实验 1 班学习者的 ST、RT 与 FR 行为形成了一个循环回路，即实验 1 班学习者在自测后会主动查看自测简报以进行反思，或再次进行测试并查看反思简报。实验 2 班学习者忽略了重新测试这一反思调节行为，即实验 2 班大部分学习者在进行自测题测试之后并未及时查看测验简报，也未能在之后重新答题以检验知识点的后续掌握情况。

在实验这一活动模块当中，两个班级学习者的行为序列极其相似，但对比行为转换的残差值发现，实验 1 班学习者在查看实验指导、实验反思报告以及查看学习资源这几种行为间转换的显著性更高，即行为频次更高。换言之，相比实验 2 班，实验 1 班的大多数学习者均会在实验过程中查看实验指导与学习资源来解决实验操作过程中遇到的问题，并在教师给予实验报告评语反馈后查看实验反思报告来巩固该实验内容。可见，以教师指导为主的元认知干预方式对学习者的学习行为表现、学习策略选择方面产生的影响更大。

5.4.3 学习成绩

对实验开始前两个实验班学习者的自测题成绩进行分析对比，结果显示两班学习者的成绩并无显著差异。学习成绩作为学习者能力的体现，与学习策略的选择与应用有着一定的关系，因此，学习成绩可以作为学习者元认知能力的一种表现。学期结束后，对两个班级学习者的期末测验成绩进行了独立样本 t 检验，结果如表 5-20 所示。

表 5-20 实验 1 班与实验 2 班测验成绩差异性分析

班级	N/人	M±SD	t	p
实验 1 班	23	84.130±7.806	1.138	0.261
实验 2 班	25	80.360±14.003		

可以看出，两个班级的学习成绩不存在显著性差异（p=0.261>0.05），实验 1 班测验成绩的均值是 84.130，实验 2 班的均值为 80.360，实验 1 班的均值大于实验 2 班，说明实验 1 班整体水平要高于实验 2 班，但并未达到显著性差异。说明以教师指导为主的元认知干预方式，对学习者的学习效果有着一定的积极影响，但并没有达到统计学意义上的显著差异。实验 1 班标准差是 7.806，实验 2 班为 14.003，实验 2 班的标准差要高于实验 1 班，表明实验 1 班的学生之间的差

异要明显小于实验 2 班，说明以学生自主调节为主的元认知干预方式并不是对每位学习者都有积极影响。

5.4.4 学生访谈

为进一步了解元认知干预模型在学习者中的看法以及感受，本书在实验结束后，从实验 1 班和实验 2 班中随机选择接受了三阶段干预的 10 名学习者进行访谈，总计受访人数为 20 人，以期通过访谈收集到更多关于课程教学中元认知干预更加丰富的数据，从而对学习者的元认知水平测量呈现更多元的分析。具体访谈提纲如附录 5-2 所示，实验 1 班和实验 2 班受访学生的典型回答如下。

问题 1：在日常学习中，你认为自己存在哪些问题？（如学习方法策略、对自我的监控反思等方面）

S1：在日常的学习过程中，我在学习进度、预习等方面做得不好，总是忘记或者拖延，在自我反思方面，有时候存在应付心理。

S2：课前预习的情况有改善，但还没有做得特别好；缺乏知识之间的联系和整合能力；学习新课之后没有及时复习。

问题 2：学习过程中，老师给予的导学案和知识地图的反馈对你是否有帮助？（追问：有——有哪些帮助？无——为什么？）对你的学习有什么影响？

S1：老师给予的导学案和知识地图的反馈对我的帮助非常大。在导学案的帮助下，可以在课前了解学习的知识点，对学习内容有大概了解，简单的知识点可以先自己消化，难点在课堂上认真听；知识地图可以帮助我在一堂课结束之后对重要的知识点做一个简单的梳理；在后面的总复习中，导学案和知识地图都可以帮助我重新构架起这章的知识框架。

S2：有帮助。导学案让我对新课内容有了系统化的了解，可以说在做过导学案后，我上新课时思路更加清晰、掌握得更快，不会有之前有些跟不上、弄不懂的情况。知识地图则是课后对我知识掌握情况的反映，以思维导图的形式呈现，显示重点，也显示知识点的全面架构，使我在复习这堂课知识的同时也清楚地知晓了我对哪块知识是有遗忘的，需要课后去补充完善的。

问题 3：在学习平台上丰富的学习资源中，你能否迅速准确地找到适合自己的学习资源？

S1：能，但是在网络平台上还是缺少老师和学生的互动。

S2：可以。老师提供了一套很完整的电子教材，是超星学习平台的。这套电子教材使对前两章知识一头雾水的我豁然开朗；后来自测题、视频学习资料、实验报告成了我复习的好帮手，帮助我更好地对知识进行巩固。

问题 4：在这学期的网络技术课程学习中有没有遇到什么难以解决的问题？

你是如何解决的？（如通过组员协作或自学等方式）最后结果如何？

S1：有。在理论理解中遇到的问题可以通过百度找资料自学和组员帮助的方式理解理论知识。在做实验的过程中先进行组员协作，仍无法解决的话会请求助教和老师的帮助，最后都能顺利解决。

S2：问题：实验考试曾使我慌张，虽然平时我实验操作都成功了，但还是因为某些操作要点没有理解，导致最后一下子要考那么多实验，有点措手不及。解决：后来我花了两个下午加一个晚上的时间在实验机房里全部重新回顾，系统性并且全面的回顾使得我一下子豁然开朗。

问题 5：在最后复习阶段，你能否通过前期自测题的错题反思发现自己哪些知识点掌握得好，哪些掌握得不好？能否解决之前做题时不懂的问题？你喜欢这种学习方法吗？为什么？

S1：自测题中可以明显发现自己知识点的掌握情况，我喜欢这样的学习方法，在完成自测题之后，对课本内容再进行一遍复习，再做一次自测题，这样可以加强我对章节内容的知识点掌握，并且可以帮助我解决之前不懂的知识点。

S2：能。但是也没啥意思，本质就是看书和刷题。

问题 6：一学期的网络技术课程学习过后，你认为你的元认知能力（如对知识掌握情况的把控，对自我的监督、反思）是否得到了提升？对自己的元认知能力有什么样的评价？为什么？

S1：我认为我的元认知能力得到了提升。在学习过程中，自己慢慢变得对学习上心，在每一次的作业反馈中，更正自己作业中的漏洞；在导学案和知识地图中，加深自己对课堂知识的理解，并且清晰了课堂内容的结构；在反复做自测题的过程中，将前面学习的一些疑虑都解决了，在得到学习的乐趣之后，让我更加重视学习过程中的监督和自我反思。

S2：没感觉。这种能力需要长期的培养，这么短的时间并不能明显感觉到有什么变化。

对访谈内容进行文本分析后得到结果如图 5-22 所示。可以看出，受访的学习者认为导学案、知识地图以及错题反思的干预策略是好的，认为自己的元认知能力有所提升。实验 2 班有部分学习者觉得短时间内自己的元认知能力并未得到提升，需要长时间的训练培养，且学习体验感不太好，经过干预后仍然觉得自我监督、反思能力不够。这从侧面表明了以教师指导为主的元认知干预方式对大多数学生是有积极影响的，而以学生自主调节为主的元认知干预方式对部分学生来说是消极的。

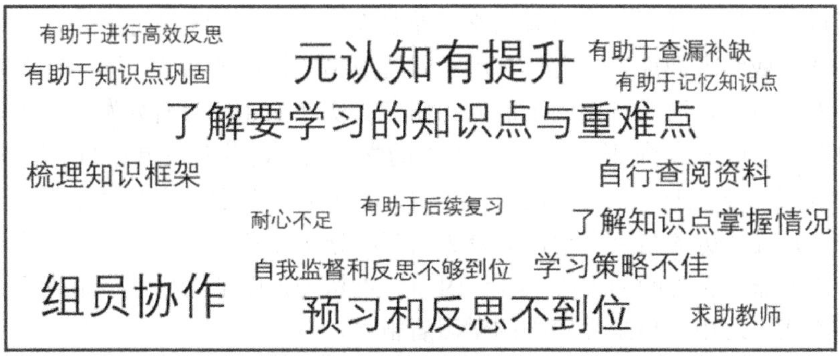

(a) 实验 1 班

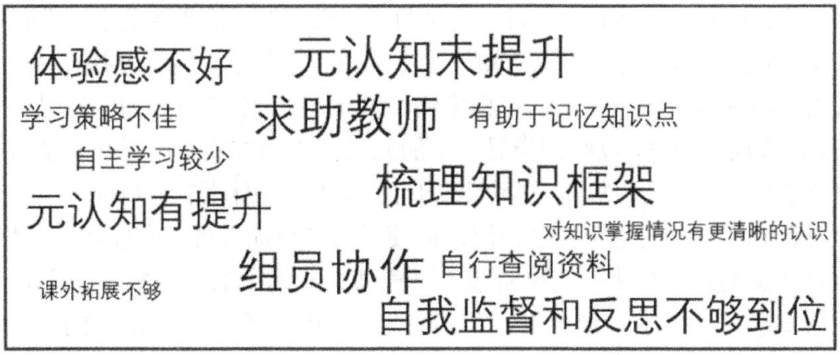

(b) 实验 2 班

图 5-22　访谈内容观点提取和词云分析图

5.4.5　干预效果总结

本书在学习者日常学习过程中以两种不同的干预方式分别给予两个班级的学习者相同策略的元认知干预，整个干预过程分为三个阶段，贯穿学习者整个学期的课程内容学习，以期达到改善学习者元认知能力的目的，帮助学习者提升其反思监控、策略调节的能力。从整个实验过程来看，以教师指导为主的元认知干预方式更有利于学习者的元认知各个维度的水平提升。这与李士平的研究结果有些许不同，他的研究发现，学习引导性较强的提示型反馈干预在元认知体验和元认知监控方面具有显著干预效果，对元认知知识的提升较不显著。产生这一差异的原因在于，李士平设计的提示型反馈干预具有的教师引导性较强，从而导致学习者独立思考较少，最终造成学习者的元认知知识提升不明显。[①]本实验中的两种干预方式对学习者的学习行为均有积极影响，但以教师指导为主的元认知干预方式对学习策略选择与反思行为更具有指导意义。这一点类似于赵蔚等的研究结

① 李士平. 网络学习环境下基于反馈的元认知干预设计与实证研究. 长春：东北师范大学，2018：102.

果：经过元认知干预后，学习者的学习路径明显变得更加有规划性。[①]

就学业成绩方面而言，实验 2 班学习者成绩的标准差较大，即实验 2 班学习者内部差异较大，这明显不同于前人的研究。例如 Hattie 等研究发现，可以通过对学习者的元认知干预训练来提高学习者的学习动机，并取得更好的学习成效。[②]本实验发现以学生自主调节为主的元认知干预方式有可能导致学习者之间差距的扩大；并且从访谈结果来看，实验 2 班有部分学习者认为自身元认知水平并未提高，认为需要长时间的训练培养。因而可以认为，以学生自主调节为主的元认知干预方式更适用于自主性较强的学习者群体。

在预先计划阶段，以教师指导为主的元认知干预方式对学习者的元认知体验有着显著的积极影响，且有助于学习者的学习行为改善与学习策略选择。在执行表现阶段，以学生自主调节为主的元认知干预方式虽未提升学习者的元认知水平，但对学习者的学习行为产生了一定的积极影响，学习者的讨论交流互动、反思行为明显增加。在自我反省阶段，以教师指导为主的元认知干预方式不仅提升了学习者的元认知整体水平，而且元认知的三个维度均有所提升。总体而言，两种元认知干预方式对学习者的学习行为均有积极作用，促使学习者更加重视自我监控与反思。

值得注意的是，在执行表现阶段，以教师指导为主的元认知干预方式对学习者的元认知水平造成了消极影响，学习者的元认知水平下降。回顾教学内容发现，执行表现阶段的课程内容是该课程所有章节最难以理解和掌握的难点，从而可能影响到学习者的学习动机与自我效能感。进一步分析学习者在这一阶段的行为序列转换情况发现，学习者的反思行为与讨论区交流行为明显减少，行为表现较前一阶段没有改善，表明该阶段的干预策略或干预方式并没有收到理想的效果，因而有待进一步改善干预措施并进行深入研究。

5.5 本章附录

附录 5-1　调查问卷

关于“网络技术基础”课程的调查问卷

亲爱的同学，你好！

本调查旨在了解大学生在学习过程中的一些基本情况，以期为提高今后的教

① 赵蔚，李士平. 基于学习分析的自我调节学习路径挖掘与反馈研究. 中国电化教育，2018，(10)：15-21.

② Hattie J, Biggs J, Purdie N. Effects of learning skills interventions on student learning: A meta-analysis. Review of Educational Research, 1996, 66(2): 99-136.

学效果提供依据。你的回答对这项调查研究非常重要！题目中所涉及的答案无对错之分，请你表达出自己真实的想法，请认真作答，从而保障调查结果的可靠性。此问卷采用不记名制，我们将对你的回答严格保密，感谢你的支持！

你的基本信息：

性别：________________　　　　学号：________________

序号	题目	一点也不符合	不符合	一般	符合	非常符合
1	在学习时，我了解自己知识的掌握情况					
2	我擅长组织整合所学信息					
3	我擅长记忆信息					
4	我能很好地判断我对某个知识的理解程度					
5	我知道什么样的信息是最重要的、最需要掌握的					
6	在针对某些材料或某项任务时，我知道老师希望我学的是什么					
7	当我对这个话题感兴趣时，我学到的更多					
8	我会思考眼前的内容或任务与以往的知识有什么联系					
9	在学习新知识之前，我会去略读材料以了解这些新知识					
10	我使用的每个学习策略都有一个特定的目的					
11	我可以根据不同情况使用不同的学习策略					
12	我知道我在学习时应该使用什么学习策略					
13	我发现自己会自动采用有效的学习策略					
14	我可以激励自己去学习					
15	我能够利用自己的优势来弥补其他方面的弱点					
16	即使遇到的学习内容很难，我也会提醒自己坚持，不要放弃					
17	当学习顺利时，我也会提醒自己需要再努力					
18	我认为我的基础很差，所以学习新知识时我会感到担忧					
19	我会对自己未完成任务而感到遗憾和难过					
20	我能激发自己积极的学习热情					
21	在实践任务中，能克服困难使任务完美完成时，我会感到非常快乐					
22	完成一项任务时，我会对下一项任务产生期待					
23	在开始一项任务之前，我会思考我真正需要学习什么					
24	我在开始一项任务之前设定了具体的目标					

续表

序号	题目	一点也不符合	不符合	一般	符合	非常符合
25	在学习时，我会在每个阶段都设置目标来指导我的活动					
26	我会定期复习以帮助理解知识点之间的联系					
27	我会定期问自己是否达到了学习目标					
28	当我解决一个问题时，我会问自己是否考虑了所有情况					
29	在完成一项任务后，我会考虑是否有更简单的方法					
30	一旦完成一项任务，我会问自己是否学到了我所想学的					
31	在学习时，我常会因为考虑其他事情而错过重要内容					
32	我会通过问自己问题来确保掌握正在学习的内容					
33	为了有足够的时间，我会在学习过程中调整自己的节奏					
34	在遇到某些难以解决的问题时，我会尝试换一种方法					
35	在学习过程中，我会对自己的学习进度进行管理					
36	面对打乱学习计划的突发情况，我会做出合理调整					
37	在学习过程中，我会意识到有必要制订我的学习计划					

问卷到此结束，再次感谢你的支持！

附录 5-2　访谈纲要

同学你好，一学期的网络技术课程已经结束，老师想了解一下你对这学期的课程有什么想法。根据自己的想法回答老师即可，老师希望获得学习者的帮助以便更好地改善后续实际教与学。那我们开始吧。

问题 1：在日常学习中，你认为自己存在哪些问题？（如学习方法策略，对自我的监控、反思等方面）

问题 2：学习过程中，老师给予的导学案和知识地图的反馈对你是否有帮助？（追问：有——有哪些帮助？无——为什么？）对你的学习有什么影响？

问题 3：在学习平台上丰富的学习资源中，你能否迅速准确地找到适合自己的学习资源？

问题 4：在这学期的网络技术课程学习中有没有遇到什么难以解决的问题？你是如何解决的？（如通过组员协作或自学等方式）最后结果如何？

问题 5：在最后复习阶段，你能否通过前期自测题的错题反思发现自己哪些知识点掌握得好，哪些掌握得不好？能否解决之前做题时不懂的问题？你喜欢这种学习方法吗？为什么？

问题 6：一学期的网络技术课程学习过后，你认为你的元认知能力（如对知识掌握情况的把控，对自我的监督、反思）是否得到了提升？对自己的元认知能力有什么样的评价？为什么？

附录 5-3　导学案示例

实验 1 班“第 3 章 网络体系结构与协议”导学案

<table>
<tr><td>一、
学习目标</td><td>了解网络体系结构的基本概念；
了解 ISO/OSI 网络参考模型；
了解 TCP/IP 网络参考模型；
了解几种重要的网络协议；
了解 IP 地址的分类及子网的划分</td></tr>
<tr><td>二、
重点难点</td><td>OSI 参考模型各层名称及其主要功能；
TCP/IP 的分层及各层中常见的网络协议；
TIC/IP 的分层与 OSI 分层之间的关系；
IP 地址的类型及子网的划分规则</td></tr>
<tr><td>三、
知识梳理</td><td>（请你将预习过程中重要的知识点进行整理，并将下列空缺补充完整）
ISO/OSI 模型与 TCP/IP 模型：
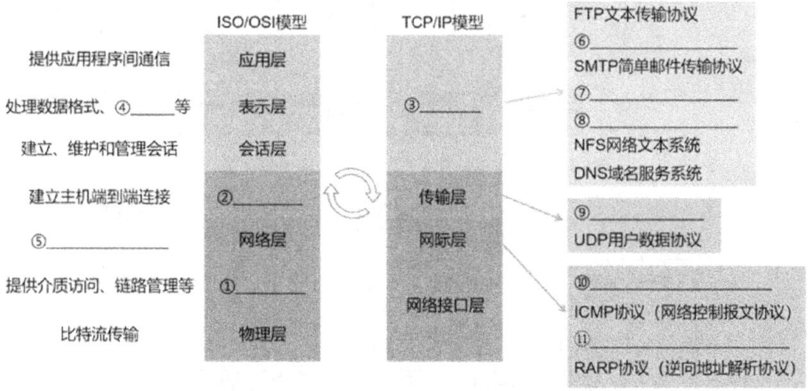

①__________________；②__________________；③__________________；
④__________________；⑤__________________；⑥__________________；
⑦__________________；⑧__________________；⑨__________________；
⑩__________________；⑪__________________
IP 地址的分类
IP 地址是一个 32 位的二进制数（IPV6 是_____位），由地址类别、网络号和主机号三个部分组成。网络号表示其所属的网络段编号，主机号表示_______________，按网络规模大小可将 IP 地址分为 A、B、C、D、E 五类，其中 A、B、C 三类是主要的类型地址，D 类专供组播的组播地址，E 类用于扩展备用地址。</td></tr>
</table>

续表

类别	网络号/占位数	主机号/占位数	特点	IP 有效范围	最大网络数	最大主机数
A	1～126/8	________	A 类地址的第一位总是 0	1.0.0.1～127.255.255.254	2^7-2	______
B	128～191/16	1～254/16	B 类地址的前两位总是 10	128.1.0.1～191.255.255.254	______	$2^{16}-2$
C	________	1～254/8	C 类地址的前三位总是 110	___________________	2^{21}	2^8-2

三、知识梳理

子网的划分

子网划分的基本思想：

借用现有网段的主机位的最左边某几位作为子网位，划分出多个子网。

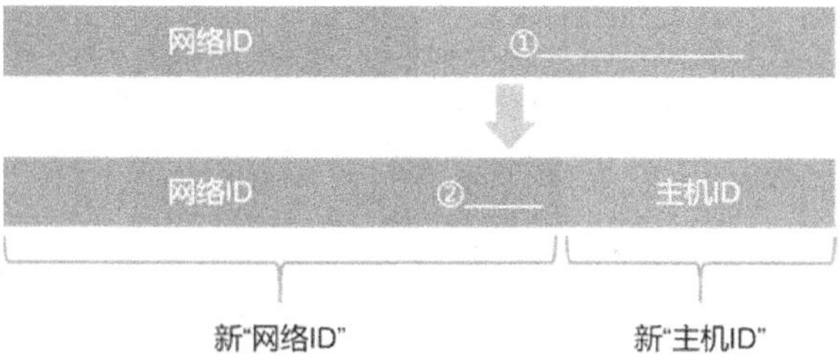

①__________________；②__________________

子网掩码又叫网络掩码、地址掩码，它可以指出一个 IP 地址中的哪些位对应于网络地址，哪些位对应于主机地址。

默认情况下，A、B、C 三类网络的掩码：

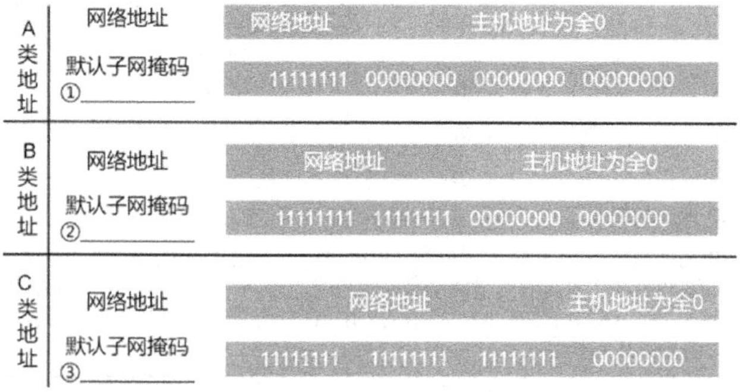

①__________________；②__________________；③__________________

续表

三、 知识梳理	子网划分的步骤： 首先确定划分子网数； 子网数=______，n 代表子网掩码往右移动的位数。例如，要划分 2 个子网，子网掩码需要往右边移动 1 位，$2^1=2$。 其次确定子网划分后的地址； 最后确定子网掩码。 划分后的子网掩码 = 原网络的子网掩码+n，若要写为十进制则为：$256-2^{(8-n)}$ 例如：原来子网掩码：255.255.255.0（/24），往右移动 3 位，则划分为 8 个子网，子网掩码就变为/27，$256-2^{(8-3)}=256-2^5=256-32=224$，则划分后子网掩码为 255.255.255.224（/27）
四、 练习	OSI 参考模型中网络层的数据传输单位为__________。 在 TCP/IP 协议中负责处理路由选择的协议是__________。

实验 2 班“第 3 章 网络体系结构与协议”导学案

一、 学习目标	了解网络体系结构的基本概念； 了解 ISO/OSI 网络参考模型； 了解 TCP/IP 网络参考模型； 了解几种重要的网络协议； 了解 IP 地址的分类及子网的划分
二、 重点难点	OSI 参考模型各层名称及其主要功能； TCP/IP 的分层及各层中常见的网络协议； TIC/IP 的分层与 OSI 分层之间的关系； IP 地址的类型及子网的划分规则
三、 知识梳理	（请你将预习过程中重要的知识点进行整理，并罗列在下面） ISO/OSI 模型与 TCP/IP 模型 IP 地址的分类 子网的划分 其他
四、 练习	OSI 参考模型中网络层的数据传输单位为__________。 在 TCP/IP 协议中负责处理路由选择的协议是__________。 子网掩码为 255.255.255.0，下列哪个 IP 地址不在同一网段中（　　） A. 192.10.24.2　　B. 192.10.14.2　　C. 192.10.24.110　　D. 192.10.24.9 IP 地址 201.190.1.0/24 使用子网掩码为 255.255.255.248 划分子网，其可用子网数为__________。

附录 5-4　知识地图示例

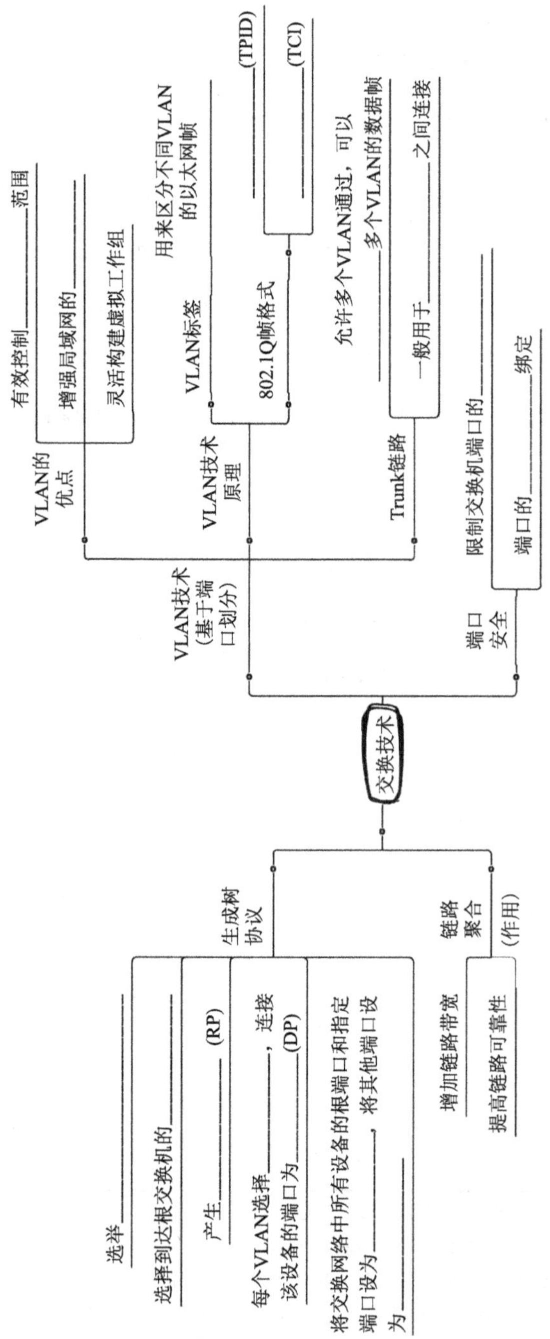

附图5-1　实验1班“交换机技术”知识地图

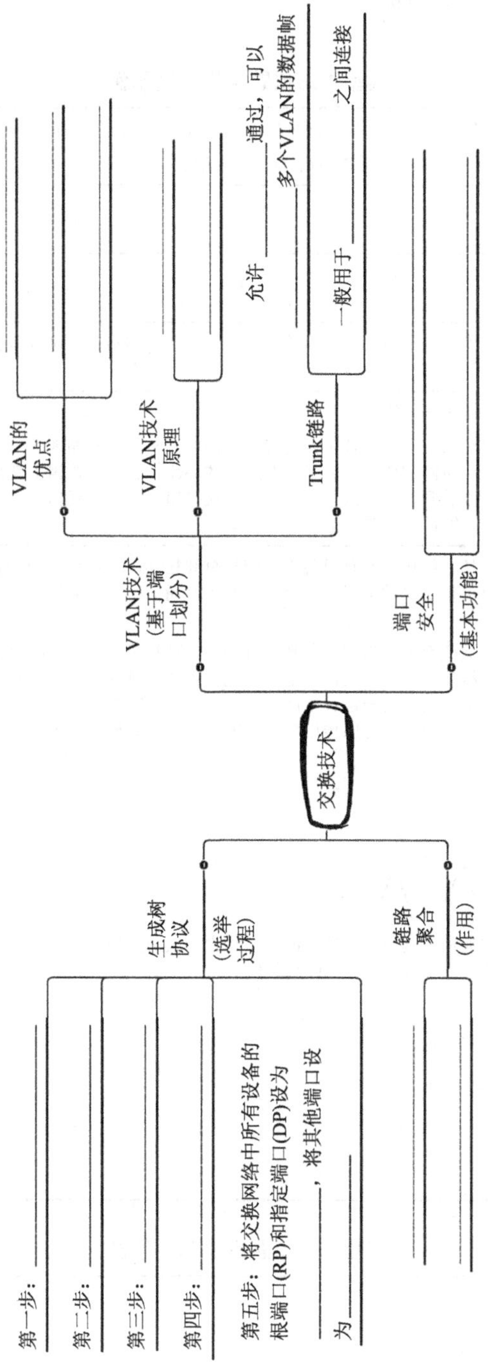

附图5-2　实验2班“交换机技术”知识地图

附录 5-5 错题反思示例

实验 1 班错题反思归纳示例

[原题摘录]	如果某局域网的拓扑结构是__，则局域网中任何一个节点出现故障都不会影响整个网络的工作。 A. 总线型结构 B. 树型结构 C. 环型结构 D. 星型结构
[正确答案]	A
[错误答案]	C
[解题困惑]	为何不是环型结构呢？一个节点出现故障之后，其他节点之间不是还可以传输吗？那整个网络的工作就不会全部受到影响
[反思记录]	未能完全理解环型网络拓扑结构。 **环型结构**网络中的每一节点是通过环中继转发器（RPU）与它左右相邻的节点串行连接，在传输介质环的两端各加上一个阻抗匹配器就形成了一个封闭的环路，这样在逻辑上就相当于形成了一个封闭的环路。从网络结构可以看到，整个网络各节点间是直接串联，这样任何一个节点出了故障都会造成整个网络的中断、瘫痪，维护起来非常不便
[归纳总结]	**总线型结构**这种网络拓扑结构中所有设备都直接与总线相连，它所采用的介质一般也是同轴电缆（包括粗缆和细缆）。单个节点失效不影响整个网络的正常通信。但是如果总线一断，则整个网络或者相应主干网段就断了。 **树型拓扑**从总线拓扑演变而来，形状像一棵倒置的树，顶端是树根，树根以下带分支，每个分支还可再带子分支。它是总线型结构的扩展，它是在总线网上加上分支形成的，其传输介质可有多条分支，但不形成闭合回路。其结构具有一定容错能力，一般一个分支和节点的故障不影响另一分支节点的工作，任何一个节点送出的信息都可以传遍整个传输介质。但若根节点出现故障，也会引起全网不能正常工作。 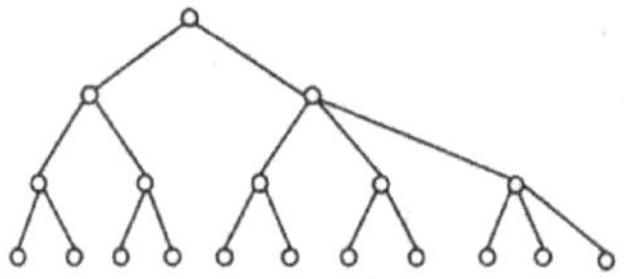 **星型拓扑**采用集中式通信控制策略，所有的通信均由中央节点控制，中央节点必须建立和维持许多并行数据通路。中心节点出现故障会导致网络的瘫痪。 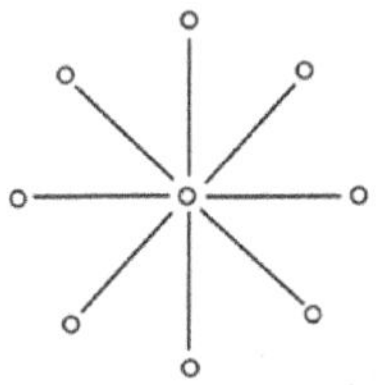

实验 2 班错题反思归纳示例

[原题摘录]

续表

[正确答案]	
[错误答案]	
[解题困惑]	（答题过程中遇到的疑惑、不解）
[反思记录]	
[归纳总结]	（相关知识点的归纳总结）

第6章

学习分析与学习干预研究展望

6.1 学习分析研究的挑战与趋势

随着教育信息化的不断发展，对教育大数据和学习过程的分析愈发体现出其重要性，一些教育决策者以及实践者对学习分析的价值也有了越来越深入的认识。借鉴大数据的研究范式，深入探讨学习分析及其应用，已成为国内外教育研究领域的重要课题，值得学界进行系统深入的思考。

6.1.1 学习分析当前面临的挑战

学习分析技术经过不断发展已实现对学习者提供可预测的和个性化学习支持，然而这类支持尚存在不够及时、碎片化或片段性的问题，从而在一定程度上不能很好地满足学习过程的连续性需求①。当前的学习分析研究面临来自不同层面的挑战，主要包括数据采集、数据分析、学习环境、新兴技术、学习科学以及伦理隐私问题等②。

1. 数据采集

学习分析研究需要借助数字化平台来记录教师与学生、学生与学生之间的教

① 吴永和，程歌星，刘博文，等. LAK 十周年：引领与塑造领域之未来——2020 学习分析与知识国际会议评述. 远程教育杂志，2020，38(4)：15-26.

② Avella J T, Kebritchi M, Nunn S G, et al. Learning analytics methods, benefits, and challenges in higher education: A systematic literature review. Online Learning, 2016, 20(2): 13-29.

学活动或行为数据，而学习平台的多样性通常会伴随着数据格式的多样性，这对数据的采集、存储所需要的方法和技术有很高要求，同时对不同机构之间有关学习数据的共享性、互通性、兼容性也提出了要求。这些在实际学习过程中出现的技术或管理方面的难题对教学者和研究者都形成了挑战[①]。

2. 数据分析

不同类型的数据需要清洗和格式化，包含错误或虚假信息的数据会扭曲学习分析的结果，从而可能导致对整体学习情况的理解出现偏差。这种情况在在线学习环境中十分常见。学习管理系统的课程中有时候会包含部分并非真实存在的虚拟学习者，会生成难以识别的冗余信息。这些数据并不代表真实的学生数据，当采用手动方式进行数据分析时，这些数据比较容易被识别和剔除。然而，在使用程序自动化批量处理数据时，则会给总体分析结果造成一定的误差。

3. 学习环境

随着学习分析研究逐步从在线环境扩展到线下或混合学习环境中，有关学习者的过程数据正变得越来越丰富和复杂化。学习者数据的采集将不再局限于在线学习活动，线下课堂环境中的数据也需要纳入数据采集和分析的范围。当前学习分析的工具、方法和模型大多是基于在线学习环境形成的，是否适用于新型混合式学习的环境，有待实践的检验和完善。

4. 新兴技术

要发挥学习分析的全部潜力，需要持续的研究和新兴技术的支持，而这些技术目前尚不够成熟和完善。在当前技术的限制下，一些研究者仅实现了对学习数据的浅层挖掘，研究结果对教学实践尚未产生广泛深入的影响。未来学习分析研究将向更具挑战性的数据集转变，这些数据集可能包括移动数据、生物特征数据和情绪数据，以更加准确地描绘学习者的生理或心理状态。此外，除了分析学习者个人的学习数据以外，学习者在社会化学习环境中的协作互动对学习成效的影响也需要新技术加以深入剖析。

5. 学习科学

学习分析需要充分理解学习者如何发展以及如何支持学习者的发展。研究人员必须找到将认知、元认知和教育学联系起来的方法，以帮助改进学习过程。学习分析应该与学习科学建立紧密的联系以促进有效的学习设计。虽然近年来在学

① 张家华，邹琴，祝智庭. 国内近五年学习分析研究现状的可视化综述. 浙江师范大学学报(社会科学版)，2017，42(1)：117-124.

习分析模型以及系统的研发方面都取得了一定的进展，但大多数研究主要应用于特定的大学课程层面，在研究成果的推广应用方面缺少持续深入的实证研究。相关研究不仅需要明确定义所讨论的关键结构，还需要采用实证研究方法的标准来验证研究结果的有效性。为了产生可推广和可转移的研究结果，未来的学习分析研究还需要在教育理论的支持下，在方法学层面上开展更加注重大规模、纵向和实验性的研究设计。

6. 伦理隐私

学习分析的伦理和法律复杂性对寻求实现其使用的机构提出了挑战。教育机构用学习分析来做什么，是否对其进行了一定的策略规划，并予以相应的政策保障是学习分析研究得以合理实施的前提。此外，学习数据涉及个人隐私问题，如何在保障师生特别是学生的知情权和隐私权的前提下进行数据采集分析是研究者需要解决的问题。这些问题包括数据采集的合法授权，如何尊重隐私、保持匿名，以及研究结果对学生的潜在影响，还包括数据的解释、数据所有权、数据存储和数据共享，以及对工作人员进行有关数据处理的适当培训。总之，需要建立一套机制以提供适当的透明度、数据控制、信息安全和责任保障。①

6.1.2 学习分析研究的发展趋势

学习分析研究最近十年的发展趋势表明，人工智能、VR/AR 等技术将促进学习分析领域的包容性发展，脑神经科学和学习分析的深度融合正在推动学习分析研究从“帮助决策”向“高阶素养”转变；学习分析研究将从局部探索转向一体化的系统级研究，促进多方利益共同体参与学习分析生态的构建，并极大地助力未来教育。②总体而言，学习分析技术经过不断发展已实现对学习者提供可预测的和个性化学习支持，未来的学习分析研究将在以下几个方面得到进一步的深化和发展。

1. 学习分析研究的跨学科特性进一步彰显

学习分析研究具有跨学科性，不仅需要教育学理论的支持，还应融合脑认知科学、技术学科方面的理论和方法等。随着教育神经科学、脑认知、学习科学、传感技术以及终端技术的发展，基于多维度生物数据考量学习行为及心理特征已

---

① Pardo A, Siemens G. Ethical and privacy principles for learning analytics. British Journal of Educational Technology, 2014, 45(3): 438-450.

② 吴永和，程歌星，刘博文，等. LAK 十周年：引领与塑造领域之未来——2020 学习分析与知识国际会议评述. 远程教育杂志，2020，38(4)：15-26.

成为教育技术研究的趋势。[①]网络环境和学习管理系统能提供丰富的学习行为数据，而可穿戴设备、眼动仪、录像设备等扩宽了学习分析数据的来源。一些研究者采用脑电感应、眼动追踪等多模态生物识别技术来收集教学过程中学生个人层面的学习数据、师生之间的交互数据、“人-机”交互数据，然后通过可视化表征技术将分析结果加以呈现。[②]学习的有效性是学习研究和教育实践关注的核心问题[③]，因此学习投入的研究越来越受到重视。通过对学习行为数据以及多模态数据的整合和分析，明确行为投入和情感投入维度的指标，从而构建多模态数据表征学习投入模型。未来的研究还需要脑与神经科学和学习分析的深度融合，以进一步加强对学习投入中认知维度的认识。

2. 学习分析研究将强化利益相关者的协同合作

学习分析研究主要涉及四大利益相关者：学习者、教育者、研究者和管理者。针对学习者的目标是改善他们的学习表现；教育者希望了解学生的学习过程，从而反思教学方法并优化对学习者的指导；研究者利用收集的数据为新的或拟改进的教学方法设计理论模型；管理者则关注的是课程实施的改进和服务支持的优化，为学习者提供一个愉快、高效的学习环境。虽然四者的最终目的都是落脚在学习者层面，即获得更好的学习效果，但是在具体的实施过程中，不同的利益相关者对学习分析的理解不同，比如，研究小组中技术人员对学习分析表现出较高的理解能力，但其他人员可能对学习分析的理解并不充分。此外，现有研究中学习干预措施主要由教师来设计和实施，较少有研究关注除教育者和学习者以外的其他利益相关者对学习活动的支持。因此，在未来的研究中，学习分析的多方利益相关者应该协同合作，精通技术的团队成员必须与研究人员和教师一起制定适当的研究设计。

3. 学习分析将更好地支持学生的自我调节学习

尽管支持自我调节学习的学习分析研究已经兴起，并且最近才开始形成自己的领域，但人们越来越认识到，在在线学习环境中学习分析在检查学生自我调节学习行为方面的潜在优势。已有的大多数研究只是追踪和测量了与自主学习相关的数据，并没有运用学习分析来支持学习者的自我调节学习。因此，未来学习分析的研究发展还要更多地考虑学习者的自我调节学习和个性化学习，如在学习分

① 张琪，武法提. 学习分析中的生物数据表征：眼动与多模态技术应用前瞻. 电化教育研究，2016，37(9)：76-81.

② Andrade A, Delandshere G, Danish J A. Using multimodal learning analytics to model student behaviour：A systematic analysis of behavioural framing. Journal of Learning Analytics, 2016, 3(2): 282-306.

③ 董奇. 将脑与认知科学的成果应用于教育. https://www.sohu.com/a/245083241_100154279. [2018-08-03].

析过程中，为教师和学生提供的可视化工具和系统是必不可少的，研究者（教育者）应该鼓励学习者增加对这些工具的感知和使用，以便学习者能够及时地收到反馈并采取行动。另外，教育工作者也需要加深对学习者在学习中如何使用自我调节学习策略的理解并为学习者提供相应的自我调节学习支持，以帮助学习者计划、监控和反思他们的学习活动。

4. 未来学习分析在基础教育领域应用将越来越多

高等教育中的在线学习为学习分析提供了大量的数据，因此现有的学习分析研究大多是在高等教育领域。但是随着我国基础教育阶段网络学习空间建设以及多模态技术的不断发展和完善，对学生线上线下学习过程的轨迹数据以及外显和内隐数据的采集将会变得很容易。并且学习者自我调节学习能力的培养应该是从基础教育阶段开始，因此，未来学习分析会更多地应用于K12阶段的教学实践中，充分挖掘利用基础教育领域的数据的价值，为基础教育领域的教与学提供优质的支持与服务。

5. 学习分析研究将进一步关注数据伦理和隐私问题

美国高等教育信息化协会发布的《2020年地平线报告：教与学版》将分析和隐私问题作为影响高等教育教与学的技术趋势之一。有研究表明，教师和学生缺乏对他们的数据是如何被使用和保护的全面了解，因此机构需要更加积极主动地保护学生和教师的数据，对工作人员进行有关数据处理的适当培训，告知学生和教师收集了哪些个人数据、如何收集这些数据以及如何使用和保护这些个人数据。并且在与机构外各方共享数据的时候，机构或研究者应该考虑到隐私问题而做出慎重的决定。

6. 学习分析研究将促进数据收集和处理技术的标准化

运用多模态生物识别技术可以在一定程度上收集除学习者外显学习行为以外的生理、心理层面的数据[①]。但总体上学习分析技术大多采集的是量化数据且容易忽视学生的背景信息（包括人口学信息、学习者的自我概念等），因此未来的研究应该尽可能地结合学习者的背景信息来收集量化和质性的学习数据，以便对学习者进行全方位的分析。更多的教育数据并不总是能做出更好的教育决策。错误的数据会影响整个分析结果，因此需要在数据清洗环节对一些缺失、错误和异常的信息进行处理。

① Mangaroska K, Sharma K, Gasevic D, et al. Multimodal learning analytics to inform learning design: Lessons learned from computing education. Journal of Learning Analytics, 2020, 7(3): 79-97.

7. 学习分析研究将更加关注学习体验和学习设计

学习设计通过设计学习任务、学习活动、资源和工具，帮助学生实现特定情境下的特定学习目标。Law 等认为，目前在学习分析的开发和实施过程中，对学习理论和学习设计的重视不够，妨碍其有效和成功的应用。[①]Lockyer 和 Dawson 指出，学习分析和学习设计之间的协同效应潜力巨大[②]，二者的有效结合将使这两个领域受益。目前学习设计已经历了从“促进教学的设计”向“促进学习的设计”的概念和设计视角的转变[③]。随着翻转课程、虚拟现实等技术或模式在教学实践中的应用以及在线课程的开展，对学习者的关注越来越多地倾向于学习体验，学习设计和学习体验设计将重塑教学方式。因此未来学习设计领域的研究需要与学习分析技术相结合，使学习分析为学习设计提供良好的数据证据支撑，指导学习设计在教学实践中的应用。[④]

总体而言，学习分析作为教育研究向数据密集型科学发展的学科分支，对教育学、心理学和数据科学的发展已经产生了重要的影响。近年来，随着学习分析的工具与技术不断完善，学习分析在与其他领域的跨界对话和互联互通中不断延伸其研究触角，从而为学习分析的发展注入新鲜血液和新思路。通过与教育研究不断融合和创新，学习分析得到了系统性的发展与生态构建，未来研究将进一步丰富其学科内涵并拓展其深度与广度。

6.2　学习干预的研究挑战与建议

长期以来，学习干预主要用于为那些存在学习障碍或成绩不佳的学习者提供帮助。随着学习分析技术的发展，基于数据驱动的学习干预被逐步应用到教育研究领域，从而更好地识别学习过程中存在的问题，及时为学习者提供个性化的学习支持或学习建议。然而，相比学习分析技术的广泛应用，当前学习干预的研究深度和应用范围仍比较有限。从未来发展趋势来看，学习干预将随着学习分析技术的进一步发展而扩大其研究和实践的范围，有关学习干预的有效性、可持续性

---

① Law N W Y, Li L, Herrera L F, et al. A pattern language based learning design studio for an analytics informed inter-professional design community. Interaction Design and Architecture(s), 2017, 33: 92-112.

② Lockyer L, Dawson S. Learning designs and learning analytics//Proceedings of the 1st International Conference on Learning Analytics and Knowledge, 2011: 153-156.

③ 冯晓英，王瑞雪．“互联网+”时代核心目标导向的混合式学习设计模式．中国远程教育，2019，(7)：19-26.

④ Macfadyen L P, Lockyer L, Rienties B. Learning design and learning analytics: Snapshot 2020. Journal of Learning Analytics, 2020, 7(3): 6-12.

和可推广性有待更多的实证研究，从而服务于更广泛的教育目的。

6.2.1 学习干预研究的挑战和局限

Wong 和 Li 针对高等教育领域 2011～2018 年有关学习分析特别是侧重学习干预的 680 余篇学术论文进行了分析，总结了学习干预研究当前面临的挑战①，主要涉及干预措施的规模限制、实施干预措施的条件、干预渠道的局限性以及干预效果的评估等四个方面。

（1）干预措施的规模限制。例如，干预过程中学生诉求可能偏多，干预变量及其组合比较复杂。

（2）实施干预措施的条件。学习干预需要学生的配合，才能生成可用于分析的学习数据；教师也需要具有丰富经验，并能与被干预的学生有一定的沟通；作为研究者还应具备与教师、管理者和学生之间的协调能力。

（3）干预渠道的局限性。已有的研究大多采用手工发送电子邮件或短信息、当面提醒等方式来传递干预信息，也有少数研究借助学习平台的可视化学习仪表盘来简单提醒学习者当前存在的问题，但总体上干预的渠道还比较有限。

（4）干预效果的评估。现有的研究对干预结果的总结还不够细致，学习干预效果的评估也存在一定困难。

结合国内外的相关研究成果，可以发现学习干预研究尚存在一些局限。

（1）研究领域主要集中于高等教育。虽然学习干预源于特殊教育领域，但是目前基于学习分析开展的干预研究仍大部分来自高等学校或相关教育机构。

（2）干预实施和数据分析依赖人工。大多研究中学习干预的实施和数据分析的工作主要依赖人工处理，因此需要开发专门的干预工具或分析系统，以减轻教学研究人员的负担，降低手动统计误差，实现自动化分析和智能化干预。

（3）干预目的主要局限于改善成绩。学习干预的已有研究中，大都将学习成绩的提升作为干预的主要目标，基于其他目的的研究还比较薄弱。

（4）干预实施和效果追踪持续时间有限。大部分学习干预实验仅持续 1～2 个月或者一个学期，干预效果不够明显、缺少持续效果的跟踪研究。

（5）干预大多是教师引导而非学生自主调节。被干预的学生通常缺乏足够的学习能力或自制能力，因此已有的干预设计以教师引导为主。但学习干预应以学生为中心，通过个性化干预和学习支持，最大限度地调动学生的努力②。

---

① Wong B T, Li K C. A review of learning analytics intervention in higher education (2011—2018). Journal of Computers in Education, 2020, 7(1): 7-28.

② Zeng W, Ju S, Hord C. A literature review of academic interventions for college students with learning disabilities. Learning Disability Quarterly, 2018, 41(3): 159-169.

现有研究中存在的各种挑战性问题导致目前经过实践检验的学习干预实证研究的数量非常有限。此外，学习干预研究还面临缺乏学习分析干预措施的实践标准、对干预措施持续有效性研究的结果还存在不确定性等问题。

6.2.2　学习干预未来研究的建议

一些研究者认为，一旦发现有学习风险的学生，提供干预和帮助的最佳方式就是及时提醒学生注意自身的风险状况，并让他们参与改善自己行为表现的过程中。为此，未来的学习干预研究需要从以下几个方面进一步深化。

（1）学习干预的预测因素应该以证据为基础。对留级率或成功率的预测应主要取决于学生的学习历史、经济状况和学习投入度，而其他潜在的非学术或经验性的预测变量（比如学生的幸福感）也可以适当考虑。[①]

（2）尽量采用随机对照或阶梯设计实验方法而非简单的前后对照实验设计。已有的研究受限于研究条件，往往采取便于获取的样本和简单的前/后干预设计，因此在干预效果的析因解释方面说服力有限。

（3）干预结果应该按相关人群特征进行细分，以确保数据的丰富性。如根据学习者的社会地位、种族、性别、校内还是校外学习模式、是否兼职等信息来分析其对学习干预的适应性程度，并揭示干预效果的潜在中介和调节变量。

（4）干预设计需要考虑学习情境的复杂性。已有的研究通常针对单一策略或要素进行实验设计，容易忽略真实学习情境的复杂性和多样性，缺少对多种影响因素的系统性分析，因此需要结合具体学科开展更为深入的实证研究。[②]

（5）干预系统应该基于精准的数据分析和动态的诊断结果。混合学习环境中以测量为核心的“数据驱动教学”强调基于数据的教育决策与干预，因此需要新型的数字化工具来进行学习数据的采集、干预措施的实施和干预结果的分析[③④]；此外，学习干预本身是一个动态变化的过程，因此干预系统的设计也应该是一个多层级的连续递进模式。[⑤]

---

① Sonderlund A L, Hughes E, Smith J R. The efficacy of learning analytics interventions in higher education: A systematic review. British Journal of Educational Technology, 2019, 50(5): 2594-2618.

② 赵艳，赵蔚，姜强. 学习分析视域下教师在线自我调节学习干预设计与实证研究. 现代远距离教育，2020，(3)：79-88.

③ Mwasaga N M, Joy M. Using high-performance computing artifacts as a learning intervention: A systematic literature review//Proceedings of the 2nd International Conference on Intelligent and Innovative Computing Applications, New York: ACM, 2020: 1-10.

④ Carreon A, Smith S, Mosher M, et al. A review of virtual reality intervention research for students with disabilities in K-12 settings. Journal of Special Education Technology, 2020: 1-18.

⑤ 樊敏生，武法提. 数据驱动的动态学习干预系统设计. 电化教育研究，2020，41(11)：87-93.